Da vitrola ao iPod
uma história da indústria fonográfica no Brasil

EDUARDO VICENTE

Da vitrola ao iPod
uma história da indústria fonográfica no Brasil

Copyright© 2014 Eduardo Vicente

Grafia atualizada segundo o Acordo Ortográfico da Língua Portuguesa de 1990, que entrou em vigor no Brasil em 2009.

EDIÇÃO: Joana Monteleone/Haroldo Ceravolo Sereza
EDITOR ASSISTENTE: João Paulo Putini
ASSISTENTE ACADÊMICA: Danuza Vallim
PROJETO GRÁFICO, CAPA E DIAGRAMAÇÃO: Ana Lígia Martins
ASSISTENTE DE PRODUÇÃO: Felipe Lima Bernardino
REVISÃO: João Paulo Putini

Imagens de capa e contracapa: Disponível em: <sxc.hu>.

CIP-BRASIL. CATALOGAÇÃO NA PUBLICAÇÃO
SINDICATO NACIONAL DOS EDITORES DE LIVROS, RJ

v681d

Vicente, Eduardo
DA VITROLA AO IPOD : UMA HISTÓRIA DA INDÚSTRIA
FONOGRÁFICA NO BRASIL
Eduardo Vicente - 1. ed.
São Paulo : Alameda, 2014
270p. ; 21 cm

Inclui bibliografia
ISBN 978-85-7939-205-4

1. Música - História e crítica. I. Título.

14-10864   CDD: 780.9
                                  CDU: 78.09

ALAMEDA CASA EDITORIAL
Rua Conselheiro Ramalho, 694 – Bela Vista
CEP: 01325-000 – São Paulo, SP
Tel.: (11) 3012-2400
www.alamedaeditorial.com.br

A meu filho Orlando,
por sempre me lembrar que o real
mistério da música vai muito além da
miragem de empresas, teorias e números
com que me debato aqui.

Sumário

Prefácio 9

Introdução 13

Capítulo I – A organização do mercado fonográfico internacional 23

A internacionalização do consumo 29

A concentração econômica 33

Majors e indies 38

Os contornos de uma nova crise 42

Capítulo II – A consolidação da indústria fonográfica no Brasil 47

O compacto 59

A racionalização da atuação 60

Nacionais, transnacionais e conglomerados 66

A segmentação do mercado 71

O campo de produção da música popular 74

Conclusões 82

Capítulo III – Os anos 1980: crise e reestruturação 85

A crise se instala 88

Reavaliando o mercado 93

O popular-romântico 96

O sertanejo 105

A música infantil 113

O rock dos anos 80 117

A cena independente 124

O balanço da década 132

Capítulo IV – Os anos 1990: segmentação e massificação 139
A crise de 1990 141
A recuperação da indústria 145
A consolidação do sistema aberto 151
Os circuitos autônomos de produção e distribuição musical 164
A cena *underground* 166
Os CTGs 168
O forró eletrônico de Fortaleza 169
O *mangue beat* 171
O *hip hop* 172
O funk carioca 174
A cena baiana 177
A música católica 179
A música evangélica 182
Segmentação, padronização e concentração econômica 188
A crise do final da década 193
Conclusão 196

Capitulo V – Música e indústria 199
A DINÂMICA DOS SEGMENTOS MUSICAIS NO BRASIL: 1965-1999 202
A análise dos segmentos 206
AS GRAVADORAS E SUAS ASSOCIAÇÕES 224
Associações 225
Majors 227
Indies 237

Considerações finais 255

Referências bibliográficas 261

Prefácio

Quando nos deleitamos com a audição de música popular através dos diversos meios que atualmente nos são acessíveis, como o rádio, discos de vinil, fitas cassete, CDs, internet, Ipod, entre outros, não fazemos ideia da complexa rede de relações entre profissionais de competências diversas que atuam na esfera da produção, circulação e comercialização desse bem cultural. Vale destacar que a música popular, tal como a conhecemos hoje, se constitui como uma das mais expressivas narrativas midiáticas da sociedade contemporânea, indissociável dos aparatos técnicos destinados a registrar e reproduzir sons. Após a invenção do fonógrafo com o sistema de gravação em cilindros por Thomas Edison, em 1877, e do gramofone com registros em discos por Emile Berliner, cerca de dez anos depois formaram-se as primeiras empresas voltadas para a produção e comercialização tanto de equipamentos de gravação e reprodução como de fonogramas. A partir dos anos de 1910, as gravadoras passaram a lançar no mercado amplos catálogos de discos, contendo principalmente música popular. Mas a configuração desse gênero do entretenimento, que ocupa cada vez mais espaços na vida cotidiana, não está associada apenas ao advento e à evolução dos equipamentos: ela ocorre concomitante e articuladamente à formação, ao longo do século XX, de um gigantesco ramo da indústria cultural voltado para a produção fonográfica. Portanto, a rede de relações na qual a música popular está inserida se estabelece no âmbito de um imenso sistema de produção, distribuição e consumo musical, no qual o trabalho de compositores, intérpretes, instrumentistas e arranjadores representa, muitas vezes, parcela ínfima de todo o processo. Quando ouvimos música popular, quando nos emocionamos com ela ou nos reconhecemos em seus conteúdos poéticos, musicais e performáticos, toda a base material ou a esfera cinzenta da produção dessa mercadoria simbólica fica encoberta. O livro de Eduardo Vicente tem o grande mérito de trazer à luz aspectos desse outro lado pouco glamoroso e frio que se esconde por trás do imenso fluxo sonoro ao qual estamos cada vez mais expostos.

De modo geral, as pesquisas voltadas para a temática da música popular que se avolumaram nas últimas décadas no Brasil deram prioridade aos conteúdos, aos estilos, aos gêneros, às relações entre determinados tipos de repertório e comportamentos sociais, mas pouco se falou da esfera dos negócios que envolve esse objeto. Este livro aborda exatamente esse aspecto. Apoiado em referenciais da sociologia, das teorias da comunicação e da economia da cultura, o autor traça um panorama da indústria e do mercado da música popular no Brasil dos últimos cinquenta anos sem perder de vista os nexos desse ramo da produção com os processos culturais e a dinâmica da economia nos planos nacional e internacional.

Acertadamente, Eduardo Vicente define alguns parâmetros de análise a partir da literatura produzida sobre o assunto no país que ocupa a posição de vanguarda da indústria fonográfica mundial, os Estados Unidos da América. O autor analisou obras que tratam não apenas da organização da produção, mas que buscam explicar de que modo os movimentos de monopolização e concorrência no plano do mercado interferem na alternância entre as tendências de padronização e diversificação da música popular especialmente ao longo da segunda metade do século XX. Pelo menos quatro aspectos relativos à indústria e ao mercado de música popular daquele país foram explorados de forma criativa por Eduardo Vicente na realização desta pesquisa: (1) o modelo de organização das unidades produtivas vigente até meados dos anos de 1970, em que as indústrias abarcavam múltiplas etapas do processo produtivo, que se estendiam do controle sobre o fornecimento de matérias-primas até a distribuição do produto fonográfico (concentração vertical); (2) a lógica da crise de demanda que assolou o mercado norte-americano em meados da década de 1950; (3) a descentralização do processo produtivo a partir do final dos anos de 1970, possibilitado pelo advento das tecnologias digitais de gravação (sistema aberto) e (4) as relações de competição e simbiose entre gravadoras grandes (*majors*) e pequenas (*indies*), cujos efeitos se traduzem, dentre outras coisas, no impulso à diversificação dos catálogos mesmo em momentos de monopolização do mercado.

Os parâmetros fornecidos pela dinâmica da indústria e do mercado internacionais permitiram ao autor revelar peculiaridades da produção fonográfica brasileira, associadas, fundamentalmente, à nossa condição de país de desenvolvimento tardio. A ênfase do livro concentra-se no período posterior aos anos de 1970, em que a aceleração do processo de modernização teve como desdobramentos a intensificação da urbanização, acompanhada pela consolidação entre nós da sociedade de consumo, da indústria cultural e do mercado de bens simbólicos. Ao lado de grandes investimentos estrangeiros realizados no setor, esse período foi marcado, de modo geral, pelo avanço da administração da cultura, o que se refletiu no aprofundamento da segmentação do mercado musical. Apoiado em análises minuciosas dos escassos indicadores estatísticos existentes sobre o mercado fonográfico brasileiro, complementadas por informações obtidas através de outras fontes documentais, Eduardo traça um panorama detalhado dos diversos segmentos musicais que se definiram ao longo das últimas quatro décadas. Ao mesmo tempo, demonstra em que medida a dinâmica dessa segmentação guarda nexos com os movimentos de expansão e crise da economia e com os efeitos da globalização e da mundialização da cultura sobre a sociedade brasileira.

Nota-se, ao longo do texto, o cuidado com que o autor trabalha com a relação entre produção e consumo de música popular. Em nenhum momento o leitor se depara com conclusões resultantes de uma perspectiva determinista que considera o consumo como mera variável dependente da produção, nem tampouco do pressuposto de que a produção responde a demandas de um público dotado de ampla liberdade de escolhas e de capacidade de julgamento e definição de gosto próprio. Ao contrário, fica implícito na narrativa do trabalho que entre esses dois polos configura-se todo um campo de tensões no qual operam múltiplas mediações. Por todas essas razões, o livro de Eduardo Vicente, redigido de maneira clara, objetiva e com argumentações bem fundamentadas tanto do ponto de vista empírico como o teórico, traz importantes contribuições para os estudos da cultura popular de massa no Brasil contemporâneo e para a formação de um novo campo acadêmico voltado para o objeto da música popular.

José Roberto Zan
Professor do Departamento de Música do Instituto de Artes da Universidade Estadual de Campinas

Introdução

Este livro é resultado da tese de doutorado que defendi, no ano de 2002, na Escola de Comunicações e Artes da Universidade de São Paulo. A intenção inicial do trabalho era a de discutir o cenário da indústria fonográfica no Brasil a partir dos anos 1980. Por conta disso, o título original da tese é *Música e Disco no Brasil: a trajetória da indústria nas décadas de 1980 e 1990*. Entendi, mais tarde, que a pesquisa havia ultrapassado esse recorte temporal, já que a necessidade de contextualizar o período fez com que eu dedicasse uma razoável energia também à discussão dos anos 1960 e 1970, quando se consolidaram muitas das práticas e processos que seriam essenciais para a compreensão dos acontecimentos das décadas seguintes.

Esse trabalho representou o fim de uma trajetória iniciada em 1990, ano em que ingressei no Curso de Música Popular da Unicamp. Ao longo do curso, foi ficando claro para mim e para muitos de meus colegas que o nosso campo de atuação passava por intensas mudanças. Equipamentos digitais de produção musical, computadores e softwares musicais chegavam ao Brasil em grande quantidade e novos estúdios surgiam a cada dia. Além de tocar, arranjar e compor, tornava-se cada vez mais importante para os músicos dominar essas tecnologias e esses novos modos de produzir música. Comecei a trabalhar em um desses novos estúdios em 1992[1] e, em 1994, ingressei no Mestrado em Sociologia da Unicamp onde defendi, dois anos depois, uma dissertação sobre o tema: *a música popular e as novas tecnologias de produção musical: uma análise do impacto das tecnologias digitais no campo de produção da canção popular de massa* (Campinas, Unicamp, 1996). A partir desse trabalho, comecei a me debruçar sobre diversas questões e autores que acabei retomando no meu doutorado e que resultaram, portanto, no presente livro.

Minha intenção, nesse livro, foi a de construir um cenário amplo sobre a trajetória da indústria fonográfica no Brasil, buscando oferecer uma periodização da história dessa indústria desde os anos 1960 e relacionar suas estratégias de atuação com os segmentos musicais que se tornaram predominantes em diferentes momentos.

A questão dos segmentos musicais privilegiados pela indústria é especialmente importante para mim. Depois de mais de um século de presença das tecnologias de registro sonoro em nosso cotidiano, fica difícil não considerar a música que foi registrada e difundida através do rádio, do disco e de outros meios técnicos como toda a música produzida numa determinada época. Mas me parece mais correto compreendê-la como a parcela da música desenvolvida pelos artistas de um determinado local e período que, por diferentes razões, foi selecionada para gravação, cópia, distribuição e divulgação pelos representantes de uma indústria que, ao longo de boa parte do século XX, deteve de forma praticamente exclusiva os recursos necessários para tais ações. Por isso, acredito que analisar a música popular produzida ao longo dos últimos cem anos é, em alguma medida, discutir essas escolhas e constatar seus limites. De um modo geral, foi essa a proposta que busquei realizar neste livro.

---

[1] Fui convidado por um grande amigo, Luciano Trinquinato, a trabalhar com ele no Estúdio Companhia do Som, que ele estava montando em Jundiaí, SP.

Mas assumir esse olhar sobre o processo de industrialização da música tem uma implicação fundamental: a de considerar que a indústria do disco no Brasil tem uma história, características e dinâmica próprias, o que nem sempre fica claro nas discussões sobre o tema. Não será difícil ler o relato aqui apresentado como o de uma crescente racionalização da atuação da indústria. Porém, isso não significa que ela não comporte espaços de resistência, contramarchas, confrontos e, em muitos momentos, seja influenciada pela ação de atores individuais. Não se trata, portanto, de uma instituição monolítica e regida por uma lógica absolutamente inflexível, embora em nenhum momento eu pretenda aqui negar a persistência do processo de concentração econômica ou o papel central das *majors* no estabelecimento dos referenciais que acabaram por organizar todo o campo de produção simbólica da música popular. Mas não se trata, também, de um cenário marcado por oposições simples, como as que tradicionalmente estabelecemos entre *majors* e *indies*, empresas nacionais e internacionais, arte e mercado, autêntico e fabricado, permanente e descartável etc. Acredito que a história que se vislumbra aqui é bem mais complexa e aponta para a criação e constante expansão de um ecossistema de produção que envolve empresas, instituições e indivíduos, bem como para a ampliação do alcance da industrialização da música e para a constante expansão do seu mercado consumidor. Penso que, no cenário cultural que se constitui no Brasil a partir dos anos 1950, as oposições aqui mencionadas tendem a falar muito mais sobre nossos subjetivos critérios de gosto do que propriamente sobre a atuação da indústria, que se adequa ao intenso processo de estratificação que então se verifica, produzindo tanto a música que poderíamos facilmente classificar como massificada, alienada e padronizada, quanto aquela que exaltamos como autoral, regida por valores exclusivamente artísticos e, portanto, "fora do mercado".

Para o percurso histórico que realizo, teve importância fundamental a comparação entre o cenário brasileiro e o norte-americano. Os objetivos dessa comparação foram tanto analisar o desenvolvimento de nossa indústria sob o prisma de sua adequação ao cenário internacional – ou seja, de sua globalização – quanto estabelecer um diálogo com autores que considero fundamentais para o debate.

Como uma das resultantes desse diálogo, merece menção o uso feito aqui dos trabalhos de Peterson e Berger (1975) e Paul Lopes (1992), que me foram apresentados, ainda durante a graduação, por meu mestre e amigo José Roberto Zan. Seguindo a tradição dos estudos sobre a indústria fonográfica nos Estados Unidos, ambos abordam o seu desenvolvimento enfatizando o papel das crises das décadas de 1950 e 1970 como momentos fundamentais de mudança na estratégia de atuação das empresas. Busquei adotar uma perspectiva semelhante, propondo uma periodização do desenvolvimento da indústria no Brasil que enfatiza o papel das crises que ela enfrentou nas passagens das décadas de 1980, 1990 e 2000, bem como o seu impacto sobre a organização do setor. Também adotei destes autores a já clássica divisão das gravadoras entre *majors* e *indies*. As primeiras são as empresas de grande porte que, frequentemente integradas a vastos conglomerados de comunicação, controlam uma grande parcela do mercado fonográfico mundial. Já as *indies* são as empresas de pequeno ou médio porte e atuação local que, embora tradicionalmente representem uma pequena parcela do faturamento global da indústria, respondem em ampla proporção pela diversidade artística e pelo processo de renovação do cenário musical do planeta. A essa classificação, proponho nesse livro o acréscimo da categoria "artistas autônomos", que tenta levar em conta as mudanças econômicas e tecnológicas que, especialmente a partir da segunda metade da década de 1990, ampliaram grandemente as possibilidades para essa modalidade de atuação.

Outros referenciais teóricos importantes para esse trabalho são os devidos a Renato Ortiz e Pierre Bourdieu. Em relação ao primeiro, tento dialogar tanto com o relato acerca da consolidação da indústria cultural no país que ele oferece em *Moderna tradição brasileira* (1988) quanto com a visão sobre o papel da produção simbólica no contexto da globalização que apresenta em *Mundialização e cultura* (1994). Já em relação a Bourdieu, muito mais do que discutir suas proposições teóricas, procurei realizar aqui a aplicação prática de seu conceito de *campo de produção simbólica*, construindo um cenário da indústria que busca levar em conta tanto as condições materiais de produção quanto as estratégias de atuação dos agentes e os polos de legitimação que foram se constituindo a partir das práticas de empresas, produtores e artistas.

A construção de meu relato sobre a história da indústria fonográfica no país foi grandemente facilitada pelo acesso que tive às pastas de *clippings* da *Folha de S. Paulo* e, principalmente, da Editora Abril. Isso me permitiu obter cópias de centenas de reportagens sobre a indústria, publicadas por jornais e revistas de todo o país desde pelo menos a década de 1950, que foram fartamente utilizadas neste trabalho.

Também contei com as obras e contribuições fundamentais de pesquisadores que me antecederam no estudo do tema ou com quem estabeleci um rico diálogo ao longo do meu doutorado. No primeiro caso, gostaria de destacar o trabalho de Rita Morelli (1991), que constrói um cenário da indústria nos anos 1960 e 1970 com o qual procurei dialogar no capítulo que dedico ao período. Sua análise antropológica das trajetórias de Fagner e Belchior também foi um apoio importante para minha discussão sobre a consolidação de um campo de produção da música popular que tento realizar aqui. No segundo, quero expressar minha gratidão a Márcia Tosta Dias, minha colega durante o Mestrado em Sociologia na Unicamp, por nossas ótimas conversas, pelas divergências sempre rica e pelas fontes e referenciais teóricos que partilhamos.

Entre as demais referências que utilizei, gostaria de destacar a pesquisa "Disco em São Paulo" realizada pelo Idart (Departamento de Informação e Documentação Artísticas da Secretaria Municipal de Cultura de São Paulo), sob a coordenação de Damiano Cozzella.

Além do livro resultante, *Disco em São Paulo* (1980), utilizei neste trabalho também os dados e transcrições de entrevistas obtidos durante aquela pesquisa e disponibilizados para consulta pelo Centro Cultural São Paulo.

Gostaria ainda de fazer três observações mais gerais acerca da produção deste texto. A primeira refere-se ao termo "selo" (*label*), que utilizei amplamente. A expressão é

> derivada dos rótulos coloridos e chamativos que eram afixados aos singles (compactos) de 45 rpm que começaram a ser utilizados nos EUA e na Inglaterra em finais dos anos 1950 como estratégia de promoção dos LPs. (Posteriormente), o termo passou a distinguir os vários departamentos que estavam sendo criados na época para cuidar – dentro das gravadoras – de diferentes gêneros musicais como o jazz, o rock, o pop, a música erudita etc. (Gueiros, 1999: 377).

Também se tornaram "selos" as gravadoras absorvidas pelas *majors* que mantinham uma certa identidade dentro de sua estrutura. Ao menos no mercado nacional, é comum também o uso da denominação para as pequenas empresas do setor, ficando "gravadora" reservado normalmente para as de maior porte. Por conta disso, o termo acabou sendo empregado aqui tanto para designar divisões de grandes gravadoras como *indies*.

A segunda observação diz respeito aos dados estatísticos que apresento. Como as gravadoras não tornam públicos os dados relativos ao seu faturamento, baseei-me sempre nas estatísticas de produção e faturamento global da indústria fornecidas pela ABPD (Associação Brasileira dos Produtores de Discos) e pela IFPI (International Federation of Phonographic Industry). Já em relação ao ranking de discos mais vendidos, utilizei-me quase que exclusivamente dos dados da empresa Nopem (Nelson Oliveira Pesquisas de Mercado), da qual adquiri para a minha pesquisa de doutorado as listagens dos 50 discos mais vendidos anualmente entre 1965 e 1999.[2] Todos esses dados apresentam restrições relevantes, que procurei assinalar ao longo do texto.

A última observação refere-se ao período abrangido pela pesquisa. Embora já tenha passado mais de uma década desde a defesa de minha tese, optei por não atualizar o debate que desenvolvo aqui acrescentando, por exemplo, um capítulo dedicado à década de 2000. Meu doutorado foi iniciado em 1998, quando a indústria ainda vivia o período de maior crescimento de sua história, e minha tese defendida no início de 2002, quando os contornos da crise que persiste até hoje já eram evidentes. Prefiro manter este trabalho como o registro daquele momento e dedicar-me à discussão do cenário posterior em outros textos.

Dividi este livro em cinco capítulos, sendo o primeiro deles dedicado a uma apresentação do cenário internacional da indústria. A análise tenta focar especialmente a organização da indústria fonográfica norte-americana a partir dos anos 1950, onde ganha destaque a questão da concentração econômica e, nesse sentido, do relacionamento entre *majors* e *indies*. Tal relacionamento será fortemente influenciado tanto pela inovação tecnológica como pelas grandes crises verificadas no setor e que foram, como se verá, decisivas na definição

---

2   Não tenho, até o momento, conhecimento de outros levantamentos que ofereçam totalizações de vendas anuais como as fornecidas pelo Nopem. Acredito que os dados do Ibope, disponibilizados no Arquivo Edgard Leuenroth (Unicamp), possam oferecer algo nesse sentido, mas eles não estavam disponíveis na época em que realizei a minha pesquisa de doutorado.

das estratégias globais de atuação da indústria. No cenário do final da década de 1990, são destacadas as possibilidades para a desmaterialização dos suportes e distribuição digital de música abertas pela internet que, embora ainda fossem pouco relevantes em nosso país naquele momento, já estavam se tornando determinantes inclusive para as decisões acerca de fusões, aquisições e alianças estratégicas que estavam sendo tomadas pelos grandes conglomerados de comunicação.

O segundo capítulo é dedicado à discussão da indústria fonográfica nacional nos anos 1960 e 1970. Trata-se do momento de consolidação do que poderíamos chamar de o cenário moderno da indústria, marcado pela implantação ou fortalecimento das grandes gravadoras internacionais no país e pela articulação do setor através da criação da ABPD. Mereceu destaque nesse debate tanto a questão do consumo de repertório internacional – que se intensificou no período – quanto o processo de estratificação do mercado e a consolidação de segmentos que forneceriam muitos dos *patterns* musicais e de performance artística até hoje válidos.

O capítulos III é dedicado à análise da indústria fonográfica nacional nos anos 1980 e se inicia com uma discussão da crise que interrompeu um ciclo de crescimento do setor que se mantinha desde pelo menos 1966. A análise das causas e, principalmente, das ações da indústria para superar essa crise é decisiva para a compreensão do cenário da década, em que se verifica uma intensificação da racionalização da produção e da concentração econômica em todos os níveis.

O cenário dos anos 1990, retratado no capítulo IV, é o da consolidação de um modelo. Impulsionada pela crise que inicia o período e baseada na disseminação das novas tecnologias de produção musical, a indústria passa a adotar práticas já consolidadas no cenário internacional, como a da terceirização da produção, possibilitando uma maior segmentação da oferta. Embalado pela estabilidade econômica dos primeiros anos do Plano Real, o mercado fonográfico experimenta um crescimento vertiginoso e atinge, em 1996, os mais altos níveis de produção da sua história: quadro que favorece tanto o surgimento de novas gravadoras nacionais como a vinda de numerosas empresas e investidores externos. Mas uma nova e grave crise marca o final da década, com um profundo – e ainda não plenamente avaliado – impacto sobre a dinâmica da indústria e o modelo consolidado nos anos anteriores.

O quinto capítulo do livro, "Música e indústria", é dividido em duas partes e busca ilustrar o cenário apresentado nos capítulos anteriores. A primeira parte, "A dinâmica dos segmentos musicais no Brasil: 1965/1999", traz uma proposta de classificação e uma descrição da dinâmica dos principais segmentos musicais do mercado fonográfico nacional durante o período mencionado. Tento oferecer no texto uma breve descrição de cada segmento, de seus principais artistas, dos discos produzidos e dos períodos de predominância. A segunda parte do capítulo, "As gravadoras e suas associações", oferece uma breve descrição de muitas das gravadoras atuantes do país no início dos anos 2000 e das principais entidades nacionais e internacionais que as congregavam. Esse levantamento é oferecido como um "instantâneo" daquele momento do nosso cenário de produção e busca mostrar tanto a diversidade dos segmentos visados por essas empresas como de suas estratégias de atuação.

Conheci José Roberto Zan em 1992, ano em que ele assumiu informalmente a orientação de meu projeto de Iniciação Científica no curso de Música Popular da Unicamp. Tive, desde então, o privilégio de contar com o seu apoio e sua imensa generosidade ao longo de todo o meu percurso acadêmico, traduzidos, no caso desta pesquisa, em indicações de leitura, críticas e sugestões extremamente valiosas. Renato Ortiz, meu orientador no mestrado e uma das principais referências teóricas deste trabalho, transmitiu-me o melhor sentido da tradição acadêmica na forma de sua amizade, confiança, conhecimento, respeito e disponibilidade. A ele e aos meus demais professores no Mestrado em Sociologia da Unicamp – Octavio Ianni, Élide Rugai Bastos e Walquíria Rego Freitas –, com quem descobri nos textos teóricos o mesmo prazer estético que transpira das fugas de Bach, manifesto mais uma vez a minha eterna gratidão.

Realizei meu doutorado na ECA/USP contando com a confiança irrestrita de Waldenyr Caldas, meu orientador e amigo. Dentre os muitos apoios que recebi ao longo de minha pesquisa, destaco especialmente os de Francisca Passos (ABPD), George Yúdice (NYU) e, especialmente, Nilson Pamplona (*Revista do Nopem*), cuja memória reverencio aqui. Além deles, agradeço aos muitos profissionais que me concederam seu tempo e sabedoria na forma das entrevistas listadas na bibliografia deste livro.

À Fapesp – Fundação de Amparo à Pesquisa do Estado de São Paulo – sou grato pelo suporte oferecido através da bolsa que possibilitou a realização do meu doutorado e, posteriormente, pelo financiamento ao projeto individual de pesquisa que desenvolvi, entre 2007 e 2009, já na condição de professor do Departamento de Cinema, Rádio e TV (CTR) da ECA/USP.

Ao PPGMPA, Programa de Pós-Graduação em Meios e Processos Audiovisuais da ECA/USP, onde atuo desde 2010, agradeço o apoio financeiro para a publicação desta obra. Também gostaria de expressar minha gratidão a Rosana Soares, professora da ECA, bem como a Eduardo Magossi, meu ex-orientando do PPGMPA, pelas preciosas sugestões para a revisão e edição deste livro.

Sem a compreensão e o apoio de Marta eu não teria conseguido dedicar tanto tempo ao meu projeto de doutorado. Sem as interrupções de Orlando, eu não teria sido tão feliz fazendo isso.

Aqui a viagem termina e o portulano é entregue.

Eduardo Vicente
São Paulo, março de 2014

Capítulo I

A organização do mercado fonográfico internacional

Em sua já clássica análise sobre a indústria fonográfica norte-americana, Perterson e Berger (1975) enfatizaram o papel das duas grandes crises que atingiram o setor ao longo da segunda metade do século passado. Gostaria de iniciar esse livro retomando esse tema, já que essas crises, a meu ver, marcaram o desenvolvimento da indústria, ajudando a determinar muitas das tendências que caracterizam o cenário atual.

A primeira delas ocorreu no final dos anos 1950 e parece ter sido resultado da ineficiência das grandes empresas do setor em responder ao crescimento do mercado determinado pela expansão econômica do pós-guerra. Segundo os autores, no período entre 1948 e 1955 – de grande crescimento para o setor fonográfico norte-americano –, as quatro maiores companhias do país (RCA Victor, Columbia, Decca e Capitol) controlavam 75% do mercado através de uma "integração vertical" (*vertical integration*), onde "a concentração oligopolista da indústria fonográfica era mantida por via do controle total do fluxo de produção, do material bruto à venda atacadista", e não "através da contínua oferta dos produtos que os consumidores mais desejavam adquirir" (Peterson e Berger, 1975: 161/162). Já entre os anos de 1956 e 1959,

> selos independentes como Atlantic, Chess, Dot, Imperial, Monument e Sun Records, atuando em segmentos desprezados pelas grandes gravadoras (como o Jazz, o Soul,

o Gospel, o Rhythm & Blues e o Country & Western), vão passar a ocupar maiores parcelas do mercado e levar novos artistas como Little Richard, Fats Domino, Chuck Berry e Bo Diddley, entre outros, às posições predominantes no cenário musical (Peterson e Berger, 1975: 164).[1]

Esse momento, de redefinição de posições no meio fonográfico, pode ser relacionado a diversos fatores. No âmbito da produção musical, tivemos o surgimento dos primeiros gravadores de fita que, reduzindo os custos de produção, facilitaram a criação de novos selos. Além disso, Peterson e Berger vinculam o sucesso dessas novas empresas também ao surgimento da televisão e à entrada dos estúdios cinematográficos no campo da produção musical – fatores que acabaram por tirar das quatro maiores gravadoras significativa parcela de seu controle sobre os meios de divulgação. Mas sua conclusão principal foi a de que a "integração vertical" acabou por se mostrar uma estratégia ineficiente para o atendimento a um mercado mais segmentado gerando, como consequência, uma demanda insatisfeita que criou condições para o surgimento e consolidação de novas empresas no cenário.

De 1956 até o final da década de 1960, o afluxo de novos artistas e empresas ao mercado foi intenso e vale aqui – deixando um pouco de lado a questão da concentração – atentar para algumas características do extraordinário crescimento então experimentado pela indústria. O dado mais evidente é o de que ocorre, no contexto da prosperidade econômica do pós-guerra e da agitação contracultural dos anos 1960, a emergência de um mercado jovem que se tornará o espaço privilegiado do consumo musical.[2] E o crescimento do consumo será realmente impressionante, com as vendas no mercado

---

1 Tradução do autor. Também foram traduzidos por mim todos os demais textos escritos em outra língua (inglês e espanhol) que foram citados neste livro.

2 "Em 1950, o comprador médio de discos no país tinha 30 anos; em 1958, 70% dos discos são vendidos para teenagers (13 a 19 anos)" (Paiano, 1994: 184).

norte-americano saltando de US$ 48 milhões, em 1948, para US$ 2 bilhões, em 1973 (Peterson e Berger, 1975: 163). Além disso, a expansão mundial da televisão e o surgimento dos primeiros satélites de comunicação darão uma feição mundializada a esse crescimento, influenciando a música produzida em praticamente todo o planeta. Teremos ainda uma intensa experimentação musical dentro do próprio rock, da qual o álbum *Sgt. Pepper's Lonely Hearts Club Band* (1967), dos Beatles, é um exemplo emblemático. Além de ter sido o primeiro disco de repercussão a lançar mão sistematicamente das técnicas de gravação em multicanais, que permitiam a adição de novas trilhas musicais a uma base já gravada, fez uso desse recurso dentro da concepção de criar um trabalho fonográfico que apresentava uma integração temática entre todas as suas faixas e que não poderia, com os recursos da época, ser reproduzido em apresentações ao vivo. Tal opção conferia uma extraordinária autonomia técnica e artística à produção do disco, evidenciando as possibilidades expressivas oferecidas pelo estúdio de gravação e, em alguma medida, inaugurando uma nova etapa na relação entre música e tecnologia.[3]

E esse crescimento da importância artística do álbum, por sua vez, também demarca uma nova fase da história do rock, que pode ser compreendida – em termos mercadológicos – a partir da relação entre compactos e LPs. Enquanto os compactos são vendidos a partir de uma música de sucesso, que não assegura necessariamente a longevidade da carreira de seu intérprete, o LP se vincula mais diretamente ao artista, à sua personalidade, ideias e concepções. Os compactos haviam sido, desde o início, o principal formato para a venda de rock. Porém, a partir da segunda metade dos anos 1960, com o crescimento da significação artística, social e política daquela cena musical, os LPs

---

3   Um agradável relato sobre a gravação do disco é fornecido por George Martin (seu produtor) e por William Pearson em *Paz, Amor e Sgt. Pepper*, Rio de Janeiro: Relume Dumará, 1995.

começaram a se tornar predominantes, levando a um significativo aumento da lucratividade da indústria (Paiano, 1994: 188).[4]

No próspero cenário dos anos 1960, a ação das grandes companhias para restabelecer seu controle sobre o mercado se deu tanto através da contratação dos novos artistas surgidos em gravadoras independentes quanto da aquisição dessas empresas. Em 1973, como resultado desse processo de reconcentração da indústria, apenas duas *indies* (a Motown e a *A&M Records*) ainda conseguiam se manter entre as oito maiores companhias do setor nos EUA (Peterson e Berger, 1975: 169). Mas o controle das grandes empresas sobre o mercado não era agora mantido através da estratégia de "integração vertical". Ao contrário, as *majors* passaram a contar com "uma ampla gama de artistas sob contrato através de seus selos subsidiários podendo, (assim), tirar vantagem de toda mudança de gosto dos consumidores" (Peterson e Berger, 1975: 169). Desse modo,

> em vez do "sistema fechado" de produzir tudo em casa dos anos 1940 e 1950, [as grandes empresas] estabeleciam agora um "sistema aberto", através do qual incorporavam ou distribuíam a produção de selos semi-autônomos ou estabeleciam um vínculo com selos independentes menores e produtores de discos independentes (Lopes, 1992: 57).

Essa estratégia lhes garantiu tanto o "monopólio da fase final da produção e distribuição de música popular" quanto as condições para "atender ao 'imprevisível' do mercado musical e assegurar que novos artistas e gêneros fossem rapidamente colocados sob seu efetivo controle" (Lopes, 1992: 57).

Além do inegável sucesso da estratégia do "sistema aberto", o processo de reconcentração monopolista da indústria foi favorecido

---

4 No mercado britânico as vendas de LPs superaram as de singles em 1968 (Paiano, 1994: 188). No norte-americano, a participação dos singles no mercado caiu de 37% em 1973 para 24% em 1980 e 12% em 1988 (Lopes, 1992: 58).

também pela pesada crise que, ao final dos anos 1970, interrompeu aquele que havia sido até então o seu mais longo período de prosperidade. A partir de uma pesquisa baseada na lista de discos mais vendidos da revista *Billboard*, Paul Lopes constata que

> o mercado de LPs mostrou, entre 1969 e 1990, o crescimento da participação das quatro maiores empresas de 54,5% para 80,5%, e das oito maiores de 80,5% para 96%. (...) os maiores selos independentes remanescentes (...) entregaram sua distribuição e cederam direitos de produção às grandes gravadoras. O controle por parte das seis maiores companhias de discos sobre os direitos de distribuição virtualmente estendeu-se a toda a música gravada que se produziu nos Estados Unidos (Lopes, 1992: 60).

A internacionalização do consumo

Diferentemente do que ocorrera durante a crise dos anos 1950, os diagnósticos sobre a crise do final das década de 1970 não apontavam para uma insatisfação da demanda, mas sim para uma saturação do mercado doméstico. Várias razões foram apresentadas para explicá-la. Simon Frith fala no envelhecimento da população, no desemprego acarretado pela recessão econômica e mesmo em mudanças nos hábitos de consumo dos jovens, que não apenas passaram a gravar com seus equipamentos domésticos muito da música que ouviam (em lugar de adquirir os LPs), como também a dividir os recursos antes canalizados prioritariamente para a música entre outras formas de entretenimento, como computadores pessoais, videocassetes e videogames (Frith, 1992: 67).

Creio que a tabela abaixo, que apresenta as vendas da indústria mundial durante o período de 1969 a 1999, pode nos ajudar a entender melhor o cenário apresentado:

Vendas da indústria fonográfica mundial, 1969/1999

(Fonte: IFPI, 2000: 160)

Ano	Total unidades (mi)[5]	Total de vendas no varejo (US$ bi)
1969	-	2,016
1970	-	2,328
1971	-	2,670
1972	-	3,315
1973	978	4,521
1974	1.036	5,142
1975	1.071	5,891
1976	1.204	6,882
1977	1.454	8,083
1978	1.571	10,192
1979	1.573	10,748
1980	1.527	11,433
1981	1.833	12,300
1982	1.697	11,200
1983	1.782	12,000
1984	1.870	12,000
1985	1.958	12,250
1986	1.963	14,000
1987	2.130	17,000
1988	2.413	20,300
1989	2.709	21,600
1990	2.679	24,104
1991	2.893	27,476
1992	2.954	29,464
1993	3.046	31,158
1994	3.318	36,124
1995	3.360	39,717
1996	3.527	39,812
1997	3.468	38,489
1998	3.458	38,305
1999	3.440	38,827

---

5   Esse total considera LPs, cassetes, CDs e DVDs. Os CDs foram incluídos na listagem a partir de 1983.

Ainda que os números dos anos de 1981 a 1984 não apresentem quedas tão expressivas, indicando muito mais uma estagnação do que propriamente uma retração das vendas, eles representaram uma mudança dramática para uma indústria que sextuplicara seu faturamento nos 12 anos anteriores. Segundo Garofalo, a recuperação da indústria, a partir de 1984, ocorrerá através da "sistemática exploração do mercado externo como condição intrínseca de crescimento" (1993: 19), de modo que, ao longo dos anos 1980, gravadoras como CBS, WEA, EMI e Polygram já anunciavam que mais da metade de seu faturamento provinha de suas divisões internacionais (Burnett, 1996: 48). Essa investida no mercado externo acontecia de duas maneiras. De um lado, pela exploração do repertório doméstico desses países através das vendas de artistas de grande repercussão local, mas inexpressivos dentro do mercado norte-americano. De outro, através de artistas e álbuns que não mais visavam apenas o mercado norte-americano, obtendo também enorme repercussão internacional. Nomes como Michael Jackson, Madonna e Whitney Houston, por exemplo, atingiram esse objetivo através de grandes turnês mundiais vinculadas a álbuns de vendagem maciça. Assim, a recuperação da indústria ocorreu muito mais através da venda massificada dos trabalhos de uns poucos artistas (*blockbusters*) do que propriamente de um fortalecimento da cena musical como um todo (Burnett, 1996: 45).

O alcance internacional e a dimensão do sucesso desses artistas valeu-se tanto dos vultuosos gastos em divulgação que a grande concentração econômica do mercado musical tornava possível quanto da penetração mundial das tecnologias de comunicação e consumo musical (satélites, televisões a cabo, gravadores, videocassetes, CD players etc). Verificou-se, ainda, um nível inédito de integração entre som e imagem simbolizado pelo uso intensivo do videoclipe e pela vinculação de músicas e artistas a produções cinematográficas.

Nesse contexto, George Yúdice (1998) observa que

a nova configuração das gravadoras em conglomerados de entretenimento a partir dos anos 80 tem sido acompanhada, como no cinema, por uma crescente lógica do blockbuster. Em lugar de aspirar a múltiplos álbuns que vendam bem, ou seja, recuperem seus investimentos e produzam um ganho regular, as majors preferem acertar com alguns poucos hits que vendam mais de US$ 100 milhões, como "Jagged Little Pill" de Alanis Morissette ou "Let's Talk About Love", de Celine Dion... Para que um álbum venda nestas proporções é requerido um enorme investimento para promovê-lo e integrá-lo a uma variedade de formatos – como películas, programas de televisão, videoclipes, sites na Internet, etc.

E as estatísticas de vendas de discos no mercado norte-americano em 1998 atestam exemplarmente a eficiência dessa estratégia de atuação: dos dez CDs mais vendidos naquele ano no país, que historicamente representa cerca de 1/3 do mercado mundial, cinco estavam de alguma forma ligados a produções cinematográficas de sucesso: as trilhas dos filmes *Titanic* (Sony, 1° lugar), *Cidade dos Anjos* (Warner, 6°) e *Armageddon* (Sony, 10°); bem como os álbuns de Celine Dion (Sony, 2°) e Will Smith (Sony, 8°) (IFPI, 1999).[6]

Em relação aos videoclipes, vale ainda destacar que, embora as principais gravadoras norte-americanas os produzissem desde os anos 1970 para promover seus artistas no Reino Unido e na Europa Ocidental, onde shows televisivos eram a mais importante forma de promoção musical, o formato só se tornou dominante no próprio mercado norte-americano a partir do surgimento da MTV, em agosto de 1981 (Banks, 1998: 293). Assim, enquanto somente 23 dos *Top 100 Hit Singles* listados pela *Billboard* em maio de 1981 possuíam videoclipes, esse número já era de 82 em maio de 1986 e de 97 em

---

6 Celine Dion fora a intérprete da canção tema de *Titanic*, Will Smith acabara de alcançar o estrelato com *Independence Day* (1996) e *Men in Black* (1997).

dezembro de 1989 (Banks, 1998: 293).⁷ Ao impulsionar fortemente a revitalização do mercado, o videoclipe iria assumir grande importância no âmbito da indústria, levando inclusive à criação de departamentos específicos para a sua produção. Mas além da integração entre áudio e vídeo, um outro importante fator a impulsionar a recuperação da indústria foi, sem dúvida, o surgimento do *compact disc*. Chegando ao mercado no início dos anos 1980, o CD possibilitou o relançamento de praticamente todo o catálogo das grandes gravadoras e, em 1988, com a indústria em franca recuperação, o número de suas vendas superou pela primeira vez o de LPs (IFPI, 1999: 9).

Como pode ser observado na tabela apresentada, o quadro de desenvolvimento seguro da indústria, verificado a partir de 1984, não se alterou significativamente até praticamente o final do século, quando começaram a ser verificadas perdas crescentes em volume e valor. De qualquer modo, aquele foi um período de vigorosa expansão, e que teve seu ápice em 1996: ano em que a indústria mundial registrou o recorde histórico de mais de 3,5 bilhões de unidades vendidas, com uma receita no varejo próxima aos 40 bilhões de dólares.

Mas uma vez descritas as duas primeiras grandes crises da indústria e analisados os fatores que levaram à sua superação, iremos agora nos voltar à questão da concentração econômica no mercado e à caracterização da oposição entre *majors* e *indies*.

A concentração econômica

A concentração econômica no campo da produção musical já era verificada no princípio do século XX, quando "cinco companhias dominavam o mercado mundial de música gravada" (Flichy, 1982:

---

7   Banks (1998) destaca ainda que a nova forma de divulgação levou a uma concentração ainda maior do mercado, pois, além dos altos custos envolvidos na produção dos videoclipes, acordos entre as *majors* e a MTV limitaram fortemente o acesso das *indies* ao novo veículo de divulgação.

23). Essas grandes companhias caracterizavam-se pela "integração hardware/software", fabricando tanto os suportes musicais (discos ou cilindros) como os aparelhos leitores. Vale observar que, nesse momento inicial da indústria, a venda de suportes funcionava muito mais como um atrativo para a comercialização dos aparelhos reprodutores do que como negócio autônomo. Mas mesmo quando a consolidação do mercado aumentou a importância da contratação e gravação de novos artistas e, portanto, da montagem do catálogo das gravadoras, a integração *hardware/software* permaneceu. Foi, como vimos, o período da "integração vertical", quando as empresas controlavam todas as fases da produção musical, fabricação e distribuição dos discos. Por conta disso, Flichy observa que, por ocasião da primeira mudança importante de padrão dos suportes, de 78 para 33 1/3 rpm, ocorrida em 1948, mantinha-se um cenário onde

> os grandes editores fonográficos da época que pertenciam, também, a grandes grupos fabricantes de produtos elétricos e eletrônicos puderam, efetivamente, lançar simultaneamente no mercado o disco e seu aparelho de leitura (Flichy, 1982: 24).

No entanto, se nessas décadas iniciais a integração foi necessária para o desenvolvimento simultâneo dos equipamentos e suportes musicais, mais tarde as empresas

> abandonaram as atividades bidirecionais em favor da difusão unidirecional, com o objetivo de alcançar mais rapidamente um mercado de massas (... Ainda que Edson ou Pathé se vissem obrigados a produzir o software necessário para que suas máquinas pudessem ser utilizadas, atualmente os empresários da eletrônica podem apoiar-se no software existente (disco, rádio, televisão) para comercializar suas novas tecnologias (Flichy, 1982: 123).

Desse modo, no final dos anos 1970, apenas dois dos dez editores fonográficos mais importantes (Philips e RCA) haviam mantido a integração das atividades de produção de *hardware* e *software* e esta "não parecia constituir vantagem decisiva com respeito aos outros grupos" (Flichy, 1982: 41).

Mas uma análise das duas décadas seguintes expõe um quadro que me parece mais complexo do que o apontado por Flichy. Em primeiro lugar, a integração entre *hardware* e *software* parece ter sido decisiva, no final dos anos 1970, para a disputa ocorrida em torno da consolidação de um padrão de vídeo doméstico. Segundo Fredric Dannen, a vitória do VHS (defendido pela Philips) sobre o Betamax (Sony) deveu-se em grande medida ao fato dos consumidores encontrarem no mercado uma maior disponibilidade de títulos no primeiro padrão (Dannen, 1991: 137). Talvez como consequência desse quadro, a Sony acabaria por se tornar uma empresa integrada no setor musical já a partir de 1987, através da aquisição da CBS Records: decisão que antecedeu e parece ter favorecido os seus lançamentos de novos formatos digitais graváveis de áudio ocorridos a partir de 1990 (Barnet e Cavanagh, 1994).[8] Mas a relação *hardware/software* deve ser vista como um aspecto de um cenário mais amplo, o da concentração econômica. Nesse contexto, Renato Ortiz sustenta que "a associação de empresas diferenciadas, mas afins, multiplica a capacidade de ação global" (1994: 165). Aqui, o conceito-chave é o de *sinergia*, com "companhias capazes de usar o visual para vender o sonoro, filmes para vender livros, ou softwares para vender hardwares tornando-se as vitoriosas na nova ordem comercial global" (Barnet e Cavanagh, 1994: 131). Assim, como observava George Yúdice (1998) no final dos anos 1990,

---

8   Esses formatos foram o DAT (Digital Audio Tape) e, posteriormente, o MD (MiniDisc).

as grandes gravadoras já não podem mais ser compreendidas como simples produtoras e distribuidoras de música, mas sim como conglomerados globais de entretenimento integrado que incluem a televisão, o cinema, as redes de lojas de discos, produtoras de espetáculos e, mais recentemente, a Internet e os sistemas de difusão por cabo e por satélite.

E de fato, ao final de 1998, das cinco *majors* que controlavam de 70 a 80% das vendas mundiais de discos, quatro integravam conglomerados (Burnett, 1996: 18). Eram eles:

- *Sony Corporation* (Japão): grupo dividido entre a Sony Electronics Corporation, formada por fábricas de equipamentos eletrônicos como TVs, videogames, DVDs, MDs, walkmans etc; e a Sony Software Corporation, composta, entre outros empreendimentos, pela Sony Music (antiga CBS norte-americana), pela Columbia Pictures e por emissoras de TV.

- *Bertelsman AG* (Alemanha): o forte de sua atuação concentrava-se na área de publicações, com a edição de revistas como a *Stern*, além de jornais e livros. Controlava os canais de TV europeus RTL-Plus e Première, bem como a gravadora BMG, Bertelsman Music Group, surgida a partir da compra da norte-americana RCA e da espanhola Ariola (Burnett, 1996: 21).

- *Universal* (Canadá): parte do grupo Seagram, responsável pela distribuição de marcas de bebidas como Absolut e Chivas Regal, a Universal foi constituída pela Universal Studios, por emissoras e produtoras de TV e pela gravadora Universal Music. Essa última nasceu da união da Polygram (comprada junto à Philips) com a MCA (já pertencente ao grupo) e manteve, desde sua origem, a posição de maior gravadora do mundo.

- *Time-Warner Inc.* (USA): Além de ser o controlador da gravadora Warner Music e da editora musical Warner Chapell, o grupo era então integrado por editoras como Warner Books e Time-Life Books, publicando revistas como *Asiaweek, DC Comics, Fortune, Life, Money, People, Sports Ilustrated e Time*; atuava na produção cinematográfica através da Warner Bros, da Castle Rock Entertainment e da New Line Cinema, entre outras, e na televisão através de canais e produtoras como Lorimar Telepictures, Warner Television, Hanna-Barbera Cartoon, CNN, Superstation, Cinemax, Turner Classic Movies, TNT, Cartoon Network e HBO; operava na distribuição de filmes e discos e na fabricação de CDs, além de possuir cadeias de lojas, rede de TV a cabo, satélites de comunicação, parques temáticos e equipes esportivas, entre outros empreendimentos.[9]

A única das *majors* a ser "apenas" uma gravadora era a britânica EMI Music. A empresa fora, originalmente, parte do grupo Thorn-EMI Ltd – surgido da aquisição do grupo de entretenimento EMI Ltd pela Thorn Electrical, em 1979.[10] Porém, em 1996, como resultado de um longo processo de venda de ativos, a divisão de música acabou por ser separada do grupo.[11] De qualquer modo, a fragilidade da EMI diante dos grandes conglomerados ficou evidenciada a partir de 1998, quando começaram a surgir boatos acerca de sua aquisição por parte da Seagram. No ano 2000, a empresa viu-se ainda envolvida em frustradas tentativas de fusão com a Time Warner e a BMG.[12]

---

[9] Este resumo foi extraído da relação completa de empresas do grupo fornecida por Yúdice (1998).

[10] "A Thorn Electrical é a nova proprietária da marca EMI". *Gazeta Mercantil*, 08/11/1979.

[11] "EMI anuncia sua separação da Thorn". *O Estado de S. Paulo*, 21/02/1996.

[12] "EMI e Time Warner desistem da fusão". *Associated Press*, 23/01/2000; BMG e EMI discutem fusão em Nova York. Disponível em: <http://www.uol.com.br/folha/informatica>. 14/11/2000, e "EMI sacrifica sua independência para ser mais do que uma simples gravadora". *O Estado de S. Paulo*, 25/01/2000.

Mas os últimos anos do século foram marcados, também, pelo desenvolvimento do protocolo MP3 que, ao permitir a digitalização e transmissão de música através da internet, teve grande influência sobre as estratégias de fusão das empresas fonográficas. A partir do MP3, a relação *software/hardware* no mercado musical parece ter tomado um novo sentido – o de uma relação entre os meios de acesso à internet e a posse de conteúdos para distribuição on-line. Dois exemplos foram significativos. Em primeiro lugar a fusão, ocorrida em janeiro de 2000, entre a AOL (America On Line) e o grupo Time-Warner. Como uma aparente resposta estratégica a ela tivemos, em junho do mesmo ano, a compra do controle de todo o grupo canadense Seagram pela francesa Vivendi, que além de ser líder mundial na distribuição de água, atuava também nos setores de cinema, televisão e Internet.[13] Estas tendências indicavam um claro direcionamento da indústria no sentido da desmaterialização dos suportes e da venda de conteúdo on-line.

Majors e *indies*

Como vimos através do relato de Peterson e Berger, as gravadoras independentes passaram a ter grande importância no cenário musical a partir do final dos anos 1950, com o surgimento do rock e a superação do modelo de integração vertical. E tanto naquele momento como em outros posteriores, o crescimento da produção independente pode ser diretamente relacionado a mudanças no patamar tecnológico da indústria – que provocaram, via de regra, dramáticas quedas nos custos de gravação e impressão dos discos. Simon Frith, por exemplo, aponta que foi o surgimento dos primeiros gravadores magnéticos, ocorrido ao final dos anos 1940,

---

13 "Fusão do Grupo Vivendi-Seagram deve sair hoje", *Folha de S. Paulo*, 20/06/2000.

que permitiu a entrada de novos produtores independentes no mercado[...] Na metade dos anos 50, selos independentes dos EUA como o Sun Records eram tão dependentes da queda dos custos de estúdio como os selos punk britânicos do final dos anos 70, estes últimos beneficiados pelos avanços tecnológicos constantes e quedas dos preços de gravação (Frith, 1992: 61).

Ao mesmo tempo em que constatamos essa relação entre a vitalidade da cena independente e o patamar tecnológico da indústria, é forçoso refletir também sobre como as estratégias de sistema aberto adotadas pelas *majors* dependem, para o seu sucesso, de uma estrutura de produção independente bem articulada. Por conta disso, é preciso compreender que o fortalecimento da cena independente e a inovação tecnológica não surgem, necessariamente, como uma oposição aos interesses da grande indústria. É sob esse prisma que quero colocar tanto o desenvolvimento das tecnologias digitais de produção musical, ocorrido a partir dos anos 1980, quanto o extraordinário crescimento da cena independente que o acompanhou. O que tivemos a partir de então foi uma radicalização do sistema aberto, com a grande indústria não apenas se associando a selos independentes na condição de divulgadora e distribuidora de suas produções, como também iniciando um processo de desmantelamento de sua própria capacidade de produção e de terceirização dessa atividade. É, portanto, no âmbito do sistema aberto e da terceirização da produção que o relacionamento entre *majors* e *indies* deve ser compreendido no cenário do final do século.

Hesmondhalgh (1996), analisando a indústria fonográfica britânica, identifica as quatro formas mais frequentes pelas quais se dá a relação entre pequenas e grandes gravadoras: 1) através do licenciamento internacional, por parte das *majors*, de artistas produzidos pelas *indies*; 2) através de acordos de distribuição nacionais e internacionais; 3) através da aquisição de parte do controle das empresas com manutenção da administração original, ou ainda, 4) pela pura e simples incorporação das *indies* por parte das grandes gravadoras. Assim, parece-me claro que a relação de interdependência entre as empresas acaba sendo operada em termos claramente desiguais, já que a divisão de trabalho proposta por tal cenário leva a um contexto no qual as *indies* prospectam mercados crescentemente especializados, cuidando da formação e promoção local de novos artistas,[14] enquanto as *majors* cuidam da divulgação e distribuição nacional e mundial daqueles que se destacam. No entanto, a partir do momento em que o nicho visado pela *indie* adquire relevância no contexto do mercado, a *major* acaba simplesmente assumindo o negócio.[15] Em qualquer caso, e segundo essa lógica, o crescimento das empresas independentes passa quase inevitavelmente pelo estabelecimento de acordos de licenciamento ou distribuição com *majors* e, portanto, pelo aprofundamento da dependência. Assim, embora as *indies* respondessem, a partir dos anos 1980, por parcelas cada vez maiores da produção musical em si, isso não implicava necessariamente numa condição de autonomia. E a questão da distribuição era um fator crucial para isso.

Paul Lopes, por exemplo, afirma que "a estratégia atual das principais companhias implica em seu exclusivo controle sobre a fabricação, a distribuição e o acesso aos meios de lançamento de discos" (Lopes, 1992: 70). Burnett, por sua vez, aponta que

> nos anos 1970, a indústria do disco confiou em larga medida numa série de distribuidores independentes que agiam como intermediários entre os fabricantes e os varejistas.

---

14 Os altos custos de promoção levaram, inclusive, muitos selos independentes da Europa e EUA a concentrarem-se na música eletrônica que, por ser muito mais executada em clubes do que em rádios pode, a baixos custos, ser promovida e distribuída junto aos DJs (Burnett, 1996: 59).

15 Stephen Lee (1995) oferece um relato bastante sugestivo sobre a relação entre *majors* e *indies* em seu estudo de caso acerca do selo independente norte-americano Wax Trax.

Nos anos 1980, o sistema de distribuição independente começou a enfraquecer e cada vez mais selos pequenos e independentes como Arista, Motown e A&M passaram a ser distribuídos por um dos grandes distribuidores (1996: 61).

Pesquisas realizadas nos anos 1990 apontavam tanto para a crescente concentração dos pontos de vendas sob o controle de grandes redes especializadas (Du Gay & Negus, 1994) quanto para a concentração das vendas em grandes magazines. Esses fatores favoreceram ainda mais a atuação das *majors*, simplificando suas operações de vendas (que passaram a se concentrar em umas poucas empresas) e reduzindo, com o enfraquecimento do comércio local e das lojas especializadas, os espaços de atuação das *indies*.

Além disso, as estratégias sinérgicas de promoção maciça, discutidas anteriormente, bem como o relacionamento privilegiado entre as *majors* e a MTV, garantiram o controle também sobre as principais vias de acesso ao mercado e, portanto, primazia na definição dos padrões de consumo. Já a integração *hardware/software* em suas diferentes modalidades forneceu-lhes, em razoável medida, condições para definir os rumos da inovação tecnológica, abrindo novas oportunidades para o relançamento de seus catálogos – responsáveis por aproximadamente 40% de seu faturamento global (Burnett, 1996: 26) – e para a divulgação de seus contratados.

Desse modo, as *majors* estabeleceram-se, também na década de 1990, como a grande instância organizadora do mercado fonográfico mundial. Suas estratégias de atuação definiram os espaços passíveis de ocupação e a forma de atuação das gravadoras independentes. Os gêneros e artistas promovidos em suas campanhas de divulgação maciça tornaram-se – por imitação ou oposição – o parâmetro para a atuação dos ingressantes no campo. Suas escolhas tecnológicas instrumentalizaram a ação destes últimos. Sua atuação globalmente padronizada produziu um conjunto de normas de conduta, valores e objetivos comuns a toda a indústria, constituindo-se num dos fatores que favoreceram tanto o amplo leque de relacionamentos entre empresas de diferentes países, portes e origens como a rápida adaptação, por parte dos novos artistas, à lógica do mercado.

Os contornos de uma nova crise

Porém, os dados do IFPI apresentados na tabela I parecem mostrar dois períodos distintos dentro da década de 1990. Entre 1991 e 1995 é possível constatar um grande crescimento do mercado, com o faturamento global da indústria saltando de 27,4 para 39,7 bilhões de dólares. Entre 1996 e 1999, no entanto, a indústria vive um período de estagnação.

Esse seria, como hoje sabemos, o início de um novo e prolongado período de crise da indústria. Gostaria de destacar alguns de seus aspectos, já visíveis nessa fase inicial. Um primeiro ponto refere-se à questão do controle das *majors* sobre as vias de distribuição e divulgação. Embora a internet e a distribuição digital tenham se tornado as grandes apostas das *majors*, essa alternativa também foi utilizada por selos e artistas independentes. Se ao longo da década de 1980 eles já haviam assumido o controle sobre os meios de produção musical, agora ficavam abertas também as condições para a venda on-line de seus CDs e, pouco depois, de fonogramas digitalizados. Evidentemente isso ofereceu uma enorme possibilidade de autonomia para empresas e artistas. E foi em relação a esses últimos que as mudanças mais significativas parecem ter ocorrido. Embora a alternativa de atuar sem o apoio formal de uma gravadora tenha existido em outros momentos da indústria, ela agora tomava uma dimensão muito mais ampla, tornando-se viável não apenas para ingressantes no campo ou para artistas vinculados a segmentos mais restritos, mas para os próprios contratados das *majors*.

Creio que esse cenário ajuda a explicar uma série de mudanças e mesmo de conflitos na relação entre artistas e gravadoras ocorridos a partir dos anos 1990, quando Madonna, por exemplo, passa a gravar seus trabalhos pelo selo Maverick, do qual dividia a propriedade com a Warner Music.[16] Já Prince assumia um caminho ainda mais radical: rompia seu contrato com a Warner em 1994 e partia para a produção e distribuição de seus trabalhos através de um selo de sua propriedade. Por conta dessa sua presença mais marcante no ecossistema da produção fonográfica, proponho a denominação de "autônomos" para esses artistas que atuam sem o apoio formal de uma gravadora. Faço isso por entender que a denominação "independente", quando aplicada indiferentemente a artistas e gravadoras, tende a dificultar a compreensão da dinâmica atual do campo, já que empresas e artistas individuais tendem a ter interesses e estratégias de atuação distintas.[17]

Mas a consequência do quadro apresentado parece ser a de que a estratégia das *majors* de terceirização da produção baseada no controle da divulgação e distribuição musical acabou colocada em cheque, assim como a lógica do *blockbuster*, que além de tudo, tende a perder sua eficácia num mercado cada vez mais segmentado. Em relação a esse aspecto, Peter Spellman apontava que, em 1999, apenas um em cada dez lançamentos de grandes gravadoras era, em média, bem sucedido. Considerava também que a própria integração das *majors* a grandes corporações trazia problemas significativos à sua administração – como a tendência à homogeneização dos produtos,

16 O selo tinha ainda entre seus contratados artistas como Alanis Morissette, Candlebox e Prodigy. Artistas como Michael Jackson, Elton John, Paul Simon e Bob Dylan, entre outros, também estabeleceram acordos com suas gravadoras que lhes garantiam maior independência e participação nos lucros obtidos com seus trabalhos (Burnett, 1996: 24).

17 Com o artista autônomo, por exemplo, sendo mais propenso a distribuir gratuitamente seus fonogramas como forma de promover seus shows, enquanto a gravadora fica mais centrada na venda da música gravada. Mas discuto melhor esse tema, bem como outras questões relacionadas à crise atual, em "Por onde anda a canção? Os impasses da indústria na era do MP3". In: Santos, R. E.; Vargas, H.; Cardoso, J. B. (orgs.). *Mutações da cultura midiática*. São Paulo: Paulinas, 2009, p. 143-168.

a exigência de retorno financeiro em prazos cada vez menores e a excessiva hierarquização (Spellman, 1999).

Outra questão pertinente ao contexto da crise foi, sem dúvida, a da pirataria. Em 1998, a IFPI estimava que "as vendas de música pirata alcançaram um valor superior a US$ 5 bilhões e estão crescendo, (...) um em cada três suportes musicais utilizados no mundo é uma cópia pirata" (IFPI, 1999b).[18]

Os números da pirataria não apenas demonstram o insucesso dos esforços da grande indústria no sentido de enfrentar a distribuição ilegal, como indicam, em alguma medida, uma perda de seu controle sobre os rumos da inovação tecnológica, inclusive com o surgimento de tensões na relação *hardware/software*. Gostaria de ilustrar essa afirmação a partir de dois exemplos: a disputa em torno da definição de um suporte digital gravável, nas décadas de 1980 e 1990, e o surgimento e consolidação do MP3 enquanto padrão de distribuição musical.

Ainda nos anos 1980, depois do lançamento comercial do CD, colocava-se para a indústria a questão da definição de um padrão de áudio digital gravável para substituir as fitas cassete. A Sony, primeira empresa a investir nessa empreitada, lançou o DAT (Digital Audio Tape) em 1987 e o MD (MiniDisc) em 1992. Mas nenhum deles, assim como o DCC (Digital Compact Cassette), lançado pela Philips em 19922, jamais se fixou enquanto padrão de consumo musical doméstico.[19] Esse papel, ao menos entre os suportes físicos, acabou assumido pelo CD gravável. Os primeiros aparelhos de mesa de gravação de CDs foram lançados pela Philips em 1997. Os drives de computador surgiram pouco depois. Entendo que o lançamento do CD gravável não trouxe nenhum benefício claro para a indústria do disco pois, ao contrário da fita cassete, do

---

18   A estimativa considera gravações em CD, cassete e vinil.

19   O DAT chegou a ser utilizado como formato padrão para mixagem de matrizes em estúdio e o MD teve uma sobrevida enquanto equipamento de gravação/reprodução em estúdios e emissoras de rádio.

MD ou do DAT, não criava a necessidade de compra de um segundo suporte gravado para uso em equipamentos de áudio automotivos ou portáteis. Ao mesmo tempo, ele evidentemente abria a possibilidade da gravação de compilações e de cópias de discos originais. Assim, ao lançar o CD gravável, a Philips parece ter optado por favorecer seus interesses na área de produção de *hardware* em detrimento dos de sua gravadora, que acabou vendida pelo grupo no ano seguinte.

Já o surgimento do MP3 não teve relação direta com os interesses da indústria na distribuição musical. O formato MEPG 3, ou simplesmente MP3, surgiu em 1992 como uma das consequências do trabalho dos Moving Picture Experts Groups (MPEGs), criados em 1988 pela ISO (International Association of Standardization), em associação com a IEC (International Electrotechnical Commission), para definir novos padrões de digitalização de áudio e vídeo.[20] Ele permitiu a digitalização de áudio em arquivos mais de dez vezes menores do que os obtidos com o WAV, o padrão anteriormente utilizado. A popularização de seu uso para a troca de arquivos musicais na internet ocorreu a partir de 1997 com a criação, por Justin Frankel, do Winamp, um software que reproduzia arquivos MP3 em ambiente Windows.[21] Dois anos depois Shawn Fanning idealizou o Napster, um programa que permitia a troca de arquivos de áudio entre usuários conectados à internet e que praticamente lançava o conceito de rede social. O resto é história: o crescimento da procura pelo site foi explosivo e, "em seis meses de operação, ele já tinha nove milhões de usuários, número que um gigante das comunicações como o grupo America Online só

---

20 Disponível: <http://mpeg.chiariglione.org/who_we_are.php>. Acesso em: 19/08/2012.

21 Antes disso, eles só podiam ser reproduzidos a partir do DOS. Frankel distribuiu sua criação gratuitamente pela rede e, em um ano e meio, ela já era utilizada por 15 milhões de pessoas. "Será o fim do CD?". *Revista Exame*, 06/10/1999.

conseguiu depois de 12 anos".[22] No início de 2001, o número de usuários inscritos no programa alcançava a marca de 50 milhões.[23] O Napster despertou uma reação agressiva da indústria que se traduziu em uma ação judicial movida em nome das grandes gravadoras pela RIAA, Recording Industry Association of America. Como resultado, o site foi obrigado, em fevereiro de 2001, a bloquear a transferência das obras protegidas por direitos autorais.[24] Posteriormente, o Napster acabou sendo adquirido pela BMG e teve suas atividades temporariamente suspensas para posterior reabertura como um serviço pago.[25] Mas isso não impediu o surgimento de serviços semelhantes como Audiogalaxy, Kazaa, Gnutella, iMesh e LimeWire, entre outros. E mesmo com o direcionamento das estratégias das *majors* para a sua atuação no contexto da desmaterialização dos suportes, sabemos hoje que elas não mantiveram a primazia sobre esse comércio.[26]

---

22 "Prepare-se: a indústria começou o contra-ataque on-line". *Folha de S. Paulo*, 22/07/1999.
23 "Gravadoras x Napster". Disponível em: <http://www.uol.com.br/internet/especiais/napster.shl>, 12/02/2001.
24 "O Napster era fichinha". *Veja*, 04/04/2001.
25 "Gravadora convence Napster a mudar seu modelo". *O Estado de S. Paulo*, 06/11/2000.
26 Que é hoje realizado com muito mais sucesso por sites como o da iTunes Music Store, iniciativa da Apple surgida em abril de 2003, e por empresas de telefonia celular, entre outras.

Capítulo II

A consolidação da indústria fonográfica no Brasil

Para Renato Ortiz, "se os anos 40 e 50 podem ser considerados como momentos de insipiência de uma sociedade de consumo, as décadas de 60 e 70 se definem pela consolidação do mercado de bens culturais" (1988: 113). Embora compreendendo que essa consolidação se dará sob a tutela do governo militar, tendo um viés fortemente autoritário e conservador, o que a análise de Ortiz busca ressaltar é o fato de que – em oposição ao que ocorrera durante o período Vargas, por exemplo – o projeto de "integração nacional" será agora exercido majoritariamente pelo empreendimento privado e não mais pelo Estado. Este, evidentemente, não estará ausente, mas seu papel passará a ser o de tutelador das ações, provedor da infraestrutura necessária ao desenvolvimento das atividades empreendidas pela iniciativa privada. A criação da Embratel, em 1965, e da Embrafilme, no ano seguinte, serão marcas dessa política, a partir da qual "ocorre uma formidável expansão em nível de produção, de distribuição e de consumo da cultura; é nesta fase que se consolidam os grandes conglomerados que controlam os meios de comunicação e a cultura popular de massa" (Ortiz, 1988: 121). Nesses termos, "também a noção de nacional se transforma" (1988: 164). Como a integração passa a se dar por intermédio da indústria cultural, esta adquire a possibilidade de equacionar uma identidade nacional, mas reinterpretando-a em termos mercadológicos; a ideia de "nação integrada" passa a representar a interligação dos consumidores potenciais espalhados pelo território nacional. Nesse sentido, pode-se afirmar que o nacional se identifica ao mercado; à correspondência que se fazia anteriormente, cultura nacional-popular, substitui-se uma outra, cultura mercado-consumo (Ortiz, 1988: 165).

O extraordinário desenvolvimento da indústria fonográfica nacional no período exemplifica bem o processo apontado por Ortiz. As taxas de crescimento da produção, invariavelmente positivas até 1979, tiveram – como pode ser observado na tabela abaixo – valores inferiores a 10% em apenas quatro ocasiões (1969, 1970, 1974 e 1975),[1] chegando, nos anos de 1968 e 1976, a superar o patamar de 40%.

---

1   Nos anos de 1974 e 1975 a indústria se ressentiu da crise do petróleo, principalmente em função da escassez e do aumento de custo da matéria-prima dos discos que, ao longo do ano de 1973, teve seu preço triplicado em 120 dias. Além disso, a alíquota de importação do produto foi elevada de 10% para 55%, numa "medida destinada a estimular e proteger a indústria nacional" ("Os discos em lenta rotação". *Jornal do Brasil*, 26/09/1973).

Vendas da indústria fonográfica nacional por unidade, 1966-1979
(milhões de unidades)

Fonte: ABPD

Ano	Comp. Simp.	Comp. Duplo	LP	LP econ.	K7	K7 duplo	Total (mi)[3]	Var. %
1966	3,6	1,5	3,8	-	-	-	5,5	-
1967	4,0	1,7	4,5	-	-	-	6,4	16,4%
1968[4]	5,4	2,4	6,9	-	0,02	-	9,5	48,4%
1969	6,7	2,3	6,7	-	0,09	-	9,8	3,1%
1970	7,4	2,1	7,3	-	0,2	-	10,7	9,2%
1971	8,6	2,8	8,7	-	0,5	-	13,0	21,5%
1972	9,9	2,6	11,6	-	1,0	-	16,8	29,2%
1973	10,1	3,2	15,3	-	1,9	-	21,6	28,6%
1974	8,3	3,6	16,2	-	2,9	0,03	23,1	6,9%
1975	8,1	5,0	17,0	-	4,0	0,08	25,4	9,9%
1976	10,3	7,1	24,5	-	6,5	0,1	36,9	45,3%
1977	8,8	7,2	19,8	8,4	7,3	0,1	40,9	10,8%
1978	11,0	5,9	23,8	10,1	8,0	0,2	47,7	16,6%
1979	12,6	4,8	26,3	12,0	8,3	0,2	52,6	10,3%

Diversas das *majors* que hoje dominam o mercado iniciaram ou ampliaram suas atividades no país durante o período. A Philips-Phonogram (depois Polygram e, atualmente, parte da Universal

---

2   Os dados de vendas da indústria nacional apresentados nesse livro têm duas fontes, a ABPD e a IFPI. Para o período de 1966 a 1990, utilizo dados de uma tabela não publicada que me foi fornecida pela ABPD. A partir do ano de 1991, utilizo os dados do relatório IFPI 2000. Embora a fonte dos dados seja sempre a ABPD, que é quem os repassa ao IFPI, os dados desse último são constantemente revistos e atualizados pela própria Associação. Vale destacar, também, que os dados disponíveis referem-se às empresas filiadas à ABPD e não exatamente ao total da produção nacional.

3   Nessa e em outras tabelas semelhantes incluídas nesse trabalho, as quantidades totais estão calculadas em álbuns conforme o sistema do IFPI, no qual três singles (compactos simples ou duplos) são contabilizados como um álbum. No caso dos demais formatos – cassete, cassete duplo e LP econômico –, assumi o cálculo de um para um.

4   Em fevereiro de 1968 não houve estatística.

Music) instalou-se em 1960 a partir da aquisição da CBD (Companhia Brasileira do Disco); a CBS (hoje Sony Music), instalada desde 1953, consolidou-se a partir de 1963 com o sucesso da Jovem Guarda; a EMI faz-se presente a partir de 1969, através da aquisição da Odeon, instalada no país desde 1913; a subsidiária brasileira da WEA, o braço fonográfico do grupo Warner, foi fundada em 1976, e a da Ariola – pertencente ao conglomerado alemão Bertellsman – em 1979. A RCA, que mais tarde seria adquirida pela Bertellsman, tornando-se o núcleo da BMG, operava no país desde 1925 e completava o quadro das empresas internacionais mais significativas no nosso cenário doméstico. Já no âmbito dos conglomerados, a Som Livre, braço fonográfico da Rede Globo, lançava sua primeira produção em 19719 e a Abril iniciava suas incursões no mercado do disco nesse mesmo período.[5]

Paralelamente ao crescimento da produção e do número de empresas, tivemos também um aumento do nível de organização e influência política do setor. A Associação Brasileira dos Produtores de Disco (ABPD), que havia sido criada em 1958, passou a atuar de forma mais efetiva, obtendo importantes concessões para as empresas. Entre estas destaca-se a aprovação, em 1967, de uma importante lei de incentivos fiscais para a indústria, e a retirada da Lei de Direitos Autorais, de 1973, do item defendido pelos artistas que impunha a numeração dos discos produzidos (Idart, 1980: 105).

Rita Morelli irá vincular esse período de consolidação da indústria fonográfica do país às vendas de música internacional, apontando para o fato de que, para as subsidiárias e os representantes das

---

5 Embora a Abril só viesse a desenvolver uma atuação mais destacada a partir dos anos 1990, através da criação da MTV brasileira e, posteriormente, da Abril Music, deve-se observar que ela já atuava no mercado fonográfico desde os anos 1970, produzindo e distribuindo através das bancas de revistas diversas coleções acompanhados por discos encartados. Em função disso, Alberto Biyngton Neto – então presidente da Continental e da ABPD – já a listava em 1976 entre as empresa mais significativas do setor, conforme entrevista pertencente ao acervo da pesquisa *Disco em São Paulo* (Idart, 1980), disponível no Centro Cultural São Paulo.

gravadoras multinacionais, era "muito mais fácil lançar um disco já gravado no exterior do que arcar com as despesas de gravação de um disco no Brasil" (Morelli, 1991: 48).

A suposta relação entre a maior presença de gravadoras transnacionais e o aumento do consumo de repertório internacional realmente suscitou um amplo debate no período. A acusação mais persistente era a de uma injusta vantagem competitiva para as gravadoras internacionais, que traziam do exterior as matrizes dos discos já prontas e com seus custos amortizados. Como consequência, era apontada a questão da dominação cultural, com "as novas gerações de compositores (...) recebendo quase que exclusivamente cargas importadas de informação musical".[6]

Mas seria preciso analisar com maior cuidado essas duas afirmações. Em relação à primeira delas, o principal ponto a ser ressaltado é o de que, mesmo antes da chegada das gravadoras internacionais, os catálogos de quase todas elas já eram impressos e/ou distribuídos no país por empresas nacionais. A norte-americana Columbia (CBS), por exemplo, era representada desde 1929 pela Biyngton & Cia, através do selo Columbia do Brasil. Após a instalação da CBS no país, em 1953, a empresa de Biyngton adotou o selo Continental e o nome de Gravações Elétricas S.A., tornando-se a maior empresa brasileira do setor.[7] Já a Chantecler, outra importante gravadora nacional, iniciou suas atividades em 1956 distribuindo os discos e utilizando-se do *know how* da RCA.[8] O fato das gravadoras nacionais não conseguirem mais a representação no país de catálogos internacionais, já que estavam

---

6   "A face oculta do disco". Informe especial" da *Revista Banas*, 10 a 16/03/1975. Ver ainda "Música nacional x música importada". *Jornal da Tarde*, 05/06/1976 e "O país do hit-parade estrangeiro". *Última Hora*, 15/12/1971.

7   *Ibidem*. Até 1948, a Continental foi responsável também pela impressão dos discos da Columbia.

8   Conforme depoimento de Biaggio Baccarin, ex-diretor artístico da gravadora, concedido ao autor em 11/10/1999.

"todos nas mãos das multinacionais", foi, aliás, um dos problemas apontados pelo presidente da gravadora Fermata, em 1981, para explicar a precária situação das empresas nacionais do setor.[9]

Além disso, reportagem de *O Estado de S. Paulo* baseada em dados da ABPD sobre as vendas entre os anos de 1972 e 1976 apontava que, mesmo que em alguns momentos o número de lançamentos de discos internacionais tivesse superado o de discos nacionais, "em todo esse período, a preferência foi esmagadoramente favorável ao repertório nacional".[10] A tabela a seguir, como outras que serão apresentadas aqui, foi feita a partir das listagens dos 50 discos mais vendidos anualmente nas cidades do Rio de Janeiro e de São Paulo produzidas, desde 1965, pela empresa de pesquisas de mercado Nopem. Gostaria de assinalar aquelas que considero as principais limitações destas listagens. Além de não possuírem abrangência nacional, referindo-se apenas às vendas verificadas nas cidades do Rio de Janeiro e de São Paulo, as listagens consideram indiferentemente como discos LPs, cassetes, CDs e compactos (singles), o que já evidencia uma clara distorção em relação aos dados da IFPI, por exemplo, que assume a equivalência de 3 por 1 ao incluir compactos na lista de unidades vendidas. As listagens a que tive acesso também não trazem quantidades de vendas, apenas a posição anual de cada título no ranking. Além disso, seu caráter de levantamento anual pode gerar distorções: um disco que tenha vendas significativas, mas divididas entre dois anos, pode nem ser mencionado na listagem.

Apesar disso, entendo que a pesquisa, por estar vinculada diretamente aos pontos de venda, apresenta o mérito de levar em consideração o que foi efetivamente adquirido pelo consumidor final e não os números anunciados pela indústria. Deve-se considerar, no entanto, que a partir da segunda metade da década de 1990,

---

9   "Dúvidas sobre a fusão das gravadoras". *Folha de S. Paulo*, 01/10/1981.

10 "A Warner no mercado do disco brasileiro". *O Estado de S. Paulo*, 26/08/1976.

principalmente, a loja especializada tendeu a tornar-se bem menos representativa no comércio de discos, perdendo espaço para as grandes superfícies (supermercados e magazines), para os produtos piratas, para a venda on-line de CDs e de música digital e para pontos de venda alternativos como templos, lojas especializadas em artigos religiosos e esotéricos, casas de shows etc.

Voltando à tabela, embora os dados demonstrem um expressivo crescimento da participação do repertório internacional durante praticamente toda a década de 1970, eles não me parecem contraditórios com a ideia de que seu real predomínio nunca se configurou, principalmente se considerarmos que se tratam de dados restritos aos dois principais centros urbanos do país, onde se poderia esperar um consumo de música internacional mais elevado do que em outras regiões.

Participação do repertório internacional na listagem dos 50 discos mais vendidos no eixo Rio/São Paulo entre 1965 e 1979

Fonte: Nopem

Ano	N. de Discos
1965	14
1966	17
1967	14
1968	9
1969	6
1970	22
1971	23
1972	24
1973	16
1974	25
1975	27
1976	17
1977	18
1978	23
1979	14

Já em relação ao custo dos discos, as vantagens econômicas oferecidas pelos lançamentos internacionais eram de fato significativas já que, embora eles fossem impressos no país, não exigiam gastos para a gravação das músicas, produção da arte da capa e, nos casos de artistas mundialmente consagrados, nem mesmo grandes investimentos promocionais. De qualquer modo, com o objetivo de compensar essa diferença e incentivar a gravação de música nacional, a lei de incentivos fiscais promulgada em 1967 facultava às empresas "abater do montante do Imposto de Circulação de Mercadorias os direitos comprovadamente pagos a autores e artistas domiciliados no país", sendo que as gravações beneficiadas recebiam o selo "Disco é Cultura" (Idart, 1980: 118).

Essa lei ofereceu, por um lado, um enorme incentivo ao desenvolvimento tanto do mercado de música doméstica quanto do setor fonográfico como um todo, chegando a ser apontada por João Carlos Muller Chaves, então secretário geral da ABPD, como "o coração da indústria do disco, (...) a grande espinha do investimento" (Idart, 1980: 119). Por outro, parece ter criado condições de mercado menos favoráveis tanto para as empresas de menor porte, que tinham um menor volume de impostos para ser reinvestido na atividade, quanto para as nacionais, já que o ICM advindo da venda de discos internacionais podia ser reinvestido, pelas empresas estrangeiras, na contratação dos artistas de maior expressão que ainda se mantinham com as gravadoras nacionais.[11]

Quanto à questão da dominação cultural, o problema é evidentemente mais complexo, mas os próprios números apresentados mostram que uma internacionalização definitiva do consumo musical não esteve, em momento algum, em vias de ocorrer. Além disso, mesmo que os lançamentos internacionais se mostrassem de fato mais lucrativos para as empresas aqui instaladas, a exploração do repertório

---

11 Ver, a esse respeito, "Disco: a bolsa ou a vida?" *Revista Som Três*, julho de 1985; "Corre sério perigo a indústria de discos nacional". *Folha de S. Paulo*, 06/06/1982 e "A Fuga dos grandes craques". Istoé, 02/08/1978.

doméstico foi, como veremos ao longo deste livro, o caminho adotado por todas elas para a sua efetiva consolidação no país.

Mas recusar a internacionalização pura e simples do consumo não significa ignorar a influência da música internacional no país durante os anos 1970. Entendo que ela desempenhou um importante papel cultural e econômico no sentido da massificação do consumo musical, constituindo-se como importante via para a incorporação de novas camadas de consumidores ao mercado. Sob esse aspecto, Rita Morelli aponta que

> um consumo maior de música estrangeira teria ocorrido nos anos iniciais da década de 70, entre aqueles consumidores recém-agregados ao mercado brasileiro de discos e que não eram exatamente os consumidores típicos desse mercado, dado seu baixo poder aquisitivo (1991: 51).

E esses consumidores eram, basicamente, jovens. Segundo André Midani, diretor da Philips na época, o consumidor típico de discos no Brasil teria, em 1971, mais de 30 anos, enquanto no mercado mundial ele estava na faixa de 13 a 25. Em função disso, ocorria uma divisão etária no mercado, com os consumidores de mais de 25 anos comprando discos de música brasileira – preferencialmente LPs – e os jovens adquirindo música internacional na forma de compactos (Morelli, 1991: 67).

Ora, o que se observa é uma situação onde, independentemente da questão do custo dos discos, o que os lançamentos internacionais estão na verdade cumprindo é a função de aproximar o mercado brasileiro do padrão de consumo do mercado mundial, formado por um público jovem e efetivamente massificado. A esse mercado, a música brasileira dos anos 1950 e 1960 – constituída, de um modo geral, sobre bases políticas e/ou estéticas complexas e voltada a um público necessariamente mais restrito – não correspondia plenamente. Relembrando o cenário internacional de alguns anos antes já apresentado nesse livro, referente ao início do rock, teremos um quadro bastante similar: o de um público consumidor jovem sendo incorporado ao mercado através da compra de compactos, frequentemente de artistas de sucesso efêmero.

Por essa razão, os lançamentos de compactos de música internacional acabaram por se tornar uma estratégia para a atuação não só das empresas internacionais, mas também de algumas das nacionais (Morelli, 1991: 49). Outro elemento a reforçar essa tese parece-me ser o de artistas brasileiros do período que alcançaram sucesso cantando em inglês e, em alguns casos, até mesmo sendo apresentados enquanto artistas internacionais: um curioso fenômeno que envolveu, entre outros, Morris Albert, Terry Winter, Pete Dunaway, Michael Sullivan, Mark Davis (Fábio Jr., que também chegou a gravar sob o pseudônimo de Uncle Jack), Christian (da dupla Christian & Ralf), Dave MacLean, Tony Stevens (Jessé) e as bandas Light Reflections e Lee Jackson. Isso sugere que a adoção da língua inglesa e de uma postura "internacional" por parte dos artistas parecia configurar-se como uma efetiva opção estratégica, passível de conferir a seus trabalhos uma maior legitimidade junto às camadas de jovens consumidores urbanos.

Porém, embora essa estratégia tenha tido significativo impacto no mercado, isso só ocorreu ao longo de um período relativamente curto, basicamente entre 1972 e 1977, e em relação a carreiras bastante fugazes – com as menções aos artistas nas listagens do Nopem devendo-se muitas vezes a um único trabalho (normalmente um compacto). Esse fato, bem como a opção posterior de vários desses nomes por renovar suas carreiras cantando e compondo em português, parece demonstrar que esse fenômeno constituiu-se meramente como uma etapa de um processo mais amplo, que acabaria por resultar na incontestável consolidação do repertório doméstico como base para o nosso consumo musical massivo.

O compacto

Mas para discutir melhor esse processo, é necessário que retomemos a questão do compacto. Ele tem, como já foi observado aqui, uma relação com o mercado diferente da do LP. Ela é assim explicada por João Carlos Muller Chaves: "no compacto simples a gente vende música (...). Promove no rádio e, de repente, vende um milhão de exemplares. O seguinte não vende nada porque não se fixou a personalidade do artista". Já no LP, a imagem do artista é mais forte do que a música: "o Roberto fez um mal disco no ano passado e vendeu um milhão e oitocentos mil exemplares" (Paiano, 1994: 203).

Observando o gráfico a seguir é possível constatar que, embora a quantidade de compactos vendidos no país tenha efetivamente superado a de LPs no período de 1966 a 1971, as diferenças nunca foram significativas, e a maior participação econômica no mercado – se considerarmos a equivalência de três compactos para um LP utilizada pelo IFPI – sempre foi deste último.

Brasil: Singles x álbuns, 1966-1999 (fonte: ABFD/IFPI)

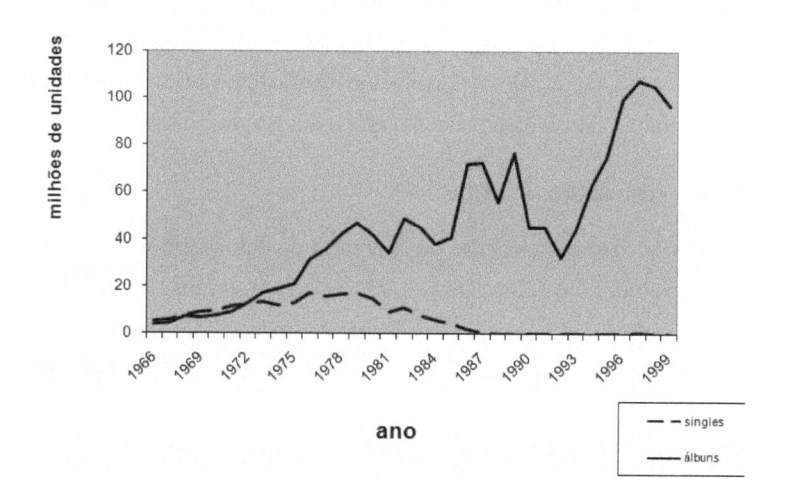

Porém, é preciso considerar um aspecto que esses números não tornam evidente, o de que essa ênfase comercial no fonograma e não no artista não era uma característica apenas dos compactos: ela estava presente também nos LPs de trilhas de novelas e de coletâneas de sucessos de FMs e equipes de som, entre outros. E a participação deste tipo de produção no mercado de LPs não pode ser menosprezada. A Rede Globo, por exemplo, criou a Som Livre, em 1971, basicamente para a produção das trilhas de suas novelas. Em 1975, além das trilhas de novela, a gravadora produzia coletâneas de sucessos de rádios como Excelsior (*Máquina do Som* e *Padrão 670*) e Mundial (*Sua Paz Mundial* e *Super Parada*).[12] A comprovação do acerto desta estratégia veio já em 1977, quando a Som Livre se tornou a líder de vendas no país (Morelli, 1991: 70) e a integração entre áudio e vídeo fornecida pelas trilhas de novela "a mais sólida sustentação que o setor conheceu".[13]

Assim, apesar das altas vendagens de LPs, não se pode dizer que, naquele momento, o fortalecimento do formato, associado à valorização da imagem do artista, estivesse efetivamente consolidado em todos os segmentos de mercado. Esse era, como se pode imaginar, o principal objetivo de longo prazo das gravadoras instaladas no país, mas só seria alcançado a partir da consolidação de um elenco de artistas nacionais. É esse processo que discutiremos a seguir.

A racionalização da atuação

O vigoroso crescimento do mercado de bens simbólicos verificado nos anos 1960 implicava, necessariamente, numa maior compreensão de sua dinâmica e das demandas às quais os artistas deveriam atender. Nesse sentido, Renato Ortiz aponta para "um processo

---

12 As rádios pertenciam ao grupo. "Quem escolhe o que você ouve?" *Folha da Tarde*, 13/07/1975. A matéria é assinada por Maurício Kubrusly.

13 *Ibidem*.

de multiplicação dos institutos de pesquisas mercadológicas", com o surgimento de empresas como "IVC (1961), Mavibel (1964), Ipsem (1965), Gallup (1967), Demanda (1967), Simonsen (1967), Ipape (1968), Audi-TV (1968), Nielsen (1969), LPM (1969)" (1988: 131/132). No caso específico da indústria musical, vale assinalar que o Ibope, criado em 1942, produzia pesquisas sobre vendagem de discos e execução musical nas rádios. Além dele, atuavam nessa área o já citado Nopem, criado em 1965, e a Grande Parada Nacional, criada em 1973 por Sebastião Ferreira da Silva.[14] Também as gravadoras se viram diante da necessidade de ampliar sua estrutura no sentido de dar respostas às novas exigências que o mercado impunha. E um elemento essencial nesse processo foi a divisão do trabalho. Em pesquisa realizada nos anos 1970, Othon Jambeiro dividia a empresa fonográfica em quatro áreas de atividade distintas – a artística, a técnica, a comercial e a industrial – e observava que, com o advento da gravação elétrica,

> tornou-se necessária a montagem de uma estrutura industrial complexa, o que exigia também uma complexa divisão do trabalho (...) surgem, aí, elementos profissionais de quem se exigia relativa especialização, como o diretor artístico, o técnico de gravação, o técnico de corte, o assistente de produção, o arranjador, entre outros (Jambeiro, 1975: 59).

A produção de um disco efetivamente exigiu, desde seus primórdios, uma certa divisão das atividades. Já em 1894, apenas um ano depois de fundar a United States Gramophone Company, Emile

---

14 Ambas as empresas empregavam metodologias semelhantes mas, enquanto o Nopem abrangia apenas o eixo Rio/São Paulo, a Grande Parada tinha abrangência nacional. Ela nunca produziu, no entanto, estatísticas anualizadas de vendas e nem manteve arquivos completos de suas pesquisas, conf. Sebastião Ferreira da Silva, em depoimento concedido ao autor em agosto de 2008.

Berliner percebia a necessidade de um profissional capaz de coordenar as atividades técnicas e musicais da empresa e contratava o pianista Fred Gaisberg para se tornar seu diretor de gravação e descobridor de talentos (Vicente, 1996: 2). Porém, naquele momento, tanto as limitações técnicas dos equipamentos disponíveis quanto o caráter ainda rudimentar do mercado não só tornavam imprecisa a divisão do trabalho como reduzidas as possibilidades de intervenção no resultado final da gravação. Já no período estudado por Jambeiro, o desenvolvimento dos equipamentos oferecia aos técnicos condições para uma interferência muito maior no trabalho realizado em estúdio através de procedimentos como a gravação isolada de cada trilha instrumental ou vocal, emendas nas gravações e introdução posterior de efeitos.

Além disso, mudanças ocorriam também fora do estúdio. Se o desenvolvimento da área técnica aumentava sua influência no campo da produção artística, o processo de racionalização das empresas possibilitava, ou melhor, exigia que também a área comercial exercesse uma maior interferência sobre essa atividade. Assim, seria errôneo compreendermos a divisão de áreas proposta por Jambeiro enquanto autonomização e independência das mesmas: as exigências de mercado perspassam e direcionam todas as suas ações de modo que, a par da crescente divisão e especialização das atividades, torna-se obrigatório também um processo oposto – o da maior integração entre as dimensões artística, técnica e comercial do trabalho. Exemplifica esse processo a figura de um profissional que, a partir do final dos anos 1970, passa a adquirir grande projeção na indústria fonográfica nacional: o produtor artístico.

Até os anos 1950, a coordenação geral das gravações era uma das funções acumuladas pelo diretor artístico da gravadora. Porém, o crescimento do mercado determinou o surgimento do cargo de "assistente de produção", profissional que deveria "selecionar repertório, reunir maestros e músicos, designar arranjadores, apanhar a autorização dos compositores para a gravação das músicas escolhidas e marcar estúdio".[15] Com o aumento da complexidade dos sistemas de gravação e da importância de suas funções, o "assistente de produção" torna-se o "produtor artístico", passando a ser o profissional responsável por todos os aspectos envolvidos na gravação do disco. Ao final da década de 1970, os produtores já contam, em alguns casos, com um "poder de decisão maior do que o próprio artista sobre o que será gravado", e seus nomes passam a figurar nos créditos dos discos, chegando a influenciar as vendas dos mesmos.[16] A ampliação do mercado irá determinar, ainda, uma maior especialização dos produtores em relação aos diferentes segmentos musicais, cabendo-lhes a tarefa de direcionar cada produção em função das necessidades do mercado específico a que se destina. Nesse sentido, o produtor acaba por se estabelecer como uma espécie de mediador entre os aspectos artísticos e mercadológicos do trabalho.

Para o produtor João de Aquino, por exemplo, "um bom disco de música popular é aquele que chega rapidamente ao povo, sem apelação para o banal e apoiado em bom repertório e cuidadosos arranjos de base. A base garante o sucesso comercial e o repertório o êxito artístico".[17] E Luís Carlos Maluly, embora definindo o papel do produtor como sendo o de "passar as ideias do artista para o disco com o objetivo de retratá-las fielmente", ressalta que "é fundamental

---

15 Luiz Bittencourt, responsável pelo primeiro LP brasileiro, lançado pela Sinter em 1955, parece ter sido o primeiro produtor nacional de destaque, "Produtores de discos, esses alquimistas do sucesso". *Jornal do Brasil*, 23/06/1977.

16 "Turma do toque de ouro". *Veja*, 21/04/82. Podemos ainda considerar a chegada dos produtores artísticos ao *star system* também como índice de adequação da indústria brasileira ao cenário internacional – onde isso já ocorria com nomes como os de George Martin e Phil Spector, entre outros, desde pelo menos o início dos anos 1960.

17 "Produtores de discos, esses alquimistas do sucesso". *Jornal do Brasil*, 23/06/1977.

dar uma força comercial a essas ideias para que o disco venda e o artista se coloque definitivamente dentro do mercado, conquistando seu público".[18] Note-se que, em ambos os discursos, as palavras "artístico", "comercial", "mercado" e "público" são utilizadas sem que se expresse qualquer contradição entre os termos. E acho que seja esse efetivamente o caso. Entendo que o que se estabelece – através do produtor artístico – é um novo patamar para a relação entre as crescentes exigências do mercado e as demandas por autonomia técnica e artística. E isso se aplica a todos os artistas e segmentos visados pela grande indústria, inclusive os da MPB. Entre outros exemplos, Marcos Mazzola alega ter convencido Ney Matogrosso e Gilberto Gil a gravarem grandes sucessos como "Homem com H" e "Não Chore Mais", respectivamente; Liminha recheou de arranjos funk o disco "Luar", também de Gil; e Max Pierre "modernizou" a interpretação de Cauby Peixoto, eliminando seus vibratos, e atualizou seu repertório com canções inéditas de Chico Buarque e Tom Jobim.[19]

É claro que o nível de interferência do produtor e sua postura diante do artista mudam em relação a cada segmento musical e às suas condições de legitimação. Para João Carlos "Pelão" Botezelli, por exemplo, produtor de nomes como Donga, Cartola e Nélson Cavaquinho, "a maior preocupação é fazer disco de catálogo, ou seja, para ser ouvido agora e daqui a 100 anos", sem "preocupações comerciais de atingir de pronto o mercado".[20] Mas enquanto Pelão se considera um "produtor de artistas" e realiza seu trabalho num nível altamente pessoal, a receita de Abdias Nascimento, da CBS, é bem diversa:

> minhas produções são destinadas (...) às classes mais humildes. (...) No caso dos discos de forró, a mensagem é evocativa para os nordestinos que vivem aqui no Sul e

---

18 "O captador das boas idéias do rock nacional". *O Estado de S. Paulo*, 27/02/1990.
19 "Turma do toque de ouro". *Veja*, 21/04/1982.
20 "Produtores de discos, esses alquimistas do sucesso". *Jornal do Brasil*, 23/06/1977.

elogiosa e de louvação aos costumes dos que vivem lá. Nas produções românticas, que muitos chamam de lamês, o fundamental é falar sempre da eterna dor de cotovelo [...ter] bom acompanhamento rítmico, uns violinozinhos para enfeitar e pronto.[21]

Como se vê, trata-se aqui da adequação de um produto a uma demanda definida, com autores e intérpretes não sendo nem ao menos citados pelo produtor. Ou, como sintetizou Mister Sam, produtor da Copacabana, "desde que os discos resultem em dinheiro, muito dinheiro, a música é o de menos".[22]

De qualquer forma, e mesmo ressalvando a questão de sua especialização, é necessária aos produtores uma certa flexibilidade de atuação, contando os mais bem sucedidos dentre eles com um razoável trânsito entre artistas de diferentes segmentos, gerações e formações. Desse modo, Mazzola produziu nomes como Simone, Milton Nascimento, Frenéticas, Chico Buarque, RPM, Belchior, Marina, Gilberto Gil, Ney Matogrosso e, mais recentemente, Zeca Baleiro e Chico César; Maluly produziu RPM, Nau, Nelson Ayres, Tetê Espíndola, Nico Resende e Sandra de Sá; Liminha atuou em trabalhos de Gal Costa, Titãs, Paralamas do Sucesso, Frenéticas e Gilberto Gil.

Essa crescente divisão do trabalho dentro da indústria, aliada ao aumento na sua capacidade de avaliação da dinâmica do mercado e do seu controle sobre a produção, ao mesmo tempo em que possibilitou um aumento na eficiência da atuação, exigiu a constituição de uma estrutura cada vez mais complexa. Assim, uma empresa como a Phonogram, por exemplo, que contava com 170 empregados e 150 artistas em 1968, passou a ter, em 1974, um contingente de 500 empregados para atender a apenas 28 artistas (Paiano, 1994: 217).

---

21 *Ibidem*.

22 "Turma do toque de ouro". *Veja*, 21/04/1982. Mister Sam produziu, entre outros, os discos da cantora Gretchen.

Um aspecto essencial da divisão do trabalho no âmbito da produção musical foi, como vimos durante a discussão acerca da indústria internacional, o da terceirização das atividades de produção baseada na relação entre *majors* e *indies*. Creio que, no caso brasileiro, e especialmente ao longo das décadas de 1970 e 1980, essa questão teve algumas características próprias que merecem ser melhor discutidas.

Nacionais, transnacionais e conglomerados

As empresas estrangeiras e os conglomerados que se instalaram no mercado fonográfico brasileiro a partir dos anos 1960 encontraram um território já ocupado, como se sabe, por empresas de grande porte, nacionais e estrangeiras. A Continental e a Copacabana eram as maiores dentre as nacionais, possuindo amplos parques industriais que incluíam estúdios, gráficas, fábricas de discos e duplicadores de fitas cassete.[23] Já as novas empresas não chegaram, de um modo geral, a estabelecer estruturas tão complexas, optando por terceirizar setores de sua produção. A Som Livre, por exemplo, contava com a estrutura administrativa e de produção da RCA,[24] a WEA iniciou suas atividades fabricando seus discos pela Continental e, quando já possuía fábrica própria, chegou a prensar para a Ariola.

O relacionamento que se estabeleceu entre essas empresas não foi isento de conflitos. E não foram poucas as razões alegadas para os atritos: suposta entrada ilegal de matrizes, excesso de lançamentos internacionais e monopólio sobre esses catálogos, disputa desigual pelos artistas de maior vendagem e pelo acesso aos meios de divulgação, entre outros. Em 1980, o diretor-presidente da Continental, Alberto Biyngton Neto, apontava ainda para o fato das empresas internacionais captarem recursos fora do país e,

---

23 "Corre sério risco a indústria do disco no Brasil". *Folha de S. Paulo*, 06/06/1983 (a matéria é assinada por Jards Makalé).

24 *Ibidem*.

assim, fugirem das altas taxas de juros que já começavam a sufocar as empresas domésticas.[25] Enrique Lebemdiger, presidente da Fermata, denunciava em 1981 que as multinacionais "desregularam totalmente o mercado brasileiro (...) passaram a vender discos aos lojistas em consignação e concederam prazos de até 180 dias para pagamento". Obrigadas a conceder iguais condições, as gravadoras nacionais viram todo seu lucro ir "por água abaixo", com os juros consumindo quase 40% do valor do disco. Além disso, Lebemdiger acusava as gravadoras de praticarem *dumping*, vendendo discos de grande sucesso abaixo do preço de mercado.[26] E estas não eram as únicas acusações: Biyngton falava ainda em evasão de divisas através do pagamento irregular de royalties e de propinas (jabá) às rádios e pedia, entre outras coisas, a criação da obrigatoriedade de que 50% dos lançamentos fonográficos fossem de música brasileira, do mesmo modo como ocorria nas rádios.[27]

Afora seu componente nacionalista, entendo que esses discursos acabam por denotar também a posição de inferioridade em que as empresas nacionais se encontravam em relação às suas concorrentes estrangeiras. E o mesmo acontecia na relação entre essas empresas de orientação única e os conglomerados locais surgindo, no final dos anos 1970, denúncias quanto ao modo pelo qual emissoras de TV como Globo, Tupi, Bandeirantes e Record promoviam os lançamentos de suas gravadoras (respectivamente, Som Livre, GTA, Bandeirantes Discos e Seta) através de anúncios televisivos, além de veicularem maciçamente as músicas nas rádios de seus grupos – práticas consideradas desleais pelos queixosos.[28]

---

25 "A luta pelo direito a uma competição justa". *Jornal do Brasil*, 13/07/1980.
26 "Dúvidas sobre a fusão das gravadoras". *Folha de S. Paulo*, 01/10/1981.
27 "A luta pelo direito a uma competição justa". *Jornal do Brasil*, 13/01/1980.
28 "Em 1977, a Som Livre foi a marca mais anunciada na TV paulista com um total maior do que o da Gessy Lever, duas vezes maior que o da Souza Cruz e quatro vezes superior ao da Coca-Cola" (A "Volksdisco é uma força", *Istoé, 02/08/1978*).

Além disso, os próprios termos nos quais eram enunciadas as críticas e reivindicações dos empresários nacionais – "competição justa", "criação de um código de ética" – apontavam para uma dimensão do conflito que não era apenas econômica, mas também de filosofia empresarial.

A passagem de Alberto Biyngton Neto pela presidência da ABPD, no biênio 1975/1976, parece-me ilustrar bem esse conflito. A iniciativa mais destacada de sua gestão foi a criação da Pandisc – Parada Nacional de Sucessos. Seu objetivo era "tentar moralizar a indústria fonográfica"[29] através de uma pesquisa isenta, que oferecesse "dados fidedignos" sobre as vendas de discos.[30] A Pandisc foi, no entanto, desprestigiada pelos próprios membros da Associação e teve suas atividades encerradas pouco depois do término do mandato de Biyngton.[31]

As tabelas que se seguem, também produzidas a partir das listagens do Nopem, buscam oferecer tanto uma amostra da participação das gravadoras nacionais e internacionais dentro do universo dos 50 discos mais vendidos anualmente quanto do peso que a Som Livre assumiu diante das empresas de orientação única do setor. Por esse motivo, dividi as estatísticas em dois períodos, assumindo o ano em que a Som Livre chega pela primeira vez às listagens, 1972, como um "divisor de águas" em nosso mercado de discos.

Um primeiro período, que vai de 1965 a 1971, mostra a participação das gravadoras nacionais crescente até 1967, quando respondem

---

Ver também "As televisões e suas gravadoras: os números milionários de uma publicidade gratuita". *Jornal do Brasil*, 29/06/1980.

29 "A luta pelo direito a uma competição justa". *Jornal do Brasil*, 13/07/1980.

30 Entrevista de Antonio C. Agostini, assessor da presidência da ABPD, pertencente ao acervo da pesquisa *Disco em São Paulo* (Idart, 1980), disponível no Centro Cultural São Paulo.

31 Ofendido, Biyngton acabou inclusive por retirar sua empresa da ABPD ("A luta pelo direito a uma competição justa". *Jornal do Brasil*, 13/07/1980).

por 20 dos 50 discos mais vendidos. A partir do ano seguinte, inicia-se um movimento de declínio que irá levá-las a responder por apenas 9 títulos em 1970 e 1971:

Participação de discos de gravadoras nacionais na listagem dos 50 mais vendidos no eixo Rio/São Paulo, 1965-1971

Fonte: Nopem

Ano	Participação das gravadoras[33]
1965	17
1966	19
1967	20
1968	12
1969	18
1970	9
1971	9

A partir de 1972, verifica-se um aumento da participação das gravadoras nacionais na listagem, só que diretamente relacionado à atuação da Som Livre. As empresas de orientação única são virtualmente excluídas da listagem a partir de 1994.[33]

---

32   Esta listagem não considera a origem do repertório, apenas a nacionalidade das empresas. As gravadoras consideradas como nacionais nessa e na próxima tabela, além da Som Livre, são: Copacabana, Continental, RGE, Ebrau, Fermata, Hi-Fi, Seara, Chantecler, CID, Mocambo, Caravelle, GNI, Equipe, Top Tape, Tapecar Caravelle, Musidisc, Savóia, Castelinho, AESEG, Som Maior, Beverly e Esquema.

33   As participações não atribuídas à Som Livre, verificadas nos anos de 1998 e 1999, são devidas a lançamentos da Abril Music.

Participação de discos de gravadoras nacionais na listagem dos 50 discos mais vendidos no eixo Rio-São Paulo/Participação individual da Som Livre, 1972-1999

Fonte: Nopem

Ano	Participação total das gravadoras nacionais / participação da Som Livre
1972	16 / 5
1973	17 / 3
1974	18 / 8
1975	17 / 8
1976	17 / 8
1977	10 / 5
1978	9 / 4
1979	10 / 2
1980	18 / 9[35]
1981	9 / 4
1982	13 / 6
1983	20 / 15
1984	12 / 11
1985	7 / 5
1986	19 / 11
1987	12 / 9
1988	16 / 10
1989	16 / 11
1990	20 / 14
1991	13 / 9
1992	13 / 9
1993	9 / 6
1994	7 / 7
1995	10 / 10
1996	12 / 12
1997	8 / 8
1998	8 / 7
1999	12 / 10

Assim, embora o acelerado crescimento do mercado até o final dos 1970 tenha efetivamente viabilizado a criação e sobrevivência

---

34 Considerei, a partir desse ano, a compra da RGE pela Som Livre.

de pequenas empresas, a concentração do mesmo sob o controle de grandes conglomerados nacionais e internacionais ficava cada vez mais evidente, trazendo crescentes dificuldades para as gravadoras nacionais. O selo pernambucano Mocambo, criado em 1954 por José Rozemblit como extensão da sua fábrica de discos e que contou, até 1966, com um *cast* formado por artistas exclusivos como Jorge Ben e Sílvio Caldas, passava por problemas dramáticos;[35] a Chantecler, fundada em 1958, era absorvida pela Continental ainda em 1974 e a RGE, empresa de larga tradição no mercado, era adquirida pela Rede Globo em 1979. A própria Continental experimentou, ao longo das décadas seguintes, um progressivo enfraquecimento diante das empresas internacionais a ponto de, em 1984, já nem ser mais relacionada entre as principais empresas do setor no país.[36]

Uma consequência desta relação entre, de um lado, gravadoras nacionais e, de outro, conglomerados e majors internacionais, parece ter sido a de empurrar as empresas brasileiras tanto para a prospecção de novos artistas e tendências como para a exploração de segmentos marginais do mercado,, assumindo um papel similar ao reservado às *indies* nos países centrais. E será a partir da segunda metade dos anos 1970 que poderemos verificar uma efetiva consolidação desse processo.

A segmentação do mercado

Ao discutir as dificuldades encontradas pelas empresas nacionais para sua sobrevivência no mercado fonográfico, Enrique Lebemdiger apontava que a consequência prática dessa situação era a de acabar confinando as gravadoras domésticas ao mercado dos

---

35 "A Mocambo procura sócio para não fechar". *Gazeta Mercantil*, 7/06/1977.

36 Uma lista formada pelas internacionais CBS, Polygram, RCA, EMI-Odeon e WEA, além da brasileira Som Livre ("Vendas de discos caíram 226% nos últimos cinco anos). *O Globo*, 07/10/1984.

discos econômicos, de repertório sertanejo, "que são vendidos pela metade dos demais. Como os aumentos de matéria-prima e produção são iguais tanto para a MPB classe A como para sertanejos, comprimiu-se a faixa de rentabilidade das gravadoras nacionais".[37]

Dificuldades semelhantes com o comércio de discos populares foram enfrentadas também pela Continental que, segundo matéria publicada em 1979 na *Gazeta Mercantil*, estaria "pretendendo sair de sua linha tradicional de mercado: a música sertaneja", pois "embora seja responsável por 60% das vendas de discos desse gênero musical, a verdade é que, no mercado fonográfico como um todo, a participação da empresa não vai além dos 6%". Para tanto, a gravadora investiria num novo selo, o Nascente, "voltado para a produção de MPB de primeira linha". Mas Ariovaldo Piovezani, diretor de marketing da empresa, colocava também os riscos e dificuldades dessa nova estratégia, pois "todo o esforço de procurar os produtos certos e cultivá-los pode esvair-se com uma oferta mais tentadora ao intérprete por uma gravadora forte, multinacional".[38]

Em relação à música sertaneja, as listagens do Nopem confirmam as preocupações demonstradas pelas empresas, trazendo pouquíssimas citações a artistas do segmento antes de 1990. Dentre elas, apenas quatro referem-se a artistas de gravadoras nacionais: três para Zé Mendes (Copacabana, 1965 e 1967, Continental, 1977) e uma para Almir Rogério (Copacabana, 1982). Já em relação à MPB tradicional, todos os artistas de maior projeção concentravam-se efetivamente em gravadoras multinacionais, principalmente na Philips que, durante os anos 1970, chegou a congregar praticamente todos os nomes expressivos do segmento como Caetano Veloso, Gilberto Gil, Chico Buarque, Gal Costa, Maria Bethânia, Jorge Ben e Elis Regina, entre outros. Já a presença de grandes gravadoras nacionais

---

37 "Dúvidas sobre a fusão das gravadoras". *Folha de S. Paulo*, 01/10/1981.

38 "Quando a solução é mudar de gênero". *Gazeta Mercantil*, 04/12/1979.

nas listagem vinculava-se, durante esse período, quase que invariavelmente, a nomes de grande apelo popular, como Wando, Moacyr Franco, Nelson Ned e Wanderley Cardoso, no caso da Copacabana, e Waldick Soriano, Amado Batista e Adriana, no da Continental.

Não pretendo afirmar aqui que as majors internacionais não tinham interesse pelo mercado popular: José Augusto e Agnaldo Timóteo gravavam pela EMI; Jane e Herondy, Perla, Sérgio Reis e Lílian, pela RCA; Kátia, pela CBS. O que gostaria de assinalar é que elas não exerciam sobre esse mercado o mesmo controle que mantinham sobre outros segmentos musicais de maior sofisticação. E isso ocorria por vários fatores. Além da já citada questão do disco econômico, o crescimento constante do setor e a grande lucratividade garantida pelos incentivos fiscais certamente também colaboraram para uma certa "acomodação" das empresas em relação à exploração de novos mercados, principalmente aqueles mais distanciados do eixo Rio-São Paulo.

De qualquer forma, esse desinteresse das empresas multinacionais pela música regional, especialmente a sertaneja, talvez tenha sido um dos fatores responsáveis por manter gravadoras como a Copacabana e a Continental sob o controle do capital nacional até a década de 1990. Em reforço a essa tese, vale destacar que gravadoras como a Chantecler e a RGE, que trabalhavam com esse mercado mais popular e foram vendidas durante a década de 1970, acabaram adquiridas por outras empresas igualmente nacionais (Continental e Som Livre, respectivamente). Tavez esse cenário ajude a explicar o fato de que o grande fenômeno de massificação musical do período tenha sido o samba, com sua presença predominantemente urbana. Ele esteve representado nas listagens do Nopem tanto através dos sambas-enredo das escolas cariocas do Grupo I (Top-Tape) quanto de nomes como Martinho da Vila (RCA), Originais do Samba (RCA), Agepê (Continental), Beth Carvalho (RCA), Clara Nunes

(Odeon), Alcione (Phillips), Jair Rodrigues (Phillips) e Benito de Paula (Copacabana), entre outros.[39]

Porém, esse quadro colocava as empresas fonográficas nacionais diante de duas situações igualmente difíceis: ou permaneciam em segmentos aos quais a nova configuração da indústria oferecia pouca viabilidade comercial ou investiam na prospecção e desenvolvimento de novos artistas e segmentos, assumindo todos os riscos daí decorrentes. A Continental claramente buscou equilibrar-se entre essas duas alternativas. Por um lado, ela formou ou projetou no grande mercado alguns dos artistas populares de maior sucesso dos anos 1970 e 1980, como Amado Batista, Bebeto, Dicró, Peninha e Beto Barbosa, além de diversos nomes da música sertaneja e da cena regional (principalmente baiana). Por outro, gravou, nos anos 1970, bandas mais vinculadas ao rock como A Bolha e O Terço, além de grupos e artistas de caráter mais experimental como Secos & Molhados, Novos Baianos e Walter Franco, entre outros.[40] Posteriormente, ela acabou abrigando grande parte da vanguarda musical de São Paulo através de sua associação com o selo Lira Paulistana.[41]

Mas, uma vez constatada a importância da segmentação no relacionamento entre as empresas do cenário, gostaria de discutir as bases em que se deu essa segmentação, já que a mesma será decisiva para a compreensão de todo o desenvolvimento da indústria até os dias atuais.

O campo de produção da música popular

É no final dos anos 1950 – período marcado pelo surgimento da bossa nova e pelo desenvolvimento da televisão no país – que

---

39 Os nomes relacionados são de artistas que ocuparam as 10 primeiras posições das listagens do Nopem ao longo da década de 1970. Mas uma visão mais detalhada desse e de outros segmentos musicais do período abrangido por esse livro será oferecida no capítulo 5.

40 "Continental, 30 anos antes e depois". *Jornal do Brasil*, 27/01/1974.

41 "Lira Paulistana, o novo sócio da Continental". *Folha de S. Paulo*, 28/11/1982.

podemos situar o momento inicial para um processo mais definido de estratificação do nosso mercado musical. Renato Ortiz observa que, à efervescência cultural vivida pelo país nos anos 1940 e 1950, correspondeu a formação de um público consumidor mais restrito, que não se caracterizava como massivo. Ortiz vê no processo cultural então em curso um paralelo com a emergência da modernidade europeia. Mas identifica uma importante diferença: no caso brasileiro existiria "uma correspondência histórica entre o desenvolvimento de uma cultura de mercado incipiente e a autonomização de uma esfera de cultura universal", sendo esse o "fenômeno que permitiu um 'livre trânsito', uma aproximação de grupos inspirados pelas vanguardas artísticas, como os concretistas, aos movimentos de música popular, bossa nova e tropicalismo" (Ortiz, 1988: 105).

Tal situação não se verificava no cenário europeu, onde esta "cultura universal" desenvolveu-se de modo autônomo. Pierre Bourdieu assinala:

> Ao fim do processo de especialização que levou ao aparecimento de uma produção cultural especialmente destinada ao mercado e, em parte como reação contra esta, de uma produção de obras "puras" e destinadas à apropriação simbólica, a organização do campo de produção cultural se deu através da coexistência antagônica de dois modos de produção e de circulação que obedecem a lógicas inversas. Em um polo, a economia anti-"econômica" da arte pura que, baseada no reconhecimento indispensável dos valores de desinteresse e na denegação da "economia" (do "comercial") e do lucro "econômico" (a curto prazo), privilegia a produção e suas exigências específicas, oriundas de uma história autônoma. (...) No outro polo, a lógica "econômica" das indústrias literárias e artísticas que, fazendo do comércio de bens culturais um comércio como os outros, conferem prioridade à difusão, ao sucesso imediato e temporário (1996: 162-163).

Caracterizariam esse segundo polo, "comercial", a submissão da produção a uma demanda externa, preexistente, o que leva à "posição subordinada dos produtos culturais em relação aos detentores dos instrumentos de produção e difusão"; a destinação a um público socialmente heterogêneo, não exprimindo a "visão de mundo de uma categoria particular de clientes" e a rápida obsolescência das produções (Bourdieu, 1982: 136). Já as obras da "arte pura" estariam destinadas a um consumo e circulação restritas, operando por meio de uma "lógica da distinção cultural" que possibilitaria tanto a afirmação de sua autonomia por parte da comunidade intelectual e artística quanto a legitimação da desigualdade social e econômica. Nesse último caso, em função da "raridade dos instrumentos destinados ao seu deciframento, vale dizer, da distribuição desigual das condições de aquisição da disposição propriamente estética que exigem" (Bourdieu, 1982: 132).

Desse modo, temos no caso brasileiro uma situação onde a polarização do campo, com todas as posições antagônicas que a mobilizam – como autonomia artística x lucro, heterogeneidade do público x distinção etc. –, acaba por se desenvolver dentro do contexto da cultura de mercado. Nessas condições, um polo de consumo restrito relacionado à incipiência do mercado deve ser necessariamente sensível à sua ampliação. Ao mesmo tempo, as condições de atualização dessa produção, suas aspirações de modernidade e universalidade, tendem a ser buscadas no contexto da própria cultura de mercado desenvolvida nos países centrais (nossos paradigmas de modernidade). Ora, tais condições de atualização estavam também disponíveis para o polo de consumo ampliado, e essa acaba por se estabelecer como outra necessária circunstância de aproximação entre ambos.

Uma comparação entre a bossa nova e o Tropicalismo, segmentos citados por Ortiz, ajuda a compreender melhor esse processo. A bossa nova constitui-se a partir do que podemos considerar como uma relação técnica privilegiada com o material sonoro, na qual um referencial jazzístico e erudito funciona como parâmetro para a releitura universalizante e modernizadora da tradição musical nacional representada pelo samba. Por esse trajeto, nas palavras de José Miguel Wisnik, a bossa nova dá "um calafrio camerístico na tradição do canto em dó-de-peito", criando uma fratura dentro da tradição musical urbana, gerando um "subsistema que compreende uma linha-de-exportação e uma linha-de-expressão intelectualizada" (Wisnik, 1979: 15). Já no Tropicalismo, verifica-se um processo em certa medida oposto: o subsistema é preservado, mas não se limita mais à tradição consentida do samba. Instaura-se como uma espécie de metralhadora giratória, antropofágica, onde as mediações técnicas e musicais perdem algo de sua centralidade levando a "um abalo sísmico no chão que parecia sustentar o terraço da MPB, com vista para o pacto populista e para as harmonias sofisticadas, arrancando-a do círculo do bom-gosto que a fazia recusar como inferiores ou equivocadas as demais manifestações da música comercial", em resumo, "geléia geral brasileira" (Wisnik, 1979: 16).

Sob esse aspecto, devemos lembrar que o rock de que o Tropicalismo se vale em diversos momentos também nutre a música do polo "comercial", particularmente a Jovem Guarda, tornando-se o padrão de modernização (e, numa relação praticamente direta, de legitimação urbana) para um amplo leque de tradições musicais. Por exemplo, são várias as referências ao chamado "boom nordestino", ocorrido no final da década de 1970, que trouxe ao *mainstream* da música popular nomes como o dos cearenses Belchior e Fagner, dos pernambucanos Alceu Valença e Geraldo Azevedo, e dos paraibanos Zé e Elba Ramalho, entre outros. Mas entendo esse como um fenômeno que se situa dentro de um processo mais amplo, de maior regionalização de toda a produção musical brasileira, que estivera, até então, fortemente circunscrita ao eixo Rio/Bahia/São Paulo. E o rock é o referencial comum a praticamente toda essa produção.

Ana Maria Bahiana nos dá o inventário: os Novos Baianos fundindo cavaquinhos e guitarras elétricas; o rock rural de Rodrix, Sá e Guarabira; o rock explícito do baiano Raul Seixas; bandas como Secos & Molhados e A Cor do Som; experimentalistas como Walter Franco; a dupla gaúcha Kleiton e Kledir Ramil; os integrantes do mineiro Clube de Esquina além, é claro, dos já citados Fagner, Belchior, Zé Ramalho e Alceu (Bahiana, 1980b: 32-33).

E esse processo não se resumia ao rock. Também os referenciais mundializados do funk e da *soul music* se fariam presentes nos anos 1970 através dos trabalhos de Gilberto Gil e de artistas ingressantes no campo como Tim Maia, Cláudia Telles, Banda Brylho, Luis Melodia, Cassiano, Hyldon, Gerson King Combo, Carlos Dafé e Banda Black Rio, entre outros. Já a música *disco*, surgida ao final da década, congregaria nomes como As Frenéticas, Lady Zu, Miss Lene, Gretchen e estaria presente nas canções de intérpretes e compositores como Gonzaguinha, Belchior, Ney Matogrosso e Gilberto Gil. Mais do que nunca, geleia geral brasileira, onde não é mais necessário o canto em inglês dos artistas que se apresentavam como estrangeiros no início da década, ou o distanciamento de referenciais nacionais mais explícitos proposto pela Jovem Guarda: a consolidação do processo de autonomização e legitimação (inclusive pela via do consumo) dessa música brasileira, moderna e comercial já permite o diálogo mais amplo com a produção internacional, a incorporação e reelaboração de signos em função de seu contexto específico.

Assim, se Ana Maria Bahiana afirma que a passagem do rock pelo Brasil seguiu duas linhas – "a mais ingênua, que desembocou na Jovem Guarda e uma outra, existencialista e crítica (pós-Woodstock), que desembocou no Tropicalismo" (1980: 42) –, entendo que o mais correto seria inverter essa equação e afirmar que, enquanto música ingênua e descompromissada, o rock só poderia ser incorporado aqui pelas produções ligadas ao polo do consumo ampliado. Porém, ao ganhar mundialmente um maior *status* artístico, preocupações políticas diversas e maiores ligações com o meio acadêmico, ele tornou-se passível de ser também incorporado às produções do nosso polo de consumo mais restrito, que se valia desses elementos dentre suas condições de legitimação. O rock, no entanto, não necessariamente comportava essas polarizações nos EUA e no Reino Unido, onde a questão da modernização evidentemente também não se colocava.

Mas mesmo diante de tantas referências mundializadas, não devemos nos esquecer da importância de nossa própria tradição musical enquanto fonte de *patterns* orientadores da produção. A releitura modernizadora dessa tradição foi, como sabemos, uma característica importante tanto da bossa nova quanto do Tropicalismo, mas não devemos restringir nossa reflexão a esse quadro específico. É necessário assinalar também a importância do papel do rádio e, mais especialmente, da Rádio Nacional e de todo o projeto varguista enquanto fatores de integração política e ideológica do país, para a composição desse cenário. Afinal, é forçoso constatar que os segmentos musicais de maior relevo ao longo do processo de consolidação do rádio no Brasil – como o samba, o baião, a música sertaneja e a música romântica – foram os que se mantiveram, até muito recentemente, como os grandes estruturadores da produção. Além disso, essa sua longa trajetória no âmbito da indústria cultural implicou num considerável nível de desterritorialização em relação às suas origens históricas e geográficas, o que permitiu a sua apropriação por artistas de diferentes regiões ou formações.

Feita essa constatação, seria necessário considerar que, no que se refere à música popular, a transição de uma "cultura nacional--popular" para uma de "mercado-consumo", conforme proposta por Renato Ortiz (1988) para a compreensão do cenário dos anos 1960 e 1970, deve ser compreendida com maior cuidado. Embora o crescimento do mercado tenha realmente afetado a polarização desenvolvida a partir dos anos 1950, é necessário entender que a reorganização dos polos deu-se a partir de referenciais próprios, onde elementos ligados ao contexto "nacional-popular" não eram necessariamente estranhos ou insignificantes. A análise que Rita Morelli faz das carreiras de Belchior e de Fagner nos dá algumas indicações sobre as formas pelas quais as novas gerações de artistas surgidas a partir do final dos anos 1970 posicionavam-se em relação às condições do mercado. Se o objetivo era um só – sua consagração comercial e artística –, as estratégias utilizadas por ambos foram bastante distintas: enquanto Belchior marcava seu distanciamento do *mainstream* musical brasileiro (que apontava como envelhecido e excessivamente intelectualizado), assumindo-se enquanto alternativa jovem e popular, Fagner fazia o oposto – buscava sua consagração a partir de sua legitimação e aprovação por parte desse mesmo *mainstream*, além de ostentar, simultaneamente, uma postura crítica em relação às gravadoras, ao mercado e ao "sucesso fácil" de conterrâneos como o próprio Belchior (Morelli, 1994: 149 em diante).

Assim, mesmo em conexão com o polo "intelectualizado" da música popular brasileira surgia, a partir dos anos 1970, uma geração de artistas que incorporava em seu *habitus* uma visão muito mais objetiva do mercado e, também por isso, uma maior adaptação às suas novas exigências.[42] Para estes artistas, a tradição já consolidada e os polos de legitimação constituídos dentro do campo apresentavam-se como importantes referenciais para a sua atuação. Por isso, embora parcialmente esvaziado do seu significado político original, tanto o

---

42 Inclusive através da maior aceitação e valorização do trabalho dos produtores artísticos: Marco Mazzola, por exemplo, que produziu Belchior, praticamente impôs ao cantor o arranjo *disco* de uma das músicas do seu álbum de 1978 (Morelli, 1991: 81).

mainstream constituído pelos artistas dos anos 1950 e 1960 como o posicionamento entre conceitos como "comercial" e "artístico", "político" e "alienado", "popular" e "sofisticado", continuaram a ter grande relevância para os ingressantes no campo em sua busca de legitimação.[43] Nesse contexto, as oposições entre os polos de consumo restrito e ampliado irão permanecer, mas o que se torna talvez mais decisivo para a estratificação do mercado é a oposição entre arcaico e moderno, entre as tradições musicais que conseguiram se inserir no cenário urbano, na cultura televisiva, nas rádios FM (principalmente pela incorporação de referenciais musicais mundializados) e aquelas que – como a música sertaneja – permaneceram, ao menos naquele momento, marginalizadas em relação a esses circuitos de divulgação. Nesses termos, quando as gravadoras estrangeiras estão delimitando o campo de atuação das nacionais aos segmentos "populares", evidentemente não consideram nessa equação nomes como o de Roberto Carlos e outros artistas consagrados da Jovem Guarda, mas sim aqueles não inseridos no mercado consumidor dos grandes centros urbanos e das regiões mais desenvolvidas. Obviamente, o próprio crescimento urbano, da venda de aparelhos de rádio e TV e das redes de comunicação irá acabar por eliminar essa marginalização, sendo esse, aliás, o mote fundamental para a compreensão do cenário da indústria nas décadas seguintes. Mas será durante os anos 1960 e 1970 que se consolidarão as estratégias de atuação, os referenciais a partir dos quais a produção musical se orientará no seu processo de adaptação a um mercado de consumo crescente, urbano e moderno.

---

43 Estes temas também eram uma constante no âmbito da crítica especializada, como em "A arte, cúmplice dos negócios no mercado do disco". *Última Hora*, 11/05/1975; "A conciliação entre consumo e informação". *Jornal do Brasil*, 25/11/1974; "A glória e o esgoto do mundo milionário do disco". *O Globo*, 09/04/1975.

Conclusões

É indiscutível a importância que os anos 1960 e 1970 tiveram para a cristalização dos padrões de consumo e para a organização de toda a indústria fonográfica no país. Em relação à produção musical, tivemos a estruturação do campo pela via de uma polarização que, se ao longo das décadas seguintes perdeu muito de sua efetividade, ofereceu não só os padrões de atuação que continuaram a referenciar a atividade dos agentes como garantiu a preponderância do repertório nacional no gosto dos consumidores. Também por conta disso, os gêneros musicais que se consolidaram na época vieram a se constituir, segundo José Roberto Zan, como uma "espécie de reserva estilística da música popular" (1998: 64).

Já no âmbito da indústria, tivemos não apenas um extraordinário crescimento do mercado, mas também sua aproximação de alguns dos padrões internacionalmente dominantes, sendo o principal deles o da preponderância da empresa transnacional sobre a nacional e do conglomerado sobre a empresa de orientação única. Uma de suas consequências foi a intensificação do uso das estratégias integradas de promoção envolvendo redes de rádio e TV, situação que acabou dando à produção e distribuição das trilhas de novelas uma grande relevância no contexto da indústria. A televisão, aliás, tornou-se uma espécie de "divisor de águas" do mercado musical, apresentando-se como uma fundamental instância de legitimação para artistas e gêneros musicais urbanos.

Também tivemos, no período, as bases para uma divisão de mercado que tendeu a colocar as gravadoras nacionais na precária condição de explorar gêneros preteridos pelas grandes gravadoras e/ou trabalhar na prospecção de novos segmentos e artistas. Não se verificou, no entanto, a existência de uma cena independente vigorosa, capaz de permitir a constituição de um "sistema aberto" equivalente ao descrito no primeiro capítulo desse trabalho. E essa situação, vale acrescentar, não iria ser revertida durante a década seguinte, quando as repetidas crises tornariam a concentração econômica da indústria ainda mais intensa.

Mas se houve uma estratégia assumida pela indústria fonográfica no período que esteve perfeitamente afinada com as tendências internacionais, essa foi sem dúvida a da busca pelo mercado jovem. Acredito que, no período, nenhum movimento musical surgido no país deixou de ter essa preocupação, que fica evidente, inclusive, nas denominações de alguns deles: bossa nova, Jovem Guarda, Movimento Artístico Universitário (MAU) etc. Nessa busca cada vez mais intensa e racionalizada pelo mercado jovem, que assumirá importância ainda maior nos anos 1980, merece destaque a saída de Andre Midani da direção da Polygram, ocorrida em 1976. Com atuação marcante no cenário da indústria desde a década de 1950, quando, atuando na Odeon, foi um dos grandes promotores da bossa nova, Midani reunira na Polygram um dos elencos mais significativos da história da música brasileira, integrado por praticamente todos os nomes consagrados da MPB. Sua atitude de deixá-lo em troca da missão de fundar a WEA do Brasil parece demarcar, ao menos simbolicamente, o encerramento de toda uma era da história do disco no país. Suas afirmações de que o futuro da indústria estava no rock[44] e de que o elenco de sua gravadora seria formado apenas por artistas com menos de 30 anos, que soubessem administrar suas próprias carreiras, era bastante sintomática do novo momento que então se iniciava.

---

44 "Um chefão das arábias". *Jornal do Brasil*, 01/12/1985.

Capítulo III

Os anos 1980:
crise e reestruturação

O quadro de desenvolvimento da indústria fonográfica brasileira durante os anos 1980, como poderá ser verificado na tabela abaixo, foi de grande turbulência. Se a década anterior fora de crescimento constante, a de 1980 começava sob o signo da crise, com expressivas quedas da produção verificando-se já em 1980 e 1981 (-10,6% e -20,8%, respectivamente).

Vendas da indústria fonográfica nacional por formato, 1980-1989 (milhões de unidades)

Fonte: ABPD

Ano	Comp. Simp.	Comp. duplo	LP	LP econ.	K7	K7 duplo	CD	Total (mi)	Var. %
1980	11,2	4,0	23,8	10,8	7,1	0,2	-	47,0	-10,6%
1981	6,9	2,4	17,6	10,6	5,8	0,06	-	37,2	-20,8%
1982	8,8	2,3	26,9	13,1	9,0	0,1	-	52,8	41,9%
1983	6,4	1,3	24,4	11,9	8,5	0,4	-	47,8	-9,5%
1984	4,7	1,2	20,3	10,2	7,5	0,02	-	40,0	-16,3%
1985	2,6	1,7	22,4	10,1	8,4	0,01	-	42,3	5,7%
1986	1,6	0,5	33,4	22,9	15,9	0,01	-	72,9	72,3%
1987	0,3	0,2	41,8	13,4	17,1	0,1	0,2	72,8	0,0%
1988	0,01	0,1	34,9	7,8	12,5	0,1	0,7	56,0	-23,1%
1989	-	0,07	48,5	8,2	17,8	0,1	2,2	76,8	37,1%

É evidente que esse cenário está associado à instabilidade política e econômica verificada no país ao longo do período,[1] sendo que apenas no ano de 1986, com a breve estabilização oferecida pelo Plano Cruzado, a indústria fonográfica conseguiria ostentar, pela primeira vez, um nível de produção superior ao obtido em 1979 – até então, o melhor ano de sua história.

Mas mesmo considerando esses fatores domésticos, não é possível desconectar a crise brasileira daquela que, conforme vimos no primeiro capítulo desse livro, atingia os mercados centrais nesse mesmo momento. E, de modo similar ao que ocorreu no cenário internacional, também aqui a crise se mostrou decisiva para a definição dos rumos que seriam tomados posteriormente pela indústria.

A crise se instala

Apesar do grande crescimento verificado ao longo dos anos 1970, a indústria também enfrentara turbulências no período. Já foi observado aqui que o choque do petróleo de 1973 traduziu-se para a indústria na forma de uma crise de matéria-prima, criando

> grandes dificuldades para a aquisição do produto no mercado mundial, onde havia escassez e especulação – agravadas por um aumento brutal no valor da alíquota de importação dessa matéria-prima, com o qual o governo brasileiro pretendia incentivar a produção nacional que era, contudo, incapaz de corresponder à demanda (Morelli, 1991: 71-72).[2]

Mas tratava-se, evidentemente, de uma crise que atingia a oferta e não a demanda por discos, e que não reverteu a tendência de crescimento da indústria. A crise dos anos 1980 tinha, no entanto, outros

---

1   Especialmente as maxidesvalorizações de 1979 e 1982.
2   A matéria-prima era o cloreto de polivinila (PVC).

contornos. Tratava-se agora de uma severa retração econômica relacionada à recessão mundial e ao grande endividamento externo do país, que resultava em altas taxas de inflação e expressivo aumento no desemprego.

São várias as consequências desse cenário, sendo a primeira delas a ocorrência de um dramático processo de concentração do mercado. Se Márcia Tosta Dias aponta que, em 1979, as principais empresas no mercado eram Som Livre, CBS, Polygram, RCA, WEA, Copacabana, Continental, RGE-Fermata, EMI-Odeon, K-Tel, Top Tape e Tapecar (Dias, 2000: 74), o balanço que se pode efetuar em relação ao ano de 1983 é o de que a K-Tel, uma empresa de porte razoável nos EUA, encerrara suas atividades no Brasil, a Top Tape fora absorvida pela RCA, a RGE pela Som Livre e a Tapecar vendera sua fábrica à Continental e seu catálogo à RCA.[3] Entre os selos de menor expressão, 20 encerraram suas atividades, com a Copacabana adquirindo o catálogo de 15 deles.[4] Mas mesmo essa última empresa não se mostrou imune à crise e, pressionada pelos altos custos financeiros, pediu concordata ainda em 1983.[5]

Embora a crise tenha atingido mais duramente as empresas de menor porte e orientação única, seus efeitos também foram sentidos pelas *majors* internacionais. O caso da Ariola foi emblemático. A gravadora, ligada ao grupo alemão Bertelsman, instalou-se no país em novembro de 1979 após pesquisar o mercado por três anos. Sua pretensão era a de explorar o repertório doméstico a partir do investimento maciço em um pequeno elenco formado por artistas de grande vendagem. Sua chegada provocou grande agitação, bem como atritos com as gravadoras já instaladas em função dos vultuosos

---

3 "Mercado do disco no fundo do poço". *O Estado de S. Paulo*, 26/11/1981.
4 "Sertanejos desembarcam no Maracanãzinho". *Jornal do Brasil*, 12/06/1981.
5 "Copacabana não aguenta juros e pede concordata preventiva". *Jornal do Brasil*, 21/04/1983.

contratos que oferecia a seus artistas e funcionários.[6] Recrutando Marco Mazzola como seu diretor artístico e artistas de peso como Milton Nascimento, Toquinho & Vinícius, Marina, MPB-4, Alceu Valença e, posteriormente, Chico Buarque e Ney Matogrosso, a Ariola prometia consolidar-se rapidamente como uma das grandes empresas do setor no país.[7] Porém, "a situação específica do mercado fonográfico brasileiro e as dificuldades extremas de caráter geral na economia altamente inflacionária do país" acabaram por determinar o insucesso dos planos da empresa e, no final de 1981, a Ariola brasileira era integralmente absorvida pela Polygram.[8]

Também o projeto da WEA no Brasil por pouco não se inviabiliza. A gravadora que, como vimos, fora instalada em 1976 sob o comando de Andre Midani, via-se em 1981 à beira da falência, e a solução radical encontrada para sua sobrevivência foi o fechamento de sua fábrica, a demissão de 400 funcionários e uma "união estratégica" com a EMI-Odeon, para a qual foram repassadas suas atividades de fabricação, produção e cobrança.[9]

Mas a concentração dos negócios não foi a única característica do período. A crise levou, também, a uma radicalização do processo

---

[6] "Ariola e as outras: ataque e contra-ataque no mercado de discos". *Jornal do Brasil*, 23/01/1980.

[7] "*Ariola e seus contratos milionários*". *Folha de S. Paulo*, 09/01/1980; "A Alemanha investe com toda força no mercado brasileiro do disco". *Jornal do Brasil*, 11/01/1980; "Uma nova gravadora no Brasil. Com Milton, Chico, Vinícius...". *Jornal da Tarde*, 05/01/1980.

[8] "Novo capítulo da crise do disco, a Ariola agora é da Polygram". *Jornal do Brasil*, 17/11/1981. O texto citado é do comunicado conjunto emitido pelas duas empresas. Durante algum tempo, os artistas da Ariola gravaram, dentro da Polygram, pelo selo Barclay.

[9] A empresa manteve apenas seu elenco nacional e o departamento de divulgação, ficando seu quadro de funcionários reduzido a aproximadamente 50 profissionais: "Midani, por trás das portas à prova de som". *O Estado de S. Paulo*, 27/12/1988 e "Dúvidas sobre a fusão das gravadoras". *Folha de S. Paulo*, 01/10/1981.

de reestruturação e racionalização das empresas que, como vimos, vinha ocorrendo desde a década anterior. O constante crescimento do mercado, aliado à generosa lei de incentivo, permitira às gravadoras investir em amplos elencos e atuar em um diversificado leque de segmentos, com o retorno de uns poucos discos de sucesso compensando plenamente o investimento global. Mas isso agora havia mudado. Escrevendo para o jornal O Globo, em maio de 1982, Ana Maria Bahiana destaca que a crise do disco detonada no segundo semestre de 1980 marca com precisão o fim de uma era, a da "pré-história lírica e ingênua da indústria fonográfica (...) em que as gravadoras se davam ao luxo de seguir temperamentos e ideias às vezes de um único homem, abrigando e impulsionando movimentos musicais, projetos experimentais, explorações sonoras". Nesses novos tempos, em oposição,

> a palavra risco foi abolida do vocabulário da indústria fonográfica. Ao departamento comercial, e não ao artístico, foi dada primazia sobre as decisões. De uma forma ou de outra, uma figura relativamente nova começou a acumular poder: o homem de marketing (...) que passou a ter a palavra inicial e final sobre quem grava o quê. (...) Repertório, músico, arranjos, que antes eram privilégio exclusivo do artista ou do produtor ligado a ele diretamente, passaram a ser discutidos em conjunto por toda a empresa, com importância vital dada às opiniões do departamento comercial. Novas contratações passaram a ser debatidas e estudadas como táticas de guerra: que faixa de mercado não está coberta, qual o melhor modo de atingi-la, que artista pode vender em qual faixa.[10]

---

10 "Os tempos mudaram e 'acabou a brincadeira'. Disco agora é negócio para profissionais". O Globo, 03/05/1982.

São várias as implicações desse novo cenário. Em relação à estrutura das empresas, a perspectiva de atender a um mercado menor, menos seguro e mais seletivo as torna mais conservadoras. Custos são reduzidos através de cortes nos quadros funcionais e artísticos, bem como nas verbas para a promoção e contratação de novos nomes. Assim, a RCA reduz o seu elenco de 145 para 35 artistas, enquanto a Polygram reduz o seu de 100 para 40 e o funcionamento de sua fábrica de dois para apenas um turno. A Som Livre passa a manter apenas dez artistas em seu elenco, cancelando qualquer nova contratação. A Odeon dispensa nomes como Dori Caymmi, Sueli Costa e Toninho Horta. Já a Continental fecha a sua fábrica em São Paulo, dispensando os funcionários.[11] Os investimentos passam a ser focados nos artistas que conseguem superar a "fatídica marca das 100 mil cópias",[12] enquanto empresas que haviam se concentrado até então em um único mercado sentem agora a necessidade de uma maior diversificação de sua atuação. A WEA, que elegera o mercado jovem como sua prioridade, passa a visar também um público mais adulto. A RCA, que procurara privilegiar o mercado mais popular através de artistas como Joanna, Beth Carvalho e Martinho da Vila, buscava agora preencher suas lacunas no mercado jovem, e assim por diante.[13]

Mas essas ações das empresas não explicam a visão de mercado que então se tornou predominante e, como consequência,

---

11 "O grande negócio do disco já não é tão grande assim". *Jornal do Brasil*, 23/11/1980 e "O disco em ritmo cada vez menor". *Jornal do Brasil*, 10/08/1984; "Vendas de discos caíram 226% nos últimos cinco anos". *O Globo*, 07/10/1984.

12 "Os tempos mudaram e 'acabou a brincadeira'. Disco agora é negócio para profissionais". *O Globo*, 03/05/1982.

13 *Ibidem*. Ao final da década, esse processo acabaria levando a uma aproximação muito maior entre os perfis das empresas, com todas elas privilegiando a redução dos elencos associada à ampliação das faixas de mercado em que atuam ("O mercado do disco enfrenta a crise". *Folha de S. Paulo*, 17/01/1988).

quais os segmentos musicais e estratégias de atuação que passaram a ser privilegiados. Para tanto, seria preciso analisar melhor a interpretação da própria indústria sobre as causas específicas da crise.

Reavaliando o mercado

Talvez o fator mais insistentemente apontado nos momentos iniciais da crise tenha sido o de que havia uma saturação da demanda pelo consumo de música internacional no país. Assim, já em 1980, diante da constatação de uma queda nas vendas de 7% no primeiro semestre do ano, João Carlos Muller Chaves, então diretor da Polygram, afirmava que o mercado vivia "a ressaca da euforia de 78. A música discoteca estourou, mas não deixou raízes. É árvore que você encosta e cai. Cinquenta por cento dos cortes da Polygram atingiram este gênero". E acrescentava: "a música internacional despencou. De janeiro a julho, enquanto a nacional crescia um ponto, a internacional caiu 29".[14] João Araújo, da Som Livre, compartilhava essa opinião avaliando que, daí em diante, o mercado iria se tornar mais seletivo e que o investimento em música brasileira cresceria.[15]

Os dados do Nopem confirmam plenamente essa avaliação. Se entre 1977 e 1978, auge da era *disco* no país, ocorreu um crescimento de 18 para 23 na participação dos discos internacionais na listagem de mais vendidos, em 1979 essa participação se reduzia a 14 discos. No início dos anos 1980, esses números caíam ainda mais:

---

14 "O grande negócio do disco já não é tão grande assim". *Jornal do Brasil*, 23/11/1980.

15 *Ibidem*.

Participação do repertório internacional na listagem dos 50 discos mais vendidos no eixo Rio/São Paulo, 1980-1989

Fonte: Nopem

Ano	Nº de LPs (em 50)
1980	9
1981	11
1982	14
1983	20
1984	18
1985	16
1986	19
1987	24
1988	14
1989	11

Assim, a exploração do repertório doméstico que, como vimos, sempre mereceu destaque dentro da ação das gravadoras, tornou-se ainda mais importante. Ao mesmo tempo, existia a percepção de que a classe média – mercado prioritário das empresas internacionais – estava reduzindo sua participação no consumo de discos no país. Executivos das gravadoras apresentaram várias explicações para essa tendência. Algumas convergiam com aquelas apontadas para a crise mundial da indústria, outras diziam respeito a características específicas do mercado nacional. As mais citadas foram:

- O envelhecimento da geração de artistas dos anos 1960 que não havia sido, ainda, plenamente renovada no contexto da indústria;
- A recessão econômica e o incentivo governamental à poupança interna, que tendiam a afastar a classe média do consumo;
- O surgimento de novas possibilidades de consumo e lazer que começavam a disputar, com o disco, espaço dentro dos hábitos de consumo da classe média;[16]

---

16 Segundo Adiel Carvalho, diretor da Copacabana, "a grande faixa de consumidor é ainda o povão, que não tem, como a classe média, alternativas de lazer. Principalmente aquilo que eu chamo lazer corpóreo, ou seja, esportes, praia, campo

- A pirataria em discos e cassetes, que atingia duramente a MPB e o repertório internacional;

- A atuação das FMs, "com numerosas rádios especializadas em cada gênero, oferecendo ao consumidor a possibilidade de gravar a música direto do receptor";[17]

- A mudança da percepção do consumidor que, com a normalização democrática, passava a se interessar mais pelo repertório em si do que pela imagem e postura política do artista.[18]

Foram várias as iniciativas surgidas para o enfrentamento da crise. Tentando agir diretamente sobre a demanda, a ABPD realiza uma grande campanha publicitária na TV incentivando a compra de discos, além de intensificar o combate à pirataria. Além disso, diversas empresas passam a oferecer ao mercado produtos mais baratos, na forma de séries de discos econômicos, regravações e coletâneas.[19]

Mas as mudanças mais importantes se farão sentir na área da produção, ou seja, nas decisões acerca do tipo de música que passará

(...). A classe C não tem isso, seus ídolos não entram nos meios de comunicação de massa e só lhes resta mesmo o disco" ("Crise". *Jornal da Tarde*, 04/07/1981).

17 Afirmação de João Araújo, então diretor executivo da Som Livre e presidente da ABPD, em "A crise no mercado do disco". *O Globo*, 9/11/1981.

18 Andre Midani, ao recordar a crise vivida pela WEA no começo dos anos 1980, afirma que "entre 82 e 84 fui descobrindo que o mercado de disco tinha mudado radicalmente. Tinha deixado de ser mercado de artista para ser mercado de música. E eu nunca tinha trabalhado com música, só com artistas. Analisava o artista, sacava se ia dar certo ou não e achava totalmente irrelevante analisar a música", "Midani, por trás das portas à prova de som". *O Estado de S. Paulo*, 27/12/1988.

19 Sobre a pirataria, consultar "A crise no mercado do disco". *O Globo*, 9/11/1981. Quanto à redução do custo dos discos para as séries econômicas, o procedimento mais utilizado foi o de diminuir a sua espessura, reduzindo seu peso de 130 para 110 gramas ("Disco, a bolsa ou a vida?". *Revista Som Três*, julho de 1985). E Tárik de Souza nos oferece uma relação das muitas coletâneas e regravações que passam a ser lançadas em "O interminável seriado das reedições". *Jornal do Brasil*, 4/11/1981.

a ser privilegiado pelas gravadoras. A busca pelo mercado mais popular e pela regionalização do consumo – aliada à perda da eficácia comercial da MPB e à necessidade de redução dos custos de produção e dos cachês artísticos – acabará rompendo a divisão do mercado entre discos econômicos e sofisticados estabelecida ao longo da década anterior, causando uma intensificação dos conflitos entre as empresas.[20] Ao mesmo tempo, a presença mais determinante do marketing – associada à necessidade da exploração de novos nichos de mercado – levará a uma racionalização ainda maior da produção, bem como à criação de produtos objetivamente voltados ao atendimento de novas faixas de consumo, com uma restrição ainda maior aos espaços para a criatividade e a experimentação.[21] E as exigências desse novo cenário terão resposta através da priorização de quatro segmentos: o popular-romântico, o sertanejo, o rock dos anos 80 e a música infantil.

O popular-romântico

Não há novidade em afirmar que um amplo leque de produções, impulsionado pelo que José Miguel Wisnik chama de uma "poderosa corrente de romantismo de massa" (1979: 23), existe desde longa data no cenário musical nacional. Essas produções foram, necessariamente, relegadas a um segundo plano no início do processo de segmentação do mercado que, como foi visto aqui, ao final dos anos 1950 priorizava um público urbano e menos massificado. É também em oposição a esse romantismo exacerbado que a bossa nova se constitui, com "*Chega de Saudade*" (1958) assumindo ares de canção manifesto.

---

20 Como, por exemplo, o confronto judicial entre a Som Livre e a Continental em torno das músicas da trilha da novela *Água Viva*, lançadas simultaneamente pelas duas empresas ("A guerra do disco". *O Estado de S. Paulo*, 21/07/1980).

21 Chico Buarque, por exemplo, comparou suas desavenças comerciais com a Polygram, em 1981, "aos tempos em que a Censura Federal mutilava o seu trabalho" ("Novas vítimas na crise do disco". *Folha de S. Paulo*, 22/11/1981).

A Jovem Guarda – por onde passaram nomes como Jerry Adriani, Wanderléa, Antônio Marcos, Wanderley Cardoso e, é claro, Roberto Carlos – permitiu a reciclagem e uma considerável revalorização do referencial romântico. Suas características básicas, como o apelo a um mercado jovem e urbano, a valorização do consumo, a adoção de elementos musicais mundializados e a preocupação com o apuro visual, estabeleceram-se enquanto um *pattern* eficiente para a atuação de artistas vinculados a uma ampla gama de segmentos musicais. Como veremos, vários artistas de uma nova geração de românticos ganharão evidência nos anos 1980. Mas, mais importante do que isso, o *pattern* romântico acabará sendo incorporado por significativa parte da produção musical desenvolvida ao longo da década, passando pelo rock, pela música infantil, pela música sertaneja e também pela MPB.

No que se refere à MPB, essa aproximação entre os polos de consumo discutida no capítulo anterior ficou mais evidente já a partir do final da década de 1970, quando, paralelamente ao processo de abertura política, verifica-se uma significativa mudança no *mainstream* do segmento. Ele é tomado de assalto por uma nova geração de intérpretes que tende a transitar pela região cada vez mais indefinida que separa a MPB da música romântica. E essa será uma das grandes marcas do que poderíamos denominar como a "fase das cantoras".

Na Parada Anual do Nopem, teremos a primeira citação a Fafá de Belém em 1978 (*Foi Assim*, Polydor, 31º), a primeira a Simone em 1979 (*Simone*, 10º, EMI) e, em 1980, o surgimento de nomes como Amelinha (*Foi Deus Quem Fez Você*, CBS, 3º lugar), Joanna (*Descaminhos*, RCA, 4º), Baby Consuelo (*Menino do Rio*, WEA, 12º), Sandra de Sá (*Demônio Colorido*, RGE, 31º) e Ângela Rô Rô (*Ângela Rô Rô*, Polygram, 38º). Nesse mesmo ano, receberam também citações os trabalhos de Maria Bethânia (*Mel*, Polygram, 21º), Gal Costa (*Gal Tropical*, Polygram, 40º) e Simone (*Simone Ao Vivo*, 6º, e

Pedaços, 43º, ambos pela EMI). Em 1981, teremos ainda o ingresso na listagem de Zizi Possi (*Zizi Possi*, Polygram, 17º). Embora nem todas essas artistas tivessem decididamente o romântico em suas produções, entendo que o surgimento quase simultâneo de várias delas demonstra que, em alguma medida, o compositor-intérprete perdia agora espaço para a maior expressividade e apuro técnico dessas cantoras e de seus repertórios mais diversificados. Mas voltaremos a essa questão mais adiante.

Mais distantes do referencial da MPB, serão vários os intérpretes de ambos os sexos que, ao longo da década de 1980, estarão presentes nas listagens com produções mais explicitamente românticas e próximas ao referencial dominado por Roberto Carlos que, gravando pela CBS, ocupou o 1º lugar da lista em sete anos da década: Fábio Jr e Gilliard, pela RGE; Kátia, Rosana, Márcio Greick e Wanderléia, pela CBS; José Augusto, pela EMI; Wando, pela Som Livre; Rosemary, pela RCA; entre outros. Ligados às gravadoras internacionais e à Rede Globo, estes artistas passarão a ocupar espaços antes vedados a esse tipo de produção, como aparições em programas de TV, participações em trilhas de novelas e veiculação nas FMs – áreas que, na década anterior, haviam sido predominantemente ocupadas por brasileiros que cantavam em inglês. Diante desse quadro, Max Pierre, produtor musical da Som Livre, afirmava em 1988 que a meta prioritária das gravadoras passara a ser a de investir em "música popular romântica".[22]

Mas também essa "música popular romântica" comportava um certo nível de segmentação. Se nos anos 1970 artistas como Cláudia Barroso (Continental), Nelson Ned (Copacabana) e Odair José (CBS), entre outros, tocavam exclusivamente em AMs e eram chamados de "cafonas", nos anos 1980 teríamos o surgimento da

---

22 "A conspiração brega". *O Globo*, 18/03/1988.

expressão "brega",[23] que definia um imenso mercado na periferia dos grandes centros, bem como no Norte e Nordeste do país, onde se destacavam nomes como Lindomar Castilho (Continental), Waldick Soriano (Copacabana) e Amado Batista (Continental), entre muitos outros. Com seu visual chamativo e narrativas de forte apelo dramático, estes artistas garantiram, junto a um público rural e suburbano, as mais expressivas vendas das gravadoras nacionais ao longo da década.[24] Além dos nomes já citados, a Continental contava com Peninha enquanto a Copacabana se fazia presente nas estatísticas do Nopem através de Ademir "Ovelha" Rodrigues, Wanderley Cardoso, Wagner Montes e Benito de Paula. Mas mesmo nesse terreno as gravadoras nacionais começavam a perder seu espaço. Amado Batista, campeão de vendas da Continental, foi contratado pela RCA em 1984. Já Benito de Paula foi tirado da Copacabana, ainda em 1981, por uma WEA em grande ofensiva rumo ao mercado popular.[25]

Já numa terceira linha, pautada pelo *kitsch*, pelo exagero e pela distância do bom mocismo dos cantores românticos, artistas (ou, mais do que isso, personagens) como Gretchen (Copacabana), Maria Alcina (Copacabana) e Sidney Magal (Polydor) também garantiam para si grande publicidade e significativas vendas de discos.[26]

Mas esses nomes estiveram ligados mais ao início da década. O que se tornou dominante dentro do mercado foi efetivamente a eliminação

---

23 Em reportagem de 1984, o jornal *O Globo* oferecia a versão de que o termo "brega" surgiu na Bahia e teria relação com a Rua Manuel da Nóbrega, localidade próxima ao Pelourinho, em Salvador. A região acabou por transformar-se numa área de prostituição e, em meio à sua decadência geral, a placa com seu nome foi-se deteriorando, dela restando apenas as cinco últimas letras (Cinco letras carregadas de um preconceito incontornável. *O Globo*, 12/08/1984).

24 "O brega prepara a invasão das cidades". *O Globo*, 12/08/1984

25 "Disco, a bolsa ou a vida?". *Revista Som Três*, julho de 1985.

26 Nas listagens do Nopem, Magal é citado em 1978, Gretchen em 1980, 1981 e 1982, e Maria Alcina alcança o primeiro lugar de 1986 (*Prenda o Tadeu*, Copacabana).

dos excessos, numa pasteurização de letras, melodias, performances e arranjos que tendeu a aproximar o sertanejo, a música infantil e parte do rock e da MPB de um mesmo referencial e público-alvo.

Em função disso, até o final da década de 1980 a "invasão romântica" do cenário musical já estava assentada sobre um novo patamar de profissionalização da produção e da divulgação musical, implicando numa maior divisão industrial das atividades. Gostaria de destacar alguns aspectos desse processo, já que ele diz respeito também a outros segmentos que serão analisados aqui.

O primeiro deles é o da já citada predominância dos intérpretes. A valorização do compositor-intérprete, bastante presente no contexto da bossa nova, acabou por se tornar uma constante a partir dos grandes festivais dos anos 1960 e mesmo dentro do processo de regionalização da MPB da década seguinte. As performances desses artistas – até mesmo por suas deficiências – refletiam, em alguma medida, o caráter artesanal e a marca pessoal de suas obras. Mas, se como fora diagnosticado, o interesse se deslocava agora da imagem do artista para o repertório musical, a artesanalidade devia dar lugar à exatidão. E uma divisão mais adequada entre as atividades envolvidas na produção fonográfica ajudava a garanti-la, além de facilitar a orientação mercadológica dos discos para demandas específicas.

Nesses termos, o crescimento da importância do intérprete era apenas um dos aspectos de uma divisão do trabalho que se intensificava. A figura do compositor profissional, por exemplo, passou a ocupar um papel de grande realce. Não se tratava, nesse caso, da composição enquanto expressão pessoal, mas enquanto trabalho direcionado à eficácia comercial. A dupla de compositores e produtores Sullivan & Massadas, certamente a mais bem-sucedida da década, expressa bem essa tendência. Ex-integrante da banda Renato e seus Blue Caps, Sullivan (Ivanilton de Souza Lima) havia alcançado sucesso nos anos 1970 cantando em inglês. Já Massadas atuara desde o início dos anos 1960 em diversas bandas de baile. Compondo desde 1976, a dupla obteve seu primeiro grande sucesso em 1983 com "Me Dê Motivo", gravada por Tim Maia. A partir daí, emplacou uma sucessão de *hits* nas vozes de Gal Costa, Fevers, Roupa Nova, Roberto Carlos, Xuxa, Trem da Alegria, Sandra de Sá, Joanna, Fagner e Alcione, entre outros, tendo também produzido diversos de seus discos. Em entrevista à revista *Bizz*, ambos definem seu trabalho como

> sem rótulo, sem preconceito. Tratamos todos os artistas da mesma maneira, sob uma visão de mercado (...). De uma maneira geral, nós analisamos o artista, vemos qual o tipo de linguagem ideal para ele. A nossa busca é conseguir o simples (...). O emissor tem que falar o mesmo diálogo do receptor. (...) O nosso objetivo (...) é ser entendido por todas as pessoas, todas as classes, todas as religiões (...). Queremos universalizar o trabalho.[27]

Nessa mesma entrevista, e embora recusando a ideia de uma "fórmula do sucesso", ambos entendem que essa universalização do seu trabalho passava pelo romantismo ("isso faz parte de uma realidade"), pelo conformismo ("Passar uma letra cheia de metáforas, ninguém vai entender". "O Brasil, infelizmente, tem que ser entendido dessa forma. É um país subdesenvolvido") e pelo individualismo ("Na hora do amor é 'eu te amo', é 'eu gosto de você'. Esse negócio de 'esse país vai de mal a pior' ou 'a inflação está terrível' não funciona").

Ainda que o discurso lembre um pouco o de alguns dos produtores dos anos 1970 citados no capítulo anterior, entendo que agora há um avanço não só na busca por um mercado cada vez mais massificado, como também na recusa explícita aos principais pilares do polo da MPB, como a sofisticação dos códigos, o posicionamento político, o projeto modernista etc. Aqui, retomando a formulação

---

27 "Os Reis Midas do Disco". *Revista Bizz*, ano 4, n. 5, maio de 1988.

de Renato Ortiz, a transição para a cultura de "mercado-consumo" surge com maior clareza, bem como o uso de seu discurso de legitimação (o popular enquanto o massivamente consumido).

Outra área que passa a receber maior atenção das empresas é a da divulgação musical. Um exemplo disso é o da definição da "música de trabalho", ou seja, da faixa do disco que deverá ser executada nas rádios objetivando a maximização dos resultados da divulgação. Marcelo Garbelotti, divulgador da WEA, afirma que

> se nós deixarmos cada rádio tocar uma faixa diferente de determinado disco, o nosso trabalho perde muito, porque o disco fica com uma vida mais curta e logo deixa de ser executado (...) o ideal é que a música toque até cansar, para então ser escolhida uma segunda faixa de trabalho e assim por diante".[28]

Outra estratégia empregada nessa área é a do *remix*, ou seja, da montagem de uma versão diferente da música a partir de sua gravação original, técnica que permite um prolongamento da "vida útil" do fonograma na programação das rádios.[29]

Considerando-se esses fatores, acho cabível afirmar que eles representam um maior investimento da indústria no chamado "artista de marketing". Márcia Tosta Dias o contrapõe ao "artista de catálogo" – que tem carreira mais longa e consistente, mas normalmente uma venda média de discos mais modesta – definindo-o como aquele que "é concebido e produzido, ele, o seu produto e todo o esquema promocional que o envolve, a um custo relativamente baixo, com o objetivo de fazer sucesso, vender milhares de cópias, mesmo que por um tempo reduzido" (Dias, 2000: 78).

---

28 *Ibidem*.
29 *Ibidem*, sendo a ideia do *remix* atribuída a Roberto Augusto, diretor de marketing da CBS.

Seria importante observar essa questão também sob o ângulo de que qualquer direcionamento comercial da produção só se torna possível a partir da constituição de segmentos musicais com alto nível de padronização e com um mercado consumidor bem definido. A MPB, por exemplo, sigla sob a qual costumamos abrigar uma amálgama bastante imprecisa de influências regionais, políticas e estéticas, formada ainda no início do processo de segmentação da indústria, é menos redutível a fórmulas e, por isso, não favorece tanto a criação de artistas de marketing. Já segmentos como o da música infantil e da *disco*, ao contrário, constituídos num momento de grande organização do mercado, permitiram desde o seu início um alto nível de previsibilidade e controle. Isso fez com que eles concentrassem a maior parte dos projetos de marketing desenvolvidos no período, como os internacionais Menudos e New Kids on the Block, ou os nacionais Dominó, Polegar, Patotinha e Trem da Alegria, entre outros. Também a crescente pasteurização e adaptação ao mercado urbano de segmentos como o romântico e o da música sertaneja acabou por ampliar as possibilidades dessa estratégia.

De qualquer modo, entendo que a crescente padronização dos segmentos musicais ao longo dos anos 1980, vinculada ao processo de divisão de trabalho acima descrito, acabou por orientar, em alguma medida, a atuação de artistas de todos os segmentos musicais, tornando a distinção entre "artistas de marketing" e "artistas de catálogo" um pouco menos decisiva. Pois, como afirmou Cláudio Condé, do departamento artístico da CBS, a preocupação é "realimentar sempre o mercado, buscando ou criando aqueles produtos dos quais ele está carente".[30]

Mas ao discutirmos a questão da divulgação em rádio, e mesmo na TV, é necessário abordar também a questão do jabaculê, ou jabá – nome pelo qual ficou conhecida a prática do pagamento

---

30 "Vale tudo para vender disco. O resto é arte". *Revista Fatos*, 14/10/1985.

de propinas aos programadores das rádios (e, posteriormente, aos apresentadores de TV)[31] para a inclusão das músicas na sua programação.[32] Embora constantemente negada, sua existência já era bastante comentada desde pelo menos os anos 1970[33] e envolvia não só pagamentos em dinheiro, mas também apresentações gratuitas em casas noturnas ou em shows promovidos pelo locutor e até mesmo a inclusão do nome do apresentador da rádio "na co-produção de discos ou na co-autoria de músicas de sucesso – uma maneira de transformá-lo numa espécie de acionista legal do lançamento".[34]

Denúncias e, principalmente, a crise do início da década, levaram as gravadoras a anunciar o fim da prática já em 1980.[35] Porém, o acirramento da concorrência entre as empresas acabou por trazer o jabaculê de volta, e de um modo ainda mais institucionalizado. Se em 1980 a nova geração de radialistas que comandava as FMs era "considerada incorruptível pelas próprias gravadoras",[36] Serginho Leite, radialista e humorista da Joven Pan FM, viria a público em 1987 denunciar que "não tem mais aquela estória do divulgador da gra-

---

[31] O apresentador Chacrinha, da TV Globo, foi alvo de constantes denúncias que iam desde a exigência de shows gratuitos em clubes da Baixada Fluminense (atestada por nomes como RPM, Capital Inicial, Ritchie e Osvaldo Nunes) até a insistência com os artistas para que tocassem "músicas de uma única sociedade autoral, a Sicam", ("Jabá revigorou diz sambista". *Folha de S. Paulo*, 29/01/1987).

[32] A prática de artistas ou divulgadores apresentarem discos e músicas aos programadores das rádios buscando convencê-los a tocá-las também recebe um nome exótico: *caitituagem*. Jabaculê seria a proprina ocasionalmente envolvida nesse tipo de atividade.

[33] Artistas como Tim Maia, Ritchie e Guarabira, entre outros, alegavam inclusive a existência de uma "lei do silêncio", afirmando terem sido banidos por algum tempo da programação de rádios e TVs como represália por suas denúncias.

[34] "O vale-tudo das paradas de sucesso". *República*, 24/10/1979.

[35] "O fim do jabaculê nas rádios: denúncia altera as paradas de sucesso". *Jornal do Brasil*, 29/06/1980

[36] *Ibidem*.

vadora tentar influenciar os programadores da FM (...) Os acordos são feitos entre a cúpula da emissora e da gravadora".[37] Tais acordos envolveriam tanto a concessão de brindes (de adesivos a viagens) a serem sorteados ao longo da programação como o estabelecimento de contratos publicitários, ficando a veiculação das músicas como a contrapartida oculta de uma relação comercial perfeitamente legítima. Era, como Serginho esclarecia, um "círculo vicioso": "as gravadoras só descarregam anúncios nas rádios que tem mais audiência e as FMs têm que tocar o que elas querem. Caso contrário, as gravadoras cortam a verba publicitária".[38]

O sertanejo

Se nos anos 1970 a música regional havia sido praticamente ignorada pelas gravadoras internacionais aqui instaladas, essa situação foi radicalmente revertida a partir da crise de 1980. Em matéria de 1981, o *Jornal da Tarde* relacionava as iniciativas das empresas em direção a esses mercados: a WEA que, como vimos, instalara-se no país a partir do projeto de Midani de explorar o rock e o mercado jovem, criava selos específicos para sua atuação nesse segmento;[39] a EMI-Odeon abria seu catálogo "para os gêneros regionais com a criação do selo *Jangada*, amplamente divulgado no Norte e Nordeste"; a RGE, agora pertencente à Som Livre, incrementava uma linha de música rural através do programa *Som Brasil*, da TV Globo; a Ariola já havia contratado quatro duplas sertanejas e a Polygram, embora afirmando que iria manter a política de investir no mercado de música clássica, que considerava estável, e em seus grandes nomes, reconhecia que o grande mercado consumidor de discos estava agora "no interior do país, onde a movimentação de recursos

---

37 "Jabá agora veste colarinho branco". *Folha de S. Paulo*, 25/01/1987.
38 *Ibidem*.
39 "A música caipira quer mais espaço". *O Estado de S. Paulo*, 07/09/1980.

para a agricultura e a pecuária acaba influenciando na circulação do dinheiro".[40] Até mesmo gravadoras independentes e de público mais restrito, como a Eldorado e a Marcus Pereira, preparavam seus projetos para atuar nos mercados sertanejo e regional.[41]

Como as estatísticas do Nopem só contemplam o eixo Rio-São Paulo, elas acabam por não refletir com maior clareza essa "ida ao interior" das gravadoras. Assim, os únicos nomes de artistas sertanejos a figurar nas listagens relativas à década de 1980 são Sérgio Reis e Almir Rogério. De qualquer forma, não faltam sinais do crescimento da importância do segmento no período. Entre outros exemplos, vale citar o lançamento, em 1979, do filme *Estrada da Vida*, de Nelson Pereira dos Santos, estrelado pela dupla Milionário e José Rico (Chantecler/Continental); o sucesso da série televisiva *Carga Pesada*, da Rede Globo, protagonizada por Stênio Garcia e Antônio Fagundes, com trilha sonora reunindo nomes da música sertaneja e nordestina;[42] além da realização do show "A Grande Noite da Viola", que, em 20/06/1981, reuniu em pleno Maracanãzinho as grandes estrelas do segmento e teve cobertura da TVS.[43] Tais atividades não apenas trouxeram a música sertaneja para a mídia televisiva,[44] como foram acompanhadas por

---

40 "Crise". *Jornal da Tarde*, 04/07/1980.

41 "A música caipira quer mais espaço". *O Estado de S. Paulo*, 07/09/1980.

42 Como Leo Canhoto & Robertinho, Rock & Ringo, Sérgio Reis, Renato Teixeira, Dominguinhos e Luiz Gonzaga, entre outros ("Os caipiras no poder". *Folha de S. Paulo*, 02/09/1979).

43 O evento – que reuniu nomes como Tonico & Tinoco, Cascatinha & Inhana, Milionário & José Rico, Tião Carreiro & Pardinho, Irmãs Galvão e Teixerinha, entre outros – foi uma promoção conjunta da gravadora Chantecler e da Rádio Nacional do Rio ("Sertanejos desembarcam no Maracanãzinho". *Jornal do Brasil*, 12/06/1981).

44 Em 1987, pelo menos três programas televisivos eram dedicados exclusivamente ao gênero: *Som Brasil* (Globo), *Musicamp* (SBT) e *Especial Sertanejo* (Record) ("A explosão sertaneja". *Jornal do Brasil*, 24/04/1987). Além disso, o segmento chegava também às FMs através de programas como o *Alvorada Manchete*

uma grande sofisticação de seus circuito exibidores: antes restrito aos circos de periferia, o segmento se tornava uma das atrações centrais dos rodeios itinerantes de Beto Carrero e o principal chamariz para as grandes feiras e exposições agropecuárias que se tornavam cada vez mais frequentes no interior de estados como São Paulo, Goiás e Minas. Até mesmo festivais de música eram agora organizados, inclusive com o apoio de grandes gravadoras.[45]

Embora a verdadeira explosão do gênero só viesse a ocorrer a partir da decadência do rock, por volta de 1987, a partir do final dos anos 1970 se deu a cristalização das tendências que se tornariam predominantes no segmento. Nessa época, ao lado de duplas tradicionais como Tonico e Tinoco, ocupavam as posições de destaque da cena nomes como Leo Canhoto e Robertinho, Rock e Ringo, Milionário e José Rico, entre outros, que adotavam visual mais próximo dos filmes de western que propriamente do "caipira" e incorporavam instrumentos elétricos aos arranjos das músicas. Além disso, adotavam o "ritmo jovem" e o "balanço" em lugar da toada, do corrido, do chamamé e de outros ritmos tradicionais. Em substituição aos temas ligados ao cotidiano rural, predominava o que Wilson Souto Jr, então diretor artístico da Continental, denominava como uma "temática romântica exacerbada".[46]

Mas seria importante discutir melhor essa mudança. José Roberto Zan observa que a música caipira

---

(Manchete FM). O mercado rural passava a ser explorado também no setor editorial por intermédio de revistas como *Globo Rural*, *Manchete Rural* e *Guia Rural* (esta última da Editora Abril) ("O sertão virou mar de dinheiro". *O Estado de S. Paulo*, 08/07/1987).

45 Como o I Festival Brasileiro de Música Pop Sertaneja, realizado em 1974 pelo radialista Sebastião Villar com o apoio da gravadora RCA. O evento reuniu cerca de 60 duplas que integravam a guitarra elétrica e o "som jovem" aos ritmos regionais ("O som jovem das guitarras caipiras". *Jornal do Brasil*, 9/05/1974).

46 "A explosão sertaneja". *Jornal do Brasil*, 24/04/1987.

jamais se manifesta apenas enquanto música. Ela está sempre associada a rituais, sejam religiosos, de trabalho ou de lazer (...) Por outro lado, a música sertaneja constitui-se a partir de um outro contexto social (...) ela é produzida com a finalidade de ser gravada em disco e vendida (Zan, 1995: 115/117).

A partir dessa sua apropriação pela indústria fonográfica, a música sertaneja sofrerá um crescente desenraizamento, autonomizando-se, perdendo muitas de suas características originais e passando a responder, de modo cada vez mais intenso, às solicitações do mercado. Os patamares desse processo são razoavelmente precisos. Waldenyr Caldas observa que, entre as décadas de 1920 e 1930, com a intensificação do êxodo rural em função da crise cafeeira, a música sertaneja começa seu processo de urbanização, e os casos de amor na cidade, a sátira política e outros temas não relacionados ao "viver no campo" integram-se à sua temática tradicional. As duplas Tonico e Tinoco e Alvarenga e Ranchinho – lançadas no rádio em 1930 e 1943, respectivamente – foram os principais nomes desse momento (Caldas, 1979: 5) em que o humor, a astúcia e o modo de ser do matuto se fazem presentes. Já nos anos 1950, Raul Torres, depois de inúmeras viagens ao Paraguai, passa a incorporar à moda de viola elementos da guarânia e temas mais românticos, criando o que chamou de "moda guarânia"[47] e iniciando um novo momento da relação entre música sertaneja e mercado. Zan, nesse sentido, cita "a gravação do bolero sertanejo *Boneca Cobiçada*, em 1958, pela dupla Palmeira e Biá" (1995: 120)[48] como um momento precursor da orientação temática, rítmica e orquestral do gênero em direção a um

---

47 "O caipira, quem diria, incorporou a modernidade". *Correio Braziliense*, 09/02/1990.
48 Palmeira se tornaria, nesse mesmo ano, diretor artístico da recém-fundada Chantecler, imprimindo à gravadora um forte direcionamento para o mercado sertanejo.

consumo massificado. Nos anos 1970, a influência da música mexicana – principalmente na instrumentação e no visual – e o vibrato na primeira voz também seriam incorporados.

O movimento seguinte será de orientação do gênero a um mercado jovem e urbano através de sua "modernização". Isso ocorrerá, segundo Waldenyr Caldas, já a partir de 1970, e a dupla Leo Canhoto e Robertinho, primeira a utilizar instrumentos elétricos e a encarnar, simultaneamente, "o *cowboy* americano e o jovem que absorveu toda a modernidade do meio urbano" (Caldas, 1979: 53),[49] irá se tornar a mais influente dessa fase. Caldas identifica uma grande identidade temática dessa música sertaneja moderna e romântica – automóvel, namorada, ausência de crítica social etc. – com a Jovem Guarda e, especialmente, com a obra de Roberto Carlos (Caldas, 1979: 9/56). Permanece uma barreira, no entanto: a música sertaneja mantém-se estigmatizada como brega, *kitsch*, não conseguindo adequar-se aos padrões de consumo das camadas médias urbanas.

A partir dos anos 1980 essa lacuna começa a ser superada. Zan menciona o desenvolvimento da agroindústria e o crescimento do número de assalariados rurais (1995: 125), mas entendo que também devem ser ressaltadas tanto a capacidade de adaptação de uma nova (e pragmática) geração de artistas sertanejos a esse mercado urbano e massivo como a adoção do segmento por parte de artistas já estabelecidos. Também nesse sentido, a proximidade entre a música sertaneja e a Jovem Guarda deve ser realçada, já que nomes oriundos desta última, além de artistas que se apresentavam como internacionais nos anos 1970, tiveram papel de destaque nesse processo. Sérgio Reis, que nunca obtivera grande sucesso durante a sua fase na Jovem Guarda, deu uma guinada bem sucedida em sua carreira em 1973

---

49 Em relação ao visual *cowboy*, Caldas observa que o aparecimento da dupla, em 1970, coincidiu com uma série de filmes italianos desse gênero que invadiram os cinemas de São Paulo e se tornaram fonte de inspiração para os artistas (Caldas, 1979: 60).

quando, ao perceber o seu potencial mercadológico, voltou-se para a música sertaneja e deu um novo tratamento – adotando instrumentos elétricos, visual *country* e uma interpretação mais *clean* – a canções tradicionais do segmento. Seu produtor nessa empreitada foi Tony Campello, um dos pioneiros do rock brasileiro (Zan, 1995: 123). Já os irmãos Christian & Ralf, naturais de Goiânia, seguiram um caminho tortuoso até o sucesso. Embora tenham iniciado a sua carreira artística como uma dupla sertaneja, cantando com diferentes nomes, ainda nos anos 1970, não tiveram condições de se manter no mercado. Antes de ressurgirem, já como Christian & Ralf dentro do *boom* da música sertaneja dos anos 1980, José Pereira da Silva Neto acabou adotando o nome Christian e cantando em inglês. Já Ralf Richardson Silva trabalhou em estúdios, fazendo vocais para Roberto Carlos, Rita Lee e Simone, entre outros, além de gravar discos em inglês para distribuição no restante da América Latina.[50] Terry Winter (Chico Valente) foi outro dos artistas que se apresentava como internacional e que ressurgiu no período, agora como produtor de duplas de certo destaque.[51] Mas o depoimento de Mickael, produtor e ex-diretor artístico da Continental e da 3M (de onde surgiram nomes como Leandro e Leonardo e Sula Miranda) parece-me ser o que sintetiza com maior precisão todo esse processo:

> De 1971 a 1976 lancei pela Top Tape uma série de gravações de artistas brasileiros cantando em inglês, utilizando arranjos que eram uma espécie de padrão da música internacional da época, com a sonoridade dos Bee Gees, as cordas do Kenny Rogers... Daí surgiram sucessos como Dave McClean e Christian. Interessante ver que o maestro que usávamos na época, o Daniel Salinas, é hoje um dos mais requisitados da música sertaneja; com

---

50 "O som do sertão". *Jornal do Brasil*, 06/07/1987.
51 "O capiria, quem diria, incorporou a modernidade". *Correio Braziliense*, 09/02/1990.

o esfriamento desse segmento, me concentrei no sertanejo, que era um setor que já vendia muito, mas carecia de uma melhor produção, de um capricho maior na parte técnica e até no visual das capas dos artistas. O que fiz foi levar minha experiência com a "música internacional" para o sertanejo. Em 1981, lancei Carlos César & Cristiano e pela primeira vez a música sertaneja utilizou-se de um trabalho sério de marketing, com planejamento e cuidado nos mínimos detalhes.[52]

Assim, ao desenraizamento do gênero sertanejo acabava correspondendo também um desenraizamento dos próprios artistas, apresentando-se a música sertaneja para alguns deles prioritariamente como opção comercial. Essa padronização e orientação mercadológica do segmento irá permitir um alto grau de divisão e organização do trabalho de produção e promoção, bem como a sua crescente sofisticação. Nesse contexto, um eficiente esquema de produtores e empresários é formado[53] e os shows se tornam altamente profissionais e sofisticados. Casas como Canecão, Palace, Olympia e Palladium, que normalmente recebiam os grandes nomes da MPB ou astros da música internacional, começam a incluir em suas programações artistas do segmento (Zan, 1995: 125). O apuro visual dos

---

52 "Uma febre rompe o preconceito e toma conta do país". *Revista Hit*, n. 4, março de 1992, p. 8 e 9.

53 O conhecidíssimo radialista Zé Bettio, da Rádio Record, exerceu grande influência sobre gravadoras como a Copacabana, onde seu filho, Homero Bettio, foi diretor artístico ("Zé Bettio, o misterioso artista mais bem pago do Brasil". *Jornal do Brasil*, 24/04/1987). Podem ainda ser destacados no cenário nomes como Paulo Rocco, que coordenou o núcleo sertanejo da Continental; César Augusto, compositor e integrante da dupla César & César, que se tornou coordenador do núcleo sertanejo da BMG-Ariola; Paulo Debétio, que produziu os primeiros trabalhos de Chitãozinho & Xororó pela Polygram e, posteriormente, criou um núcleo sertanejo na Warner; e Matheus Nazareth, que foi diretor artístico da Continental e direcionou a empresa para o mercado sertanejo ("Uma febre rompe o preconceito e toma conta do país". *Revista Hit* n. 4, março de 1992, p. 8 a 10).

artistas torna-se uma preocupação central, com o estilo *western* dos anos 1970 dando lugar a um visual mais *clean* e sofisticado. Além disso, a presença na televisão se fortalece ainda mais, agora através de programas especiais e novelas como *Roque Santeiro* (Rede Globo, Dias Gomes, 1985), *Ana Raio & Zé Trovão* (Rede Manchete, Marcos Caruso e Rita Buzzar, 1991) e *Rei do Gado* (Rede Globo, Benedito Ruy Barbosa, 1996).

Musicalmente, entendo que a principal marca desse processo de sofisticação será o progressivo abandono das influências latinas (como o bolero, a guarânia e os arranjos de metais em estilo mexicano) e a adoção dos referenciais da música *country* e da música romântica, especialmente Roberto Carlos.[54] A trajetória de Chitãozinho e Xororó – sem dúvida a dupla mais influente do período – marca bem essa ascensão da música sertaneja do *kitsch* ao *mainstream* das gravadoras. Da guarânia "Fio de Cabelo" (1983), primeiro grande sucesso da dupla, marcada pelo estridente arranjo de metais e pelo ritmo ternário característico, eles chegarão à regravação, com o acompanhamento de uma grande orquestra, da canção "Rancho Fundo", de Ary Barroso – primeiro fonograma de uma dupla sertaneja a ser incluído na trilha sonora de uma novela da Globo (*Tieta*, adaptação de Aguinaldo Silva de 1990). Nos anos seguintes a dupla continuaria sua trajetória através da recriação, em estilo sertanejo, tanto de clássicos da MPB quanto de versões de sucessos internacionais românticos

---

54 Em matéria publicada na revista Hit, Zezé de Camargo afirma que "Roberto Carlos sempre serviu de parâmetro para toda essa geração da música sertaneja (...) é um absurdo dizer que é oportunismo ele aparecer de chapéu na capa do seu último disco, nós é que entramos na praia dele". E César Augusto vai além. Para ele, "a nova música sertaneja passou a ocupar o espaço da música romântica; o que ficou do sertanejo foi o dueto, mas a linha melódica, as letras, tudo isso mudou e o Roberto é o artista em que todas as duplas se miram, é o espelho" (*"Uma febre rompe o preconceito e toma conta do país". Revista Hit n. 4, março de 1992, p. 8 a 10*).

dos anos 1970.[55] No limite, das características originais da música sertaneja praticamente nada restará além do canto em dueto, com abertura das vozes em terças, e de alguns detalhes no visual.

Assim, em contraste com o ano de 1979, em que Renato Teixeira denunciava a marginalização e o fechamento do mercado aos artistas sertanejos praticado pelas gravadoras multinacionais,[56] o que se testemunha ao final dos anos 1980 é uma corrida das *majors* a esse mesmo mercado. Mas não será um processo simples. Apesar de todo o esforço das empresas estrangeiras aqui relatado, o fato é que muitos dos nomes de maior vendagem do segmento mantiveram-se durante toda a década de 1980 vinculados a gravadoras nacionais.[57] Em função disso, pode-se afirmar que o controle das *majors* sobre o segmento se deu muito mais através da aquisição de gravadoras nacionais com todo o seu elenco, como ocorreria no início dos anos 1990, do que propriamente pela formação de novos valores.

A música infantil

Gravações voltadas a um público infantil são produzidas no país desde os anos 1940. A empresa pioneira no setor foi, muito provavelmente, a gravadora Continental, que produziu desde 1942 mais de 70 títulos infantis. Suas gravações eram lançadas através do selo *Disquinho*, dirigido por João de Barro, o Braguinha. Tratava-se, basicamente, de discos de histórias narradas, sendo "Chapeuzinho Vermelho" o maior sucesso da série.[58] De modo geral, nenhuma

---

55 Parece ter sido importante nesse processo a sua associação, a partir de 1989, a Eduardo Lajes, arranjador de muitos dos trabalhos de Roberto Carlos.

56 "O sertão dá ibope". *Folha de S. Paulo*, 28/10/1979.

57 Exceção feita à dupla Chitãozinho & Xororó, que trocou a Copacabana pela Polygram em 1989. Já Roberta Miranda e Leandro & Leonardo, da Continental, bem como Zezé de Camargo & Luciano, da Copacabana, permaneceram em suas gravadoras.

58 "Ainda mais mãe-preta do que professor". *O Estado de S. Paulo*, 19/02/1975.

grande gravadora desafiava o que era considerado o predomínio da Continental sobre um segmento onde, além das produções tradicionais da empresa, que se orgulhava de continuar relançando suas primeiras gravações, figuravam apenas os lançamentos da Editora Abril de séries de histórias da Disney, além de uns poucos discos de cantigas e historietas infantis com produções, no geral, pobres ou francamente amadoras.[59] Porém, o sucesso de iniciativas de maior porte começou a demonstrar o grande potencial desse mercado. O primeiro desses casos parece ter sido o da trilha da série televisiva *Vila Sésamo* (Som Livre), de 1973, que chegou ao 42º lugar da listagem do Nopem daquele ano. A esta se seguiram as trilhas da série *Sítio do Pica-Pau Amarelo* (Som Livre, 1975), da peça teatral *Os Saltimbancos* (Philips, 1977) e dos especiais infantis produzidos pela TV Globo *A Arca de Noé I e II* (Ariola, 1979 e 1980), sendo a participação dos grandes nomes da MPB uma constante em todos esses casos.

As perspectivas do mercado infantil também foram reafirmadas, no final da década de 1970, pelo sucesso alcançado por produções em ritmo *disco* voltadas para esse público, principalmente as dos grupos "As Melindrosas" (Copacabana) e "A Patotinha" (RCA).[60] Para Tomás Muñoz, presidente da CBS do Brasil, esse fenômeno era generalizado e não representava propriamente uma novidade, pois "há tempos vem baixando a faixa que mais consome. Era dos 18, passou a ser dos 14, hoje as crianças de seis anos já consomem, e muito".[61]

---

59 Fanny Abramovich oferece um inventário bastante ácido desse cenário em "Mais um disquinho infantil? Nem morta..." *O Estado de S. Paulo*, 08/07/1978.

60 Três desses discos chegaram às listagens do Nopem: *Disco Baby* (As Melindrosas), 38º lugar, e *Brincando de Roda numa Discotheque* (A Patotinha), 50º lugar, ambos em 1978, além de *Natal numa Discotheque* (A Patotinha), que chegou ao 14º lugar em 1979. *Disco Baby* recebeu ainda uma nova menção em 1981, quando chegou ao 45º posto.

61 "As crianças ignoram a crise e os discos infantis 'salvam' as fábricas". *O Globo*, 24/04/1984.

Assim, o mercado infantil acabou por se transformar, já a partir de 1980, num importante foco do interesse das gravadoras, chegando, na segunda metade da década, à surpreendente condição de mais importante segmento do mercado fonográfico nacional. Fortemente calcada na divulgação televisiva, a ação das gravadoras nesse universo foi altamente racionalizada e várias modificações ocorreram no segmento.

Em primeiro lugar, a música toma quase completamente o lugar das histórias narradas. E, nos poucos projetos desse tipo que ainda surgem, os personagens dos contos tradicionais são substituídos pelos das histórias em quadrinhos.[62] Em segundo, os artistas de renome e o referencial da MPB aos poucos saem de cena,[63] sendo substituídos por nomes emergentes do rock e, em associação com estes, pelos apresentadores dos programas televisivos.[64] Finalmente, o público visado deixa de ser meramente infantil e as produções tentam adequar-se a uma faixa de idade mais ampla, infanto-juvenil, e mesmo ao gosto de um público adulto. Nesse sentido, ocorre uma certa

---

62 A WEA lançou-se nesse mercado em 1980 com "uma série de estórias de super-heróis (Batman, Super-Homem, Mulher Maravilha) narradas em forma de radionovela" ("Criança, bom mercado para o disco", *Folha de S. Paulo*, 01/10/1980). Já a Polygram, através do selo *Polyjúnior*, trabalhava com personagens de Maurício de Souza e Hanna Barbera ("Discos para crianças podem tornar-se um bom negócio. *Folha de S. Paulo*, 07/06/1982).

63 Além dos já citados, foram produzidos pela Globo e lançados em disco os musicais infantis "*Pirlimpimpim*, homenagem ao centenário de Monteiro Lobato, (...) *Casa de Brinquedos* (que) trouxe de volta o estilo de Toquinho, dessa vez sem Vinícius; *Pluct Plact Zuun* (...) (que) misturava democraticamente Maria Bethânia, As Absurdetes, Jô Soares e Aretha" ("A galinha dos ovos de ouro". *Jornal do Brasil*, 07/10/1984).

64 Dos discos iniciais de Xuxa participaram Roupa Nova e Absyntho, dos do Palhaço Bozo participaram Magazine, Herva Doce e Absyntho. Já a Turma do Balão Mágico contou, em seus vários LPs, com a participação de Blitz, Metrô, Ritchie, Neuzinha Brizola, Roberto Carlos e Fábio Jr ("A galinha dos ovos de ouro". *Jornal do Brasil*, 07/10/1984 e "As crianças ignoram a crise e os discos infantis 'salvam' as fábricas". *O Globo*, 24/04/1984).

convergência entre o rock e a música infantil, exemplificada principalmente por grupos como *Dominó* (CBS) e *Polegar* (Continental).

O sucesso obtido por tais estratégias foi enorme. A *Turma do Balão Mágico* (CBS), por exemplo – grupo de apresentadores do programa infantil *Balão Mágico*, da TV Globo –, apresentou uma trajetória fonográfica bastante convincente: mais de 750 mil discos vendidos no primeiro lançamento, de 1982; 1,35 milhões de discos no segundo, de 1983; e mais de 1,5 milhões no terceiro, de 1984. Já o quarto LP apresentava, logo após o lançamento, em 1985, vendas ao redor de 750 mil cópias.[65] Mesmo assim, a avaliação de Tomás Muñoz sobre esses importantes contratados de sua empresa não dava margem a maiores ilusões:

> a fórmula tem vida curta como toda ideia puramente de marketing, mas ainda está longe de se esgotar por causa do talento genuíno das crianças. Simony é estupenda para a idade dela, canta e atua muito bem. Toby é um rapazinho correto que canta bem e Mike tem uma presença incrível como ator, mesmo que como cantor seja ruim.[66]

De qualquer modo, o sucesso desse e de outros grupos infantis[67] não pode ser comparado ao obtido pela apresentadora Xuxa. Após trabalhos como modelo e atriz, Xuxa iniciou sua carreira de apresentadora no programa *Clube da Criança*, da TV Manchete, em 1983. Pouco tempo depois, foi contratada pela TV Globo, onde estreou com o Xou da Xuxa e viu sua carreira deslanchar. Em 1989, época do lançamento

---

65 "Balão Mágico": *voando alto em terras do Rei*. *O Globo*, 03/10/1985.
66 "As crianças ignoram a crise e os discos infantis 'salvam' as fábricas". *O Globo*, 24/24/1984.
67 Na esteira do sucesso da Turma do Balão Mágico, surgiram A Turminha do Patati Patatá, Trem da Alegria, A Turma do Lambe-Lambe, Abelhudos (grupo formado pelos filhos dos integrantes dos Golden Boys) e cantores infantis como Aretha, Gabriela (ex-Trem da Alegria), Jairzinho e Simony (originários da Turma do Balão Mágico), entre outros.

de seu quarto disco (*Xou da Xuxa 3*, Som Livre), ela já era "considerada a maior vendedora de discos da América Latina, batendo Roberto Carlos e Júlio Iglesias. E seus dois primeiros discos continuavam ganhando novas edições. (...) os quatro discos que já gravou garantiram uma venda de mais de dez milhões de LPs".[68] Além dela, tiveram carreira fonográfica digna de menção apresentadores televisivos como Angélica (CBS), Mara Maravilha (EMI) e Sérgio Mallandro (RCA e Polygram). Composições de Sullivan & Massadas estiveram presentes em vários dos discos de Xuxa, bem como nos de outros grupos e apresentadores.

Ao contrário do que aconteceu nos segmentos romântico e sertanejo, a presença das gravadoras nacionais foi bem menos significativa na música infantil. Excluindo-se as incursões iniciais envolvendo a música *disco*, onde o grupo *As Melindrosas* (Copacabana) obteve algum destaque, apenas o grupo *Polegar*, da Continental, recebeu menção nas listagens do Nopem (28º lugar em 1989). Todas as outras citações das décadas de 1980 e 1990 deveram-se a nomes da Som Livre e de majors transnacionais.

O rock dos anos 80

De todos os segmentos musicais que surgiram ou se destacaram ao longo dos anos 1980 o do rock foi, sem dúvida, o mais importante. O modo como a cena ficou conhecida – BRock[69] ou Rock dos Anos 80 – denota sua especificidade em relação aos momentos anteriores em que o segmento recebeu destaque dentro da produção nacional. Entendo que sua marca mais importante tenha sido a da autonomização. Se nos anos 1960 os referenciais predominantes para a incorporação do rock foram os da música romântica e do experimentalismo (Jovem Guarda e Tropicalismo, respectivamente), e se nos

---

68 "Crianças, o mercado dos milhões". *Jornal da Tarde*, 13/01/1989.
69 A expressão BRock foi criada por Nelson Motta.

anos 1970 ele se expressou, em parte, através do processo de regionalização da MPB (*boom* nordestino, Clube de Esquina etc.), agora o rock se desenvolvia enquanto uma cena autônoma e diversificada. Apesar de ter sido curto o período em que predominou enquanto segmento da indústria – de 1982 a 1987, aproximadamente –, o rock dos anos 80 pode ser visto como o mais importante movimento de renovação da geração que havia se consolidado através da MPB durante os anos 1960 e 1970, já que permitiu a formação de um grupo de artistas de carreira duradoura e vendas mais ou menos constantes. Trouxe, também, todas as sinalizações da adequação do mercado fonográfico brasileiro ao padrão predominante nos países centrais: direcionamento da indústria a um público jovem, LP como formato dominante e vendas baseadas em repertório nacional.

A entrada de nomes da cena no *mainstream* musical brasileiro foi bastante rápida. No ano de 1981, em que a apresentação da banda Gang 90 & As Absurdettes no Festival MPB-81, da TV Globo, marcava a primeira aparição importante dessa nova geração no cenário nacional (Dapieve, 1995: 24), as estatísticas do Nopem traziam apenas três menções ao rock nacional: todas devidas a nomes tradicionais como Rita Lee (Som Livre, 7º lugar), The Fevers (EMI, 38º) e Erasmo Carlos (Polygram, 46º). Em 1982, foram novamente três citações, mas já incluindo dois novos ingressantes no campo: Rádio Táxi (CBS, 35º) e Blitz (EMI, 42º), além de Rita Lee (43º, Som Livre). No ano seguinte, tivemos seis citações, com cinco novos artistas e, em 1984, oito – o maior número que seria verificado nas listagens –, envolvendo nomes como Ritchie (CBS, 3º), Kid Abelha & Os Abóboras Selvagens (WEA, 8º), Absyntho (RCA, 25º), Magazine (WEA, 40º), Barão Vermelho (Som Livre, 41º), Lulu Santos (WEA, 45º), Leo Jaime (CBS, 48º) e Rita Lee (Som Livre, 46º).

Uma das características do rock dos anos 80 que merece ser sublinhada refere-se à enorme atenção que o segmento recebeu da mídia escrita, especialmente por parte de nomes como Ana Maria Bahiana (*O Globo* e *Pipoca Moderna*), Pepe Escobar (*Folha de S. Paulo*), Jamari França (*Jornal do Brasil*) e Maurício Kubrusly (revista *Som Três*), entre outros (Dapieve, 1995: 32). Além disso, Júlio Barroso, Lulu Santos e Paulo Ricardo foram colaboradores da revista *Som Três* (Dapieve, 1995: 25). Entendo que essa atenção com o segmento por parte da crítica musical, bem como a ligação de muitos dos seus artistas e bandas com o meio universitário, o teatro e as artes plásticas colocam o rock dos anos 80, no que concerne à sua relação com o público e às suas condições de legitimação, numa posição próxima à da MPB.

E foi provavelmente por sua condição de música voltada a um público jovem, universitário, urbano e de classe média que o rock dos anos 80 acabou por se constituir também como uma reserva de mercado das *majors*, sendo que nenhum dos seus nomes de expressão atuou por gravadoras brasileiras tradicionais ou passou pela cena independente.[70]

Em seu início, a cena foi estimulada pela existência de um circuito exibidor formado por projetos culturais alternativos e, ao menos no caso paulistano, por casas noturnas ociosas com o final da febre *disco*. Em São Paulo, o circuito era composto pelo Teatro Lira Paulistana e por danceterias como "Madame Satã, Carbono 14, Rose Bom-Bom, Napalm e Rádio Clube. No Rio, fora os bares, o *point* do rock era o lendário Circo Voador" (Dapieve, 1995: 31). Além desses espaços, o rock carioca contava, para sua divulgação, com o apoio da Fluminense FM, de propriedade dos jornalistas Luiz Antônio Mello e Samuel Wainer

---

70 Além dos artistas já citados, tiveram projeção expressiva no período nomes como RPM (CBS), Paralamas do Sucesso (EMI), Plebe Rude (EMI), Lobão (RCA), Legião Urbana (EMI), Cazuza (Polygram), Ira! (WEA), Ultraje a Rigor (WEA) e Titãs (WEA). Em relação à MPB, os grupos de rock também representavam para as gravadoras custos de produção muito menores, já que dispensavam a contratação de orquestras, arranjadores etc.

Filho, que tocava demos de bandas iniciantes (Dapieve, 1995: 31). Com o sucesso da cena e o interesse das *majors*, esse circuito ampliou-se através de diversos festivais, rádios especializadas e grandes eventos. Entre estes últimos, o mais importante foi o *Rock in Rio* que, promovido pela primeira vez em 1985, pela Artplan, não apenas alavancou a carreira de muitas bandas e artistas nacionais, como ajudou a colocar o país no roteiro de grandes turnês internacionais.[71]

Esse nível de profissionalização e especificidade dos circuitos de promoção e exibição que, como vimos, existia também no caso da música sertaneja, reforça a ideia de que a indústria viveu, nos anos 1980, um novo e intenso processo de segmentação do mercado em todos os níveis, levando ao surgimento simultâneo de cenas autônomas e praticamente estanques.

Entendo que a dinâmica interna dos segmentos da música sertaneja, do rock dos anos 80 e, como vimos, também da música infantil, acabou orientada, em alguma medida, pela polarização entre uma música massiva e predominantemente romântica de um lado e uma tradição mais politizada e crítica (no caso do rock) e/ou esteticamente refinada do outro. Ou seja, segundo demarcações semelhantes às que haviam direcionado praticamente toda a produção musical das duas décadas anteriores. Mas além disso, outros elementos colaboraram para nortear o posicionamento dos artistas em seus campos específicos. Assim, se na música sertaneja surgiram nomes de grande apelo popular como Chitãozinho e Xororó, Leandro e Leonardo e João Paulo e Daniel, entre outros, também

---

71 Com shows da Anistia Internacional (1988) e de artistas como Michael Jackson, Paul Simon, Tina Turner, David Bowie, Eric Clapton, Sting, Madonna e Paul McCartney, entre vários outros. O *Hollywood Rock* – outra importante promoção do gênero – reuniu, a exemplo do *Rock in Rio*, numerosas atrações nacionais e internacionais. Com várias edições ocorridas a partir de 1990, o evento era promovido pela Souza Cruz, com edições no Rio e em São Paulo, e tinha sua realização a cargo da Mills & Niemeyer Promoções ("Hollywood Rock, um show de arrojo empresarial". *Hit*, n. 2, janeiro de 92, p. 8).

despontaram artistas mais sofisticados e vinculados em alguma medida à MPB, como Renato Teixeira, Almir Sater, Rolando Boldrin e Pena Branca & Xavantinho. Mas esses dois últimos também se pautavam pela questão da tradição, da autenticidade, da sua ligação às raízes rurais. Do mesmo modo, também no rock teremos artistas muito próximos à música romântica, como Kid Abelha e Ritchie, ou com uma maior proximidade da MPB como Lobão, Lulu Santos, Marina, Cazuza e Paralamas do Sucesso. Porém, a opção pelo humor de nomes como Ultraje a Rigor e Léo Jaime encontra menores precedentes no cenário tradicional da MPB,[72] assim como o rock básico e a postura crítica de Legião Urbana, Plebe Rude e Camisa de Vênus, entre outros, liga-se quase que exclusivamente à tradição do punk e das *guitar bands* inglesas do período.

Em relação aos artistas do rock, vale destacar que se trata de uma geração que, nascida principalmente na década 1960, formou seu gosto musical num período em que a indústria já se encontrava razoavelmente articulada no país. Assim, além de melhor adaptada à lógica do mercado, essa geração dispunha de maiores possibilidades de movimentação entre referenciais históricos, políticos e culturais que, para ela, apresentavam-se também (ou até principalmente) enquanto referenciais da indústria. Outra questão realçada nesse processo é a da mundialização. Se nos anos 1960 o rock suscitava resistências por seu caráter pretensamente antinacionalista, imperialista e colonizador, a questão já não se coloca entre os críticos dos anos 1980: ele não só já havia sido incorporado à produção nacional, ou seja, formado sua tradição local, como perdido boa parte de suas identificações de origem. Também já não se tratava mais da "linha evolutiva" invocada pelos tropicalistas – como vimos, boa parte dos artistas nem tinha a MPB como seu refencial. Toda a cena do rock

---

72 Excetuando-se, talvez, os independentes Língua de Trapo e Premê, mas ambos com evidente ligação com o cenário mais amplo da MPB.

constituiu-se a partir de grandes centros urbanos – especialmente Brasília, Rio de Janeiro, São Paulo e Porto Alegre – e seus integrantes não precisavam imitar a postura de seus pares internacionais e cantar em inglês, ou atualizar tradições locais. Enfim, não precisavam "parecer" modernos. Parafraseando Renato Ortiz, a modernidade já se tornara, para eles, efetivamente uma tradição.

Mas essa "tradição" não se irradiava com facilidade desses centros urbanos e nem manteve o seu predomínio. Por isso, o rock experimentaria sua decadência já a partir da segunda metade da década, sobrepujado por mais um ciclo de revigoramento do romantismo e, imediatamente depois, pela explosão da música sertaneja.[73]

Mas é importante discutir ainda um último aspecto da cena, que é o da forma pela qual ela foi incorporada pela indústria do disco. Embora tivesse se desenvolvido a partir de um circuito de exibição e divulgação razoavelmente autônomo, essa autonomia cessava em relação ao acesso dos artistas aos meios de produção fonográfica. Muitas das gravações iniciais, inclusive as veiculadas pela Rádio Fluminense, foram feitas com equipamentos de som domésticos ou em estúdios de parcos recursos, e praticamente não tivemos o lançamento de produções independentes.[74] Assim, a carreira fonográfica desses artistas só pôde ser iniciada a partir do interesse das gravadoras pelo seu trabalho e, nesse sentido, pode-se dizer que o momento exigia que a indústria do disco dispusesse de uma estrutura de produção e dos serviços de profissionais que fossem aptos a julgar, a partir de suas apresentações, o potencial fonográfico das bandas e cantores. O depoimento feito a Márcia Tosta Dias pelo produtor

---

73 E talvez seja lícito considerar esse rápido esgotamento do rock dos anos 80 também como um reflexo desse seu caráter excessivamente urbano e cosmopolita, já que a vinculação a identidades étnicas e regionais será, como veremos, a tendência predominante na produção musical na década seguinte.

74 *Rock Voador*, coletânea dessas gravações e um dos primeiros discos a reunir artistas do segmento, foi lançado pela WEA em janeiro de 1983 (Dapieve, 1995: 32).

Pena Schmidt – responsável pela chegada ao mercado fonográfico de algumas das mais importantes bandas paulistas do rock dos anos 1980 – ilustra bem essa relação:

> Segunda-feira de manhã, eu abro a Folha de S. Paulo e (...) quarenta shows de rock anunciados para aquela semana, uma página inteira (...) Eu olhei para essas bandas todas e falei: está acontecendo alguma coisa. (...). Então eu fui procurar o Andre Midani. Disse que a situação que tínhamos não era normal (...). Se tem 40 no jornal, é sinal que a oferta é, na verdade, muito maior. Ele disse: "então vamos fazer um projeto". Quase não tinha mercado de rock, não tinha banda de rock, tinha, na verdade, um mercado para sete mil discos. Decidimos, então, fazer um compacto, duas musiquinhas só para ver o que acontecia. Aconteceram sucessos como "Inútil" e "Eu Me Amo" (Ultraje a Rigor), "Sou Boy" (Magazine), "Pobre Paulista" (Ira!), "Sonífera Ilha" (Titãs). Chegávamos para os grupos e dizíamos, vamos escolher as músicas, eu escolho uma que eu acho que pode ser de mercado e outra vocês escolhem, como autores... O meu papel nessa história é o de ter aberto o olho e percebido alguma coisa que já estava acontecendo fazia tempo (...) Eu não criei nada (Dias, 1996).[75]

A passagem parece demonstrar que as condições para a existência de um "sistema aberto", apesar do papel assumido ocasionalmente pelas gravadoras nacionais, ainda eram frágeis e que as *majors* tinham que se encarregar de praticamente todas as etapas da produção artística. Nesse sentido, teríamos para os anos 1980 um cenário bastante similar ao das décadas anteriores, com a grande indústria prospectando novos artistas nos segmentos de seu interesse,

---

75 Várias das bandas dos anos 1980 encontraram dificuldades para sua adaptação ao trabalho em estúdio (Dapieve, 1995: 67/68 e 93).

avaliando suas chances dentro do mercado fonográfico, produzindo seus discos e cuidando de todas as etapas de sua carreira.

Isso não quer dizer que uma cena musical independente – apesar das dificuldades impostas pelo cenário incerto dos anos 1980 – não tenha efetivamente se desenvolvido no país durante o período. Mas ela não teve condições, como veremos a seguir, de responder plenamente às exigências do mercado.

A cena independente

Embora o disco *Feito em Casa* (1977), de Antônio Adolfo, não possa ser apontado como um trabalho pioneiro, ele foi seguramente um marco para produção musical independente no país, já que seu lançamento vincula-se ao surgimento de uma cena razoavelmente articulada, fato que não se verificara anteriormente. Dois motivos me parecem ter sido decisivos para isso. O primeiro deles foi a ampliação do número de estúdios de gravação disponíveis para essa produção. No início da década de 1970, a cidade de São Paulo, por exemplo, contava basicamente com quatro estúdios: Eldorado, Nossoestúdio, Scatena e Estúdios Reunidos, sendo que ao menos os três primeiros foram criados especificamente para atender ao mercado publicitário. Eles também eram usados ocasionalmente para a produção musical, mas seus custos elevados tendiam a restringir a sua utilização aos artistas ligados a grandes gravadoras. A partir do final da década, no entanto, a oferta de estúdios se amplia com o surgimento de empresas como Guidon, Áudio Patrulha, Mosh e Abertura, aumentando os espaços e reduzindo os custos para a produção musical independente. E mesmo os estúdios Eldorado e Nossoestúdio, talvez pressionados pela maior concorrência no mercado publicitário, acabaram voltando sua atenção para a produção musical, criando respectivamente as gravadoras Eldorado (1977) e Som da Gente (1981).

Mas o segundo e mais importante aspecto foi, é claro, o crescimento do mercado fonográfico e a reorganização da indústria. Até o final dos anos 1970, tem-se a impressão de que a constante expansão do mercado levara as gravadoras – mais numerosas, menos segmentadas e permanentemente beneficiadas pelos incentivos fiscais à produção de música nacional – a assimilar praticamente todo o leque de tendências e artistas surgidos no meio urbano, existindo poucos motivos para a constituição de uma cena independente organizada. Assim, até um projeto tão evidentemente alternativo como o do "Disco de Bolso" – idealizado por Sérgio Ricardo e desenvolvido pelo Pasquim, em 1972 –, baseado no lançamento de compactos que reuniam um artista consagrado e um iniciante, parece ter tido muito mais um significado político do que propriamente a pretensão de ocupar espaços ignorados pela indústria, sendo que os nomes lançados pelo projeto foram rapidamente incorporados pela Philips.[76]

Porém, com a crise dos anos 1980, o cenário muda radicalmente: a indústria, como vimos, aumenta sua seletividade, racionaliza sua atuação, reduz seus elencos e passa a marginalizar artistas menos imbuídos de sua lógica ou não classificáveis dentro dos segmentos que passa a privilegiar.[77] Nesses termos, uma cena independente surge tanto como espaço de resistência cultural e política à nova organização da indústria quanto como única via de acesso ao mercado para um variado grupo de artistas. Essa sua dupla função tenderá a alimentar o debate acerca da cena independente desenvolvido no

---

76 O projeto inclusive recebeu grande apoio da gravadora que, segundo Sérgio Ricardo, cuidava da parte técnica do disco (Costa, 1984: 18). Foram lançados apenas dois trabalhos: o primeiro trazia Tom Jobim (*Águas de Março*) e João Bosco (*Agnus Sei*); o segundo Caetano Veloso (*A Volta da Asa Branca*) e Fagner (*Mucuripe*) ("Nas bancas, um pacote musical independente". *Jornal do Brasil*, 05/01/1983).

77 Cesare Benvenuti, encarregado do setor de distribuição da gravadora Eldorado que atendia também a artistas independentes, relacionava o seu surgimento "à redução do cast das gravadoras provocada pela crise do mercado fonográfico" ("Disco Independente S/A". *Jornal do Brasil*, 01/07/1981).

período. Helio Ziskind e Lelo Nazario – músicos profundamente envolvidos com essa produção[78] – sintetizaram bem essas posições.

Escrevendo para a *Folha de S. Paulo* em 14/03/1982, Ziskind busca desmistificar o movimento independente:

> Não se pode dizer que a música veiculada por um disco independente não possa ser registrada por uma gravadora. Como também não se pode dizer que um determinado disco não precisava ser independente. Não há uma relação de necessidade entre música e disco independente... o fato da produção independente permitir uma maior liberdade não significa necessariamente que a música por ela veiculada seja mais livre, mais avançada ou incompatível com as grandes gravadoras. Ser independente não é qualidade musical, pode ser apenas uma contingência... No entanto, o termo independente acaba sendo usado para identificar um certo tipo de confusão entre independência e novidade.[79]

Desse modo, a produção independente surgiria como uma estratégia possível dentro da carreira do artista (qualquer artista) que, a princípio, não implicaria necessariamente num questionamento da estrutura da indústria do disco e, menos ainda, da sociedade como um todo. Mas Lelo Nazario, escrevendo ao mesmo jornal na semana seguinte, não interpreta as coisas desse modo. Para ele, os significados de sua produção (e da postura independente de um modo geral) são muito mais profundos, inscrevendo-se entre as formas de resistência à uma "sociedade industrial totalitária". Nesse sentido,

> arte independente é toda aquela que, partindo de uma nova ordem de valores que contrariam visceralmente os valores comerciais do sistema, pretende transformar aqueles que se

---

78 Pertenceram, respectivamente, aos grupos Rumo e Um.
79 "O disco independente". *Folha de S. Paulo*, 14/03/1982.

dispõem a transformar a sociedade de armazém de mercadorias em um ambiente humano, onde as relações entre as pessoas não sejam mais regidas pelos interesses impostos de cima para baixo, mas pelos desejos autênticos dos indivíduos: os que suscitam a arte e a produzem.

O que vem acontecendo com a música produzida de modo independente é muito simples: em sua grande maioria não se enquadra nesse conceito de independência, reproduz valores estéticos estabelecidos e deverá ser fácil e perfeitamente absorvida.[80]

Vale lembrar que essa relação entre produção independente e contestação política não é original do cenário brasileiro: já estava fortemente inscrita na cena contracultural norte-americano e no discurso ideológico do rock'n' roll (Lee, 1995: 13). De qualquer forma, e mesmo entendendo as motivações de Nazario, fica difícil não situar o surgimento da cena independente dentro do processo de consolidação de um "sistema aberto" de produção no país e, nesse sentido, não entendê-lo também como resultado da incorporação da racionalidade da indústria por parte dos artistas. São vários os argumentos a reforçar essa tese.

Em primeiro lugar, a afirmação de Ziskind acerca da não existência de uma ligação clara entre a produção independente e a atuação de um grupo política e esteticamente coeso. Talvez houvesse a "sensação" de uma ligação, mas causada muito mais pela presença que um determinado grupo de criadores obtinha junto à mídia escrita. Na verdade, a alternativa independente foi largamente utilizada também por artistas que atuavam em mercados regionais, na música sertaneja, na música instrumental e em segmentos do rock ignorados

---

80 "A mistificação dos discos independentes". *Folha de S. Paulo*, 21/03/1982.

pelas grandes gravadoras,[81] sendo que até mesmo Emilinha Borba, ao sair da CBS, em 1981, optou por essa forma de produção.[82]

Em segundo, a necessidade da incorporação da lógica produtiva do mercado como condição de atuação do artista na cena. A esse respeito, Antônio Adolfo afirmava: "eu mesmo lanço e comercializo meus discos. Produzo a parte musical, faço a capa, mando prensar – há fábricas que fazem esse trabalho – mando imprimir e viajo por todo o Brasil, indo pessoalmente vender nas lojas".[83]

Em terceiro, o fato de que nomes de destaque da cena, como Boca Livre e Oswaldo Montenegro, aceitaram rapidamente os convites feitos por grandes gravadoras para integrarem seus elencos, mostrando que a produção independente já desempenhava o papel de espaço de formação de novos artistas.[84]

---

[81] Em relação aos mercados sertanejo e regional, o *Correio Braziliense* oferece uma numerosa relação de artistas independentes, principalmente de Goiás e do Distrito Federal, em "Música sertaneja, a melhor receita", de 12/08/1983. Em relação à música instrumental tivemos o surgimento do já citado selo Som da Gente. No rock, um dos pioneiros na cena independente foi Luiz Carlos Calanca que, proprietário da loja de discos Baratos Afins, criou em 1982 o selo de mesmo nome pelo qual gravaram Ratos de Porão, Voluntário da Pátria, Bocato, Nau, As Mercenárias, Gueto, 365, Fellini, Akira S. e Arnaldo Baptista, entre outros ("Dez anos de ousadia". *Jornal da Tarde*, 02/02/1988). Acompanharam a iniciativa de Calanca selos como Ataque Frontal, WopBop, Woodstock e Rock Brigade, de São Paulo, Heavy Discos e Point Rock, do Rio, e Cogumelo, de Belo Horizonte ("Correndo por fora". *Revista Bizz*, ano 4, n. 4, abril de 1988).

[82] "Disco Independente S/A". *Jornal do Brasil*, 01/07/1981.

[83] "O feito em casa em busca de um lugar". *Folha de S. Paulo*, 28/10/1979. Outro aspecto enfatizado por Antônio Adolfo é o da necessidade do artista independente constituir uma empresa para viabilizar o lançamento de seu disco. No caso dele, essa empresa era a Indiscotível Discos e Fitas, a partir da qual seus discos eram lançados com o selo Artezanal ("Como gravar sem restringir a criação", *O Estado de S. Paulo*, 07/07/1979).

[84] O Boca Livre alcançou, com seu disco independente, o 44º lugar na Parada do Nopem de 1980. No ano seguinte, o grupo assinou contrato com a EMI. Oswaldo Montenegro assinou com a WEA em 1979 ("Música sertaneja, a melhor receita".

Além disso, a cena também acabava cumprindo, embora em proporções limitadas, a função de prospectar novos mercados, respondendo com maior precisão à sua crescente segmentação e constantes mudanças. Analisado sob esse aspecto, o projeto do Lira Paulistana, de São Paulo, parece-me exemplar.

O Teatro foi inaugurado no bairro de Pinheiros, no final de 1979, e acabou por polarizar o debate sobre a produção musical independente na cidade. O Lira deu visibilidade a um novo grupo de artistas, a chamada "vanguarda paulistana", formado por nomes como Arrigo Barnabé, Ná Ozzetti, Tetê Spíndola, Itamar Assumpção, Premeditando o Breque, Eliete Negreiros, Língua de Trapo, Rumo e Grupo Um. O Lira não foi um movimento musical, mas um núcleo de produção e difusão artística formado por um teatro, uma gráfica e um selo fonográfico, tendo sido esse último criado em 1981. Esse núcleo permitiu a aglutinação dos artistas acima citados e forneceu os meios para o seu acesso ao público.

Iná Camargo Costa (1984b) atribui a criação do Lira a um diagnóstico de Wilson Souto Jr, um de seus idealizadores, acerca da "existência de um público insatisfeito com a produção cultural", formado principalmente por

> estudantes universitários ou já graduados, mais ou menos atentos às transformações sociais (e políticas) porque vinha passando o país; um tanto quanto na vanguarda das assim chamadas mudanças de comportamento (…) mas com um detalhe bastante significativo: de baixo poder aquisitivo (Costa, 1984b: 34).

Correio Braziliense, 12/08/1983). Além deles, assinaram com grandes gravadoras nomes lançados pelo selo Baratos Afins como 365 (Continental), Nau (CBS) e Gueto (WEA), entre outros ("O kamikaze do disco conta tudo", *O Estado de S. Paulo*, 19/04/1987).

Ao mesmo tempo, era constatada a existência de "uma produção cultural emergente, marginalizada pelos espaços institucionais e que vinha sobrevivendo em porões particulares, garagens e consumida apenas pelos amigos mais próximos". O Lira acabava então por se constituir no "ponto fixo de encontro entre a nova produção e o público que a 'procurava'" (Costa, 1984b: 35). Tratou-se, portanto, da percepção da existência de uma demanda reprimida e, do outro lado, de uma cena musical que poderia ser melhor articulada e desenvolvida para o atendimento a essa demanda. Nessa trajetória, o Lira, por algum tempo, chegou a alcançar um relativo sucesso, obtendo significativa projeção na mídia, o patrocínio de empresas como a US Top para eventos que promoveu e, ao final de 1982, associando-se à gravadora Continental (Costa, 1984b: 36).

Porém, numa análise mais geral, não seria difícil ficar com a sensação de fracasso em relação ao projeto de produção independente desenvolvido por toda essa geração de artistas ao longo da década.

Em 1980, por exemplo, foi criado um departamento voltado para a produção de discos independentes dentro da Coomusa, Cooperativa dos Músicos Profissionais do Rio de Janeiro, que deveria encarregar-se da divulgação e distribuição dos trabalhos produzidos.[85] Mas já no ano seguinte Antônio Adolfo considerava que, devido à falta de estrutura financeira, a Cooperativa não conseguia realizar com eficiência a distribuição nacional dos trabalhos.[86] Assim, acabou sendo criada, em 16/05/1982, a APID – Associação dos Produtores Independentes de Discos. Ela foi presidida por Antônio Adolfo, tendo Chico Mário como vice. Esse último afirmava existirem, por essa época, mais de 600 discos independentes no mercado" (Mário, 1986:

---

85 A Coomusa oferecia ainda um selo para a gravação dos discos, poupando aos independentes a necessidade de abrir uma empresa ("Os novos músicos com boca livre". *Jornal Movimento*, 03 a 09/03/1980).

86 "Disco Independente S/A". *Jornal do Brasil*, 01/07/1981.

13). No entanto, "devido à crise geral do disco na segunda metade da década de 80", ambos decidiram que a associação "deveria ficar congelada, até que tivesse condições de ser reacesa".[87]

Já no campo da distribuição, que Helio Ziskind considerava o mais problemático para os independentes,[88] a principal iniciativa deveu-se a Cesare Benvenuti que, no final dos anos 1970, organizou a distribuição do selo Eldorado. Como eram poucos os produtos da Eldorado a distribuir, Benvenuti passou a oferecer esse serviço também aos independentes, tendo sido responsável pela distribuição do primeiro disco do Boca Livre (*Boca Livre*) que, em 1980, vendeu perto de 100 mil cópias, tornando-se o mais bem sucedido do país até aquele momento. Animado com os resultados, Benvenuti acabou por criar uma nova empresa, a Distribuidora Independente, para atender o setor.[89] Mas o projeto não sobreviveu ao final do Plano Cruzado.

Finalmente, temos a associação entre o Lira Paulistana e a Continental. O projeto conjunto trazia uma série de inovações e previa, entre outras coisas, uma divisão mais equilibrada dos lucros entre empresas e artistas, apoio para os shows e para a obtenção de patrocínios, mapeamento dos espaços que poderiam sediar eventos em todo o país e a criação, em outros estados, de núcleos de produção nos moldes do Lira, sendo Porto Alegre, Belo Horizonte e Recife as cidades escolhidas para o início desse projeto.[90] No entanto, a iniciativa conjunta jamais decolou, sendo definitivamente encerrada em 1987, juntamente como as atividades do Teatro e de todo o restante do núcleo.[91]

---

87   Antonio Adolfo conf. depoimento concedido ao autor, via e-mail, em 31/05/2001.
88   "O disco independente". *Folha de S. Paulo*, 14/03/1982.
89   "Disco Independente S/A". *Jornal do Brasil*, 01/07/1981.
90   "Lira Paulistana, o novo sócio da Continental". *Folha de S. Paulo*, 28/11/1982.
91   "O kamikaze do disco conta tudo". *O Estado de S. Paulo*, 19/04/1987.

Seria fácil atribuir esse aparente fracasso à falta de uma visão mais comercial por parte dos artistas envolvidos, às dificuldades de distribuição e divulgação enfrentadas pelos independentes ou ao boicote das grandes companhias. No entanto, entendo que seria mais correto compreender a inviabilização do projeto independente dos anos 1980 como índice da instabilidade econômica do país e da precariedade do seu mercado fonográfico nacional durante o período – problemas que seriam superados na década seguinte. Antônio Adolfo, falando nos anos 1990, afirma que

> muitos dos artistas que gravavam de forma independente nos anos 70 e 80 ainda continuam independentes (...) há novas formas de produção e distribuição via internet (...) houve uma evolução do processo. Alguns selos fecharam, outros continuam e outros nasceram, alguns artistas passaram pras grandes gravadoras, fizeram sucesso e se apagaram, outros continuam à margem ou no seu caminho tranquilo.[92]

O balanço da década

Além da questão dos segmentos musicais que se sobressaíram, há outros aspectos da produção fonográfica da década de 1980 que devem ser evidenciados. Já tivemos oportunidade de discutir a crise que marcou o início da década. Gostaria agora de discutir melhor a evolução das vendas no restante do período. Como pode ser visto na tabela incluída no início desse capítulo, às quedas de 1980 e 1981 seguiu-se uma razoável recuperação em 1982, mas novas quedas ocorreram nos dois anos seguintes. Em 1985 tivemos uma recuperação que, embora discreta (5,7%), antecedeu a grande explosão de consumo de 1986, quando foi registrado um crescimento de 72,3% e a indústria nacional ultrapassou, pela primeira

---

92 Depoimento concedido por e-mail em 31/05/2001.

vez em sua história, o patamar da 70 milhões de unidades produzidas. Esse patamar, evidentemente relacionado à implementação do Plano Cruzado, seria mantido também em 1987.[93] Já no ano seguinte, com o fracasso do plano, ocorreu um grave retrocesso na produção, com queda para as 56 milhões de unidades. No entanto, em 1989, tivemos um retorno à casa de 70 milhões.[94]

Vale ressaltar que o crescimento acentuado das vendas em 1986 não se deu sem choques: uma crise de matéria-prima para a fabricação dos discos acabou por tumultuar todo o mercado. Mesmo importando resina ao dobro do custo da produzida no país,[95] a indústria se debatia no limite de sua capacidade produtiva e enfrentava até mesmo a falta de cartolina para as capas.[96] Essa situação acabou prejudicando fortemente a produção independente, com as pequenas gravadoras e os segmentos de menor apelo comercial (como o da música erudita e instrumental) tendo seus pedidos de discos atrasados ou simplesmente não atendidos pelos fabricantes.[97]

---

93 "Mercado do disco enfrenta a crise". *Folha de S. Paulo*, 17/01/1988.

94 A indústria atribuiu o extraordinário resultado desse ano ao congelamento do preço dos discos e cassetes imposto pelo Plano Verão, o que acabou por manter os produtos bastante acessíveis ("Indústria fonográfica não satisfaz apetite de mercado superaquecido". *Folha de S. Paulo*, 18/07/1989).

95 "Os lançamentos são adiados". *Gazeta Mercantil*, 26/11/1986.

96 As gravadoras chegaram, inclusive, a imprimir parte de seus discos na Argentina "aproveitando as vantagens oferecidas pelos acordos bilaterais assinados pelos presidentes José Sarney e Raúl Alfonsín". Mas o que estava surpreendendo mesmo, segundo Andre Midani, era a reação do público ao Plano Cruzado, com "as pessoas perdendo a real noção de pertencerem a um país em dificuldade" ("Vendas de disco explodem no país". *Jornal do Brasil*, 09/08/1986 e "A crise do disco". *Jornal do Brasil*, 03/02/1987).

97 Os discos eram fabricados por RCA, CBS, Polygram, Continental, CID e Fonopress (fábrica da Odeon vendida para seus ex-funcionários), que atendiam a todas as demais gravadoras do mercado ("Vendas de disco explodem no país". *Jornal do Brasil*, 09/08/86). Além disso, vários independentes como Luiz Carlos

Já em relação ao cenário mais geral da indústria, são vários os aspectos a assinalar dentro do quadro apresentado. Inicialmente, gostaria de novamente enfatizar a questão da maior segmentação do mercado que então se verifica, como a autonomização e sobrevivência simultânea de cenas distintas como a da música infantil, do rock, da *disco*, da MPB, da música romântica e da música sertaneja, além da emergência de uma diversificada cena independente, que chegou inclusive a contar com circuitos próprios de divulgação e exibição. As tabelas de vendas por segmentos apresentadas abaixo foram elaboradas a partir das estatísticas do Nopem e nos dão uma visão mais clara desse processo.[98] Como pode ser verificado, entre os anos de 1965 e 1979 tivemos a predominância de apenas quatro segmentos – internacional, romântico, MPB e samba –, com os demais apresentando participação apenas marginal no mercado.

Calanca reclamaram dos atrasos na impressão de seus discos ("O kamikaze do disco conta tudo". *O Estado de S. Paulo*, 19/04/1987).

98   Essas tabelas serão reapresentadas e discutidas mais detalhadamente no capítulo 5 desse livro.

Segmentos mais presentes entre os 50 discos mais vendidos anualmente no eixo Rio-São Paulo, 1965-1979 (LPs e compactos)

Fonte: Nopem

Ano	Intern.	Românt.	MPB	Samba	TOTAL
1965	15	17	8	6	46
1966	17	16	8	4	45
1967	14	20	4	5	43
1968	9	21	8	8	46
1969	6	22	7	6	41
1970	22	12	4	5	43
1971	23	14	8	3	48
1972	24	12	3	6	45
1973	16	14	8	7	45
1974	27	5	3	9	44
1975	29	3	2	9	43
1976	16	5	7	11	39
1977	19	9	4	9	41
1978	23	12	4	5	44
1979	18	15	6	9	48

Já entre os anos de 1980 e 1989 tivemos não apenas um maior número de segmentos, mas também uma distribuição mais equilibrada de títulos entre os mesmos. Além disso, sabemos que um segmento como o da música sertaneja, embora de participação pouco expressiva na listagem, vinha alcançando grande repercussão no período e iria chegar ao topo das vendas já a partir de 1990. Caso similar é o da *axé music* que, recebendo suas duas primeiras citações na década, acabaria por se tornar um dos segmentos de maior destaque nos anos seguintes.

Segmento mais presentes dentre os 50 discos mais vendidos anualmente no eixo Rio-São Paulo, 1980-1989

Fonte: Nopem

Ano	Intern.	Pop rom.	Românt.	MPB	Samba	Rock	Infantil	Rap/ funk/ Soul	Total
1980	9	1	12	17	5	2	0	2	48
1981	11	2	14	15	4	3	1	0	49
1982	14	2	9	10	6	3	1	1	46
1983	20	2	7	6	5	6	3	0	49
1984	18	0	5	7	8	8	3	1	50
1985	16	0	4	10	6	6	3	0	45
1986	19	0	4	5	9	6	3	2	48
1987	23	0	7	4	4	7	3	1	49
1988	14	0	9	6	6	6	2	2	45
1989	11	1	5	8	7	4	6	1	43

Deve-se, no entanto, acrescentar que à maior segmentação das vendas correspondeu um processo oposto – o da concentração das empresas. Já discuti, no capítulo anterior, o crescimento da participação de empresas internacionais e da Som Livre no mercado fonográfico. Resta mencionar a redução do número total de gravadoras a participar da listagem de mais vendidos. Se, ao longo do período compreendido entre 1965 e 1979 tivemos a presença de 47 empresas nas listagens, sendo 24 nacionais e 23 estrangeiras,[99] nos anos 1980 esse número foi reduzido a apenas 16, sendo oito nacionais e oito estrangeiras.[100]

---

99 As nacionais eram Som Livre, Copacabana, Continental, RGE, Ebrau, Fermata, Hi-Fi, Seara, Chantecler, CID, Mocambo, Caravelle, GNI, Equipe, Top Tape, Tapecar Caravelle, Musidisc, Savóia, Castelinho, AESEG, Som Maior, Beverly e Esquema. As internacionais, EMI-Odeon, WEA/Warner, CBS, RCA, Philips, Bovena/Chat, Motown, Young, Liberty, RSO, RBR, Bell, Epic, Apple, MCA, AM Records, Mercury, MGM, K-Tel, Vertigo, Private Stoke, Black House e Capital.

100 As nacionais eram Som Livre/RGE, Copacabana, Continental, Top Tape, Abril Music, Kelo Music, Arca-Som e Esfinge. As internacionais eram CBS, RCA/BMG, WEA/Warner, EMI, Polygram, Ariola, K-Tel e 3M.

Outro ponto a ser discutido diz respeito ao consumo de música internacional. Após a já comentada queda das vendas do início da década, tivemos, como pode ser visto na tabela anterior, um importante aumento do consumo de repertório estrangeiro, particularmente entre os anos de 1983 e 1987. Esses números, por um lado, parecem atestar o sucesso das estratégias de internacionalização do consumo discutidas no capítulo I desse livro e que envolveram nomes como Madonna, Lionel Ritchie, Rick James, Elton John, Michael Jackson, Dionne Warwick, Scorpions, entre outros.[101] Por outro, mostram o grande nível de estruturação alcançado pela indústria fonográfica no país, já que os lançamentos internacionais estavam sendo realizados aqui ao mesmo tempo em que ocorriam nos mercados norte-americano e europeu, reduzindo, dessa forma, a "defasagem de tempo entre a execução da música e do vídeo e a presença do disco na loja".[102]

A indústria mostrou-se organizada, também, na ação que realizou em prol da manutenção da lei de incentivo fiscal, que ficara sujeita à reavaliação a partir da promulgação da Constituição de 1988. Através de um intenso e bem sucedido *lobby* – que envolveu a ação de artistas, políticos e órgãos de imprensa –, ela conseguiu reverter a decisão de suspender o benefício tomada pelos estados do Rio de Janeiro e de São Paulo.[103]

---

101 Todos esses artistas, além de Julio Iglesias e do LP *USA for Africa*, chegaram a estar entre os 10 primeiros colocados nas Paradas do Nopem desse período.

102 Depoimento de Aloísio Reis, gerente do departamento internacional da CBS ("Nossas gravadoras lançam junto com EUA e Europa. E vendem mais". *Jornal da Tarde*, 18/04/1986).

103 O discurso do *lobby* era, basicamente, o de que o fim do incentivo não só inviabilizaria o investimento em novos artistas como levaria o mercado a ser completamente dominado pela música estrangeira, conforme pode ser constatado em "ICM sobre as RPMs". *Jornal de Brasília*, 07/04/1989; "O dia D das gravadoras". *Jornal do Brasil*, 27/03/1989 e "Um imposto no caminho da música popular". *O Estado de S. Paulo*, 20/04/1989.

Finalmente, merecem menção as inovações tecnológicas incorporadas pela indústria no período. Em relação às tecnologias de produção musical, a grande marca do final dos anos 1980 foi a popularização do uso de sintetizadores e baterias eletrônicas. Sem desconsiderá-los também como uma importante fonte de novas sonoridades e recursos expressivos para artistas e bandas, queria enfatizar aqui um aspecto menos visível de sua utilização: o de que, dentro de uma lógica de redução dos custos da produção musical, eles permitiam a substituição de músicos reais por trilhas sintetizadas, diminuindo o dispêndio com cachês e horas de estúdio.[104] Já no campo da distribuição a grande novidade foi, sem dúvida, a chegada do *compact disc* ao mercado nacional. O lançamento oficial ocorreu em 1983, mas o grande impulso para sua consolidação se deu em 1987 com a instalação da Microservice, a primeira fábrica de CDs do país.[105] Contando com forte apoio promocional e baseando-se predominantemente na reedição de catálogos,[106] as vendas iniciais, embora modestas, apresentaram crescimento significativo mesmo no ano de 1988, de forte retração para a a indústria. Igual situação iria se repetir no difícil cenário do início dos anos 1990.

---

104 Paulo Henrique e Lincoln Olivetti, no Rio, e Fábio Gaz, em São Paulo, eram os programadores mais requisitados pelas gravadoras ("Pré-produção: da lata pra bolacha". *Revista Som Três*, outubro de 1988, p. 40).

105 A Microservice, uma empresa de capital nacional, foi instalada em São Paulo ("Brasil, enfim, fará disco laser". *Jornal do Brasil*, 30/10/1986).

106 "Gravadoras investem Cz$ 185 mi em campanhas de CDs". *Folha de S. Paulo*, 04/01/1989.

Capítulo IV

Os anos 1990:
segmentação e massificação

A crise de 1990

Embora a indústria do disco tenha vivido em 1989 o melhor desempenho de sua história, o quadro não se repetiu no ano seguinte. O confisco promovido pelo Plano Collor e a instabilidade política e econômica do período lançaram a indústria numa nova crise. Como poderá ser verificado na tabela incluída ao final desse capítulo, a produção, já em 1990, caiu dos 76,8 milhões de unidades, alcançados em 1989, para 45,1 milhões, manteve-se estável no ano seguinte e, em 1992, caiu para apenas 32,1 milhões de unidades.

Dentre as várias consequências desse quadro, a mais importante foi a do retorno a um maior conservadorismo da gestão. Assim, se em 1989 investir tornara-se a palavra de ordem, com a indústria apoiando-se em novos nomes como Marisa Monte, Ed Motta, Adriana Calcanhoto, Elimar Santos e buscando a ampliação de sua capacidade produtiva,[1] em março de 1990, diante das medidas econômicas do novo governo, muitos dos lançamentos e investimentos em novos artistas foram adiados ou suspensos, com a indústria voltando-se mais uma vez para o porto seguro das compilações de sucessos.[2] Apesar disso, os executivos das

---

1   "Empresas investem e faturam alto". *Jornal do Brasil*, 02/06/1989.
2   "As gravadoras param. *E fazem ofertas*". *Jornal da Tarde*, 23/03/1990.

grandes gravadoras mostravam-se otimistas em relação ao Plano e chegaram a apostar no crescimento do consumo mais popular, destinando mais produtos às faixas de menor poder aquisitivo que, na sua percepção, não haviam sido atingidas pelo confisco.[3]

Mas o otimismo não se confirmou. Em 1991 a situação mostrava-se caótica e a percepção de que a indústria chegara ao "fundo do poço" dominava os discursos. O que se seguiu foi uma frenética busca pela redução dos custos e dos riscos do investimento, com uma empresa como a BMG, de longa tradição no país, chegando a cogitar seriamente em limitar seus lançamentos aos títulos internacionais.[4] Além disso, as empresas lançaram mão do mesmo conjunto de medidas já adotado na crise anterior: enxugamento do quadro de funcionários, redução dos elencos, suspensão dos lançamentos de novos artistas e concentração dos esforços de marketing em torno dos nomes de maior projeção.[5] No âmbito da racionalização das atividades, a terceirização se acelerou com a maior parte da prensagem de discos sendo "entregue a apenas três grandes fábricas e distribuidoras, surgidas de *joint ventures* entre as poderosas multinacionais".[6] Ao mesmo tempo, as gravadoras começaram também a se retirar das atividades de produção musical, com a EMI chegando a vender seus estúdios no Rio de Janeiro e a declarar que a área havia deixado de ser "o *business* da companhia".[7]

---

[3] A CBS, por exemplo, apostava em Sidney Magall, intérprete da canção tema da novela *Rainha da Sucata*, exibida pela Globo naquele ano ("Gravadoras fazem ajustes e apostam em aumento do consumo de discos". *Folha de S. Paulo*, 30/03/1990.

[4] "Um natal ao som de choro". *Jornal do Brasil*, 27/10/1991.

[5] "Crise na ponta da agulha". *O Globo*, 17/03/1991; "Gravadoras demitem para enfrentar a crise". *Folha de S. Paulo*, 22/03/1982; "Indústria fonográfica vende menos". *Jornal do Brasil*, 16/09/1992.

[6] "Tempos difíceis para o mercado de discos". *Jornal da Tarde*, 12/04/1991.

[7] A declaração é de Cecília Assef, gerente de marketing da empresa ("Mercado fora de rotação". *Jornal do Brasil*, 06/06/1992).

Nesse sentido, ao contrário do que ocorrera em 1980, a nova crise não levou a uma mudança no modelo de atuação das gravadoras, mas sim a uma radicalização e consolidação de processos já desenvolvidos ao longo da década anterior. Merece destaque, nesse quadro, o maior empenho das empresas na busca por um mercado mais amplo, especialmente através da música sertaneja, que se tornou, durante os anos iniciais da década, o mais importante segmento da indústria. Também o controle das *majors* sobre o sertanejo passou a ser total: a Warner (WEA), tradicionalmente ligada ao rock, à MPB e à música pop internacional, criou um Núcleo Popular dirigido por Paulo Debétio, que já produzira trabalhos de nomes como Wando, Fafá de Belém e Chitãozinho e Xororó; a Polygram priorizou seu *cast* popular, composto por Chitãozinho e Xororó, Cowboys do Asfalto e Sandy e Júnior, entre outros;[8] a Sony Music (razão social adotada pela CBS, em 1991, a partir de sua venda para a Sony)[9] passou a investir principalmente em artistas contratados junto à Copacabana, como Zezé di Camargo e Luciano e João Mineiro e Marciano.[10] E não foram apenas os artistas que foram absorvidos pelas *majors* internacionais. A Copacabana teve seu catálogo incorporado pela EMI, e a Continental, mesmo conseguindo obter grandes vendagens com os trabalhos de artistas como Leandro e Leonardo e Roberta Miranda,[11] acabou adquirida pela Warner em 1993. Era desnacionalizada, assim, a última grande empresa brasileira de orientação única do setor.

Outro fator a marcar o cenário desse início de década foi o da substituição do LP pelo CD. Embora nem no auge da crise

---

8   "Nada será como antes". *Revista Hit*, n. 1, dezembro de 1991, p. 14/15.

9   A venda ocorreu em janeiro de 1988.

10   "Nada será como antes". *Revista Hit*, n. 1, dezembro de 1991, p. 14/15.

11   Além deles, a Continental contava ainda com nomes como Gian e Geovani, Gaúcho da Fronteira e Beto Barbosa ("Mercado fora de rotação". *Jornal do Brasil*, 06/06/1992).

de 1990/1992 as vendas de CDs tenham parado de crescer, o alto preço do produto era apontado insistentemente como fator de atraso da substituição tecnológica e, portanto, de agravamento da crise.[12] Por isso, ainda em 1992, Sony e BMG apressaram-se em inaugurar suas fábricas de CD no país.[13] Mayrton Bahia, diretor artístico da Polygram, também via na transição de suportes, associada à pirataria, uma razão para o agravamento da crise, declarando em 1992 que "junto com a crise do país está havendo a do vinil. Enquanto aumenta o número de CDs vendidos, diminui o de LPs. A fita cassete pode substituir esse vácuo. Mas ela está sendo estuprada pela pirataria. É hora das gravadoras começarem uma campanha institucional para combater a pirataria, envolvendo toda a classe artística".[14] Apesar da advertência, a pirataria em cassetes continuou e o formato foi progressivamente abandonado pela indústria, com o comércio ilegal logo passando a responder pela totalidade de sua produção.[15]

De qualquer forma, em 1993 a economia do país voltou a se estabilizar e, enquanto o preço dos suportes musicais caía em torno de 14% em relação ao ano anterior, o salário real médio tinha um ganho de 9,3% entre janeiro e outubro, possibilitando uma reação

---

12 Segundo o *Jornal do Brasil*, os CDs produzidos no país naquele momento custavam, em dólares, mais caro do que os vendidos em Nova York. Mauro Almeida, diretor artístico da Continental, obervava ainda que, "tradicionalmente, o disco sempre custou 10% do salário mínimo. Hoje, ele custa 20%" ("Mercado fora de rotação". *Jornal do Brasil*, 06/06/1992).

13 "Gravadoras investem em CD". *Jornal do Brasil*, 24/04/1982.

14 "Mercado fora de rotação". *Jornal do Brasil*, 06/06/1992.

15 O comércio de fitas cassete registrou em 1999, no mercado norte-americano, vendas de 130 milhões de unidades. No mercado mexicano, que apresentou nesse mesmo ano um faturamento equivalente ao do brasileiro, as vendas foram de 19,7 milhões de unidades. No Brasil, naquele momento, o comércio legal já era praticamente inexistente.

da indústria.[16] Esse crescimento iria se tornar ainda mais significativo nos anos seguintes, levando aos recordes de vendas da segunda metade da década. Esse período de prosperidade teria a marca da definitiva adequação da indústria às práticas globalmente predominantes: a substituição tecnológica dos suportes, a terceirização da produção baseada na inovação tecnológica, a constituição de uma cena independente sólida e a ampla segmentação do mercado.. É desses temas que iremos tratar a seguir.

A recuperação da indústria

Se em 1993 ocorreu a retomada do crescimento do mercado de discos no Brasil, aquele foi, não por coincidência, o primeiro ano em que o número de CDs vendidos superou o de LPs. De modo análogo ao que ocorrera nos países centrais uma década antes, pode-se dizer que também por aqui o CD foi um dos principais responsáveis pela superação da crise da indústria. O gráfico abaixo mostra a evolução das vendas dos diferentes suportes musicais no país. Note-se a rapidez com que o CD superou os demais.

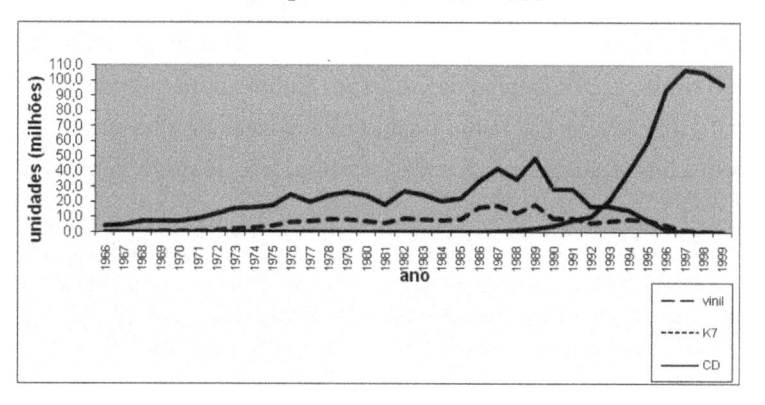

Vendas por formato – 1966/1999

---

16 "Venda de discos cresce 57% em 93". *Folha de S. Paulo*, 04/12/1993.

Através do CD, ocorreu não só o relançamento de boa parte do catálogo das *majors*, o que podia ser feito com baixo custo e grande lucratividade,[17] como também a revitalização do interesse do público por nomes mais tradicionais da música nacional. E a MPB foi, indiscutivelmente, a grande privilegiada nesse processo. Em 1993, por exemplo, dentre os discos não mais disponíveis em vinil que estavam sendo lançados em CD havia 18 álbuns de Chico Buarque, 15 de Gal Costa, 11 de Jorge Benjor e 11 de Elba Ramalho, entre muitos outros.[18] Além desses relançamentos, surgiam também séries econômicas de coletâneas que eram vendidas com preços em média 30% menores que os de um CD normal. Este foi o caso de séries como Best Price (Sony), Bom e Barato (Polygram), Best Seller (Warner) e Dois em Um (EMI, que reunia dois LPs de um mesmo artista num único CD).[19]

Apoiados no sucesso destes relançamentos, álbuns como *Unplugged* (Gilberto Gil), *Circuladô ao Vivo* (Caetano Veloso), *Tropicália II* (Caetano e Gil), *Paratodos* (Chico Buarque), *Angelus* (Milton Nascimento) e *As canções que você fez para mim* (Maria Bethânia), entre outros, não apenas alcançaram boas vendagens no início da década, como emprestaram "forte imagem de qualidade às gravadoras".[20]

A partir de 1994, a combinação entre substituição tecnológica, abertura comercial e estabilização econômica iria acelerar fortemente o ritmo de crescimento da indústria. Embora num momento inicial esse crescimento tenha trazido dificuldades para as empresas, com a limitação da sua capacidade de produção, levando, já no final

---

17 Pois, como afirmava Leo Monteiro de Barros, diretor de marketing da BMG, "o que rende são os discos amortizados e que vendem continuamente". Na mesma matéria era apontando que 35% do faturamento das gravadoras vinha dos relançamentos ("A explosão do show bizz". *Revista Exame*, 10/04/1996, p. 38).

18 "Venda de discos cresce 57% em 93". *Folha de S. Paulo*, 04/12/1993.

19 "Chefões do disco vêem retomada das vendas", *Folha de S. Paulo*, 10/05/1993.

20 Afirmação de Mauro Scalabrin, diretor de marketing da BMG ("MPB vende!", *Jornal do Brasil*, 12/11/1993).

de 1994, ao adiamento de diversos lançamentos,[21] tais problemas foram superados num espaço de tempo relativamente curto, com o surgimento de mais um novo fabricante de discos óticos no país (Videolar) e com a Sony duplicando sua capacidade de produção e passando a masterizar seus discos localmente.[22]

Esse aumento do consumo de discos era, evidentemente, acompanhado pelo de aparelhos reprodutores, que em 1995 subiu 41% em relação ao ano anterior.[23] Para Roberto Bar, então vice-presidente executivo da EMI, cada aparelho reprodutor vendido equivalia ao consumo de 10 novos CDs.[24]

Apesar de nesse momento alguns problemas já serem detectados – como o aumento da pirataria, da inadimplência das lojas[25] e preços ainda elevados dos CDs[26] –, a grande lucratividade[27] e o rápido crescimento do mercado não passaram despercebidos, com novos grupos passando a investir no país. Em 1996, a revista *Exame* anunciava:

---

21 "A explosão do mercado fonográfico". *Jornal do Brasil*, 13/10/1994.

22 "Disco: a indústria se recupera". *Jornal da Tarde*, 17/01/1995. A masterização é um processo de tratamento sonoro do material gravado que antecede seu registro em CD.

23 "A explosão do show bizz". *Exame*, 10/04/1996.

24 "A explosão do mercado fonográfico". *Jornal do Brasil*, 13/10/1994.

25 Em 1995 anunciava-se um prejuízo de R$ 18 milhões com a inadimplência, gerado principalmente pela concordata das redes de lojas Mesbla e Colombo ("Calote é pedra no sapato das gravadoras". *Folha de S. Paulo*, 28/09/1995).

26 "O preço dos CDs no Brasil é um dos mais altos do mundo. Um lançamento de produto nacional pode ser encontrado no mercado por mais de R$ 20. Pouca coisa menos que na Europa (R$ 22), mas bem mais que nos EUA, onde um disco é comprado, em média, por R$ 15" ("Brasil é líder em preço alto". *Jornal do Brasil*, 19/06/1996).

27 Em função dos preços aqui praticados, a rentabilidade da indústria brasileira era considerada uma das mais altas do mundo, com 85% dos CDs sendo vendidos para as lojas pelo preço de *top seller*, também um dos mais altos índices mundiais ("A explosão do show bizz", *Exame*, 10/04/96, p. 39).

a MCA, dos Estados Unidos, uma das maiores gravadoras do mundo, controlada pelo grupo liderado pela fábrica de bebidas Seagram, acaba de instalar sua representação no Brasil. (...) Na ponta do varejo (...) as inglesas Virgin e HMV e as americanas Tower Records e Sam Goods, as maiores redes mundiais do setor, estão se preparando para desembarcar aqui.[28]

Além delas, também a Alliance, maior atacadista norte-americano de produtos fonográficos, anunciava em 1994 seus planos de ingressar no mercado brasileiro.[29] Em abril de 1995, quem chegava era a gravadora Virgin que, embora adquirida dois anos antes pela EMI, vinha para operar de modo autônomo.[30] E, em 1997, instalava-se aqui a Crowley Broadcast Analysis, empresa norte-americana especializada em gravação e monitoração eletrônica de rádio.[31]

Junto com a vinda dessas empresas, outras indicações do crescimento do setor fonográfico no país puderam ser observadas. Na área de eventos, merece menção o surgimento, em 1996, da *CD Expo*, primeira feira do país destinada à promoção de artistas e gravadoras e à venda direta de CDs.[32] Além disso, o crescimento do mercado latino-americano em geral – e da importância da música latina nos grandes mercados mundiais – levou à criação, em 2000, do Grammy Latino.[33] Pouco antes, em 1997, o Midem – maior e mais tradicional

---

28 Os discos da MCA eram, até então, distribuídos no país pela BMG ("A explosão do show bizz". *Exame*, 10/04/1996, p. 36).

29 "Gigante do mercado de discos chega ao Brasil". *O Globo*, 28/09/1994.

30 "Na luta pela fatia de disco em real". *O Globo*, 12/03/1995.

31 "Qual o som dos anos 90?". *O Globo*, 08/05/1995.

32 O evento era o maior do gênero na América Latina e contava com edições no Rio e em São Paulo ("Começa no Rio primeira feira de CD". *Folha de S. Paulo*, 17/07/1996).

33 "Grammy Latino, festa apresenta o Brasil para o mundo". *Áudio, Música e Tecnologia*, n. 104, maio de 2000.

feira mundial de distribuição e licenciamento de música independente, que acontecia em Cannes desde os anos 1960 – realizava em Miami a sua primeira edição latina, o Midem Americas.[34]

Outro fato bastante significativo dentro do cenário musical da década foi a criação, em 1990, da MTV Brasil, a partir de uma concessão adquirida pelo Grupo Abril. Primeira emissora segmentada do país, a MTV manteve, desde o seu início, uma programação de 24 horas diárias, exibindo shows, entrevistas e notícias voltadas ao *show bizz*. Em 1999, o *Jornal do Brasil* informava que, se no início de suas operações, "a MTV atingia somente 53 municípios e cerca de 5 milhões de domicílios, hoje ela chega a 200 municípios e a mais de 16 milhões de casas em todo o país".[35]

A chegada da MTV forneceu, evidentemente, um grande impulso à produção de videoclipes nacionais e à sua utilização dentro da estratégia de divulgação dos artistas. Em 1995, a emissora fortaleceu ainda mais o formato através da criação do Video Music Awards Brasil (VMB), que, seguindo os mesmos moldes de seu equivalente norte-americano, tornou-se o principal evento a premiar videoclipes no país.

Originalmente dedicada ao pop/rock (nacional e internacional) e com um público situado na faixa etária entre 12 e 34 anos, a MTV Brasil sofreu, em março de 1999, importantes alterações em sua programação, passando a veicular também clipes de segmentos populares como pagode, axé e sertanejo.[36] Tal atitude, que parece ter sido motivada pela entrada da Abril no mercado fonográfico (ocorrida no ano anterior, através da criação da Abril Music), levou a uma maior valorização do videoclipe também como veículo de divulgação desses segmentos.[37]

---

34 "Midem fará feira da música em Miami". *O Globo*, 19/12/1996.
35 "MTV adere ao brega e ao axé". *Jornal do Brasil*, 24/02/1999.
36 *Ibidem*.
37 Segundo a emissora, em função das mudanças, a audiência e o faturamento cresceram, em 1999, 62% e 35%, respectivamente ("De cara nova, MTV celebra uma década". *O Estado de S. Paulo*, 27/02/2000).

Além da MTV, as grandes possibilidades de segmentação abertas pela implantação da TV paga no país levaram ao surgimento de outras emissoras dedicadas com maior intensidade à divulgação musical. Merecem destaque, entre outros, canais como o CMT (Country Music Television), dedicado à exibição de clipes de artistas nacionais e internacionais dos segmentos country e sertanejo, e o Multishow, da Rede Globo, que dava grande relevância em sua programação à exibição de videoclipes, programas e shows musicais.

Já na área de radiodifusão, tivemos o início da utilização da transmissão via satélite por empresas de rádio AM e FM, que passaram, assim, a atuar em caráter nacional.[38]

E assim como o mercado de discos e o dos meios de divulgação musical, também o setor de equipamentos profissionais para shows e gravações teve um grande desenvolvimento no período. A abertura econômica, aliada à difusão das tecnologias digitais de produção, trouxe grandes mudanças ao cenário, aumentando as vendas e possibilitando uma ampla pulverização das atividades de produção musical. Esse quadro deu uma nova feição e importância à Feira da Música que, desde os anos 1980, reunia fabricantes de instrumentos e equipamentos. Em setembro de 1991, a Roland do Brasil, empresa surgida naquele ano a partir de uma *joint venture* entre a Roland japonesa e a empresa brasileira Foresight, promovia, em São Paulo, a *Music Expo*, com o intuito de apresentar sua linha de equipamentos digitais. Em apenas um dia, o evento movimentou US$ 1 milhão, demonstrando, em plena crise, a vitalidade desse novo mercado.[39] A *Music Expo* contaria com um maior número de expositores e crescente sucesso nas edições subsequentes.

---

38 "Agora no ar, via satélite..." *Revista Hit*, n. 4, março de 1992, p. 14. Antes do uso do satélite, emissoras de AM estabeleciam redes nacionais através da transmissão do sinal por telefone. Para as FMs, no entanto, que necessitavam de um sinal de áudio com maior qualidade, esse procedimento nunca foi possível.

39 "Feira salva o ano para os fabricantes". *Hit*, n. 1, dezembro de 91, p. 22.

Essa mudança de patamar tecnológico da produção musical nacional possibilitaria um forte revigoramento da cena independente e, como veremos a seguir, um radical processo de terceirização das atividades de produção da grande indústria.

A consolidação do sistema aberto

Não me parece difícil comprovar que, ao longo dos anos 1990, consolidou-se no país um modelo de "sistema aberto" de produção da indústria bastante similar ao desenvolvido nos países centrais, com as grandes gravadoras não apenas se associando a selos independentes na condição de divulgadoras e distribuidoras de suas produções, como também iniciando um processo de desmantelamento de sua própria capacidade produtiva e terceirizando essa atividade. Nesses termos, podemos considerar a década como a da efetiva globalização da indústria, com a incorporação do patamar tecnológico e demais características predominantes no âmbito dos países centrais.

E a difusão das tecnologias digitais de produção musical teve importância fundamental dentro desse processo. Em 1994, a revista *Backstage* apontava:

> Terceirização é a palavra-chave quando falamos em estúdios e gravadoras. Há vinte anos atrás este quadro poderia ser loucura, com os altos preços dos equipamentos. Mas os preços baixaram, multiplicaram-se os estúdios e, com isso, as chances de acesso a gravação. (...) O fechamento dos estúdios das grandes gravadoras começou com a diretiva das matrizes no exterior. A Warner Music, há cerca de 15 anos no Brasil, não chegou nem a ter o próprio estúdio (...) A EMI brasileira já teve 3 estúdios de primeira qualidade, mas agora optou pela terceirização. (...) A BMG-Ariola encontrou uma solução diferente para seus 3 estúdios: eles foram repassados aos técnicos, que fazem prestação de serviços para a BMG

quando necessário. (...) Restaram apenas os grandes estúdios das gravadoras em Londres, Los Angeles e Nova York (...) que dividem o mercado com diversos estúdios particulares e caseiros.[40]

Paralelamente, surgia um amplo leque de produtores e selos independentes que, em função da grande pulverização das atividades proporcionada pela existência de empresas especializadas como estúdios, fábricas de CDs, firmas de editoração eletrônica e distribuidoras, podiam operar a partir de estruturas próprias cada vez mais reduzidas. O selo Lux, por exemplo, criado por Nelson Motta em 1993, contava com apenas dois diretores e uma secretária e contratava os serviços especializados de terceiros para todas as suas necessidades. A empresa não tinha nem mesmo elenco exclusivo, com "os artistas fazendo contratos por projeto, sem maiores vínculos".[41] Brian Butler, sócio da Excelente Discos, explicava em 1996 que "todo o processo de confecção dos discos da sua gravadora é feito por empresas parceiras: 'Somos só um escritório, o resto pode ser alugado'".[42]

Assim, se entre os anos 1970 e 1980 tivemos um primeiro momento de organização da produção musical independente no país, foi apenas nos anos 1990 que ela se mostrou suficientemente vigorosa e ampla para substituir a grande indústria nas tarefas de prospecção e gravação de novos artistas. Mas não foram apenas os fatores tecnológicos que tornaram possível essa situação. Também desta vez a crise da indústria teve um papel decisivo pois, privilegiando desde o final dos anos 1980 o sertanejo e a música romântica, além de severamente atingida pela recessão de 1990, a indústria demonstrava pouco interesse por segmentos como o rock e a MPB ou por artistas que não apresentassem vendagens expressivas. Por isso, em 1991,

---

40   "A terceirização da indústria". *Backstage*, n. 1, 1994.
41   "Selos alternativos dinamizam o mercado". *Folha de S. Paulo*, 06/01/1993.
42   "Montar gravadora está mais barato". *O Estado de S. Paulo*, 06/12/1996.

nomes como "Tim Maia, Tetê Spíndola, Quarteto em Cy, Belchior, Guinga, Hélio Delmiro e Vinícius Cantuária... só conseguiram gravar bancando o próprio trabalho".[43] Paralelamente, de selos independentes começavam a surgir novos nomes como Racionais MC's (Zimbabwe), Raimundos (Banguela Records) e Sepultura (Eldorado e Cogumelo), entre outros, seguindo uma tendência evidenciada anos antes nos EUA quando bandas como Nirvana e Pearl Jam também surgiram a partir de *indies*.[44]

Diferentemente do que ocorrera uma década antes, a oposição ideológica entre *majors* e *indies*, ou mesmo entre arte e mercado, pouco se fez presente em discursos e debates. Entendo que, embora muitas dessas empresas tivessem grande envolvimento com uma produção musical de alta qualidade técnica e artística,[45] interessava a esses artistas e empresários mostrar o profissionalismo e a viabilidade comercial de sua produção, afastando "a imagem de falta de acabamento e de precariedade sonora" que, para eles, caracterizara a cena independente de 15 anos antes.[46] Para muitos desses profissionais o conceito de selo independente no Brasil ainda estava, como declarou Pena Schmidt, da Tinitus, "muito associado à imagem do disco artesanal, praticado aqui nos anos 70", e concluía: "ser independente é apenas ser dono do próprio negócio".[47] Assim, veteranos

---

43 "Império dos independentes contra-ataca". *O Estado de S. Paulo*, 13/02/1992.

44 A gravadora Sub Pop, de Seattle, responsável pelo lançamento do Nirvana e de outras bandas da cena "grunge", era a mais conhecida dessa nova geração de indies ("Independentes chegam pela porta dos fundos". *Folha de S. Paulo*, 23/08/1993).

45 Através, por exemplo, de nomes como Bocato, Toninho Horta, Marco Pereira, Duo Fel, Nó em Pingo D'Água, Roberto Corrêa, Nivaldo Ornelas e Renato Borghetti, entre outros ("Pequenas gravadoras garantem a vida da boa MPB". *O Estado de S. Paulo*, 03/06/1999).

46 "O som da liberdade". *Jornal do Brasil*, 20/02/1992.

47 "Imagem ainda é 'artesanal'", Folha de S. Paulo, 06/01/1993.

daquele período como Arrigo Barnabé, Eliete Negreiros e o Grupo Rumo, por exemplo, agora gravavam seus trabalhos pelo selo independente Camerati, que "masteriza e fabrica seus CDs nos EUA com supervisão do conceituado Toby Mountain, técnico que já gravou os Stones e Frank Zappa".[48] E, como sintetizou Almir Chediak, fundador da editora Lumiar e, posteriormente, da gravadora de mesmo nome, "o importante nas produções independentes é que elas não tenham cara de independente".[49]

Esse reforço da ideia da profissionalização evidenciava uma nova e mais pragmática relação entre independentes e mercado, uma compreensão compartilhada e sem rodeios de sua lógica e realidade. Entendo que isso decorreu principalmente de três fatores. Em primeiro lugar, do fato de muitos dos novos proprietários de selos terem vindo dos quadros das *majors*, normalmente descartados por políticas de contenção de custos e terceirização de atividades. Dentre os profissionais que saíram da Warner, pelo menos três criaram seus próprios selos: Pena Schmidt (Tinitus), Conie Lopes (Natasha Records) e Nelson Motta (Lux). Além deles, Mayrton Bahia, ex-EMI e Polygram, criou a Radical Records, Marcos Mazzola, também saído da Polygram, criou a MZA e Peter Klam, ex-diretor da Warner e da Polygram, criou a Caju Music. Também artistas que ainda eram ou já tinham sido contratados de grandes gravadoras criaram suas próprias empresas. Podem ser citados, entre eles, nomes como Ivan Lins e Vitor Martins (Velas), Dado Villa-Lobos (RockIt!), Marina Lima (Fullgás), Ronaldo Bastos (Dubas) e Egberto Gismonti (Carmo).[50]

---

48 *Ibidem*.
49 "O som da liberdade". *Jornal do Brasil*, 20/02/1992.
50 "Mayrton Bahia lança novo selo radical para gravar bandas de rock". *O Estado de S. Paulo*, 22/05/1993; "Independentes, porém pragmáticos". *O Globo*, 26/02/1997 e "O som da liberdade". *Jornal do Brasil*, 20/02/1992.

Em segundo lugar, a necessidade da compra, manutenção e operação dos equipamentos, bem como a relação menos estável entre artistas e gravadoras, impunham a necessidade da assimilação de um conjunto muito mais amplo de conhecimentos por parte dos artistas, bem como da administração de diversos aspectos de suas carreiras. Assim, Cícero Pestana, o Dr. Silvana, ao criar com outros quatro sócios seu próprio estúdio, o Uptown, decretava em 1992: "acabou-se o tempo dos músicos que sabiam apenas tocar. Hoje tem que entender estas maquininhas (computadores)". Moraes Moreira, ex-integrante dos Novos Baianos e da comunidade por eles formada nos anos 1970, dava o tom dos novos tempos. Ao descrever o República da Música, casarão de três pavimentos que abrigava seu estúdio e que compartilhava com seus técnicos no Rio, declarava: "somos uma comunidade, mas com visão profissional".[51]

Em terceiro lugar, ao crescente relacionamento entre *majors* e *indies*, pois, diferentemente do que ocorrera com o movimento independente do período anterior, formas bem sucedidas de associação entre as empresas tornaram-se frequentes, sendo que, em 1993, João Paulo Bandeira de Mello, diretor de marketing da EMI, descrevia a relação entre a gravadora e os selos independentes que passara a distribuir como um dos pontos positivos da crise.[52]

Foram várias as *indies* que desenvolveram ou mesmo foram criadas em função de relacionamentos de diferentes níveis com *majors*. Os contratos de distribuição – a exemplo do que ocorria no cenário internacional – eram os mais frequentes. Em 1994, por exemplo, Caju e Excelente contavam com distribuição da Polygram, Rock It, Radical, MP,B e Natasha tinham seus discos prensados e distribuídos pela EMI e a Warner cuidava da distribuição dos selos Zimbabwe e Dubas.[53]

---

51   "O som da liberdade". *Jornal do Brasil*, 20/02/1992.
52   "Chefões do disco vêem retomada das vendas". *Folha de S. Paulo*, 10/05/1993.
53   "Caju e Kuarup resistem com lançamentos no exterior". *O Estado de S. Paulo*, 13/02/1992; "Montar gravadora está mais barato". *O Estado de S. Paulo*, 06/12/1996;

Essa maior proximidade entre *majors* e *indies* tendia a ser vista como natural por seus proprietários. Brian Butler explicava que a Polygram, ao distribuir seus discos, acabava usando o selo como laboratório de novas tendências.[54] Pena Schmidt, da Tinitus, declarava ter criado sua empresa visando, basicamente, formar artistas para posterior repasse às *majors* (Dias, 2000: 141) e Cacá Prates, sócio de Mayrton Bahia na Radical Records, considerava que a "tendência natural dos selos independentes é servir de fonte para as grandes gravadoras".[55]

Mas isso não impediu a existência de conflitos. Pena Schmidt, por exemplo, via com muitas reservas o modo pelo qual a Polygram havia cuidado da distribuição e divulgação de seus trabalhos (Dias, 2000: 147). A Velas não poupava críticas à Continental e à Polygram, empresas com que estabelecera parcerias em 1991.[56] E "a gravadora independente Paradoxx, de posse de contratos legítimos, foi acusada de pirataria e teve seus discos apreendidos por denúncia da ABPD [... que] agiu após uma queixa da Polygram".[57]

De qualquer modo, pode-se afirmar que, ao longo dos anos 1990, foi se constituindo uma nova ecologia no mercado, com as gravadoras independentes passando a preencher um espaço antes ocupado pelas *majors*, cuidando tanto da formação de novos artistas quanto da prospecção e atendimento a segmentos musicais emergentes ou de mercado muito restrito.

Nesse novo cenário, como regra geral, gravadoras independentes que operavam com vários segmentos ou com segmentos e artistas

---

"Selos alternativos dinamizam o mercado". *Folha de S. Paulo*, 06/01/1993 e "Selos pequenos crescem à margem da mídia". *Folha de S. Paulo*, 15/07/1994. A Natasha, posteriormente, transferiria sua distribuição para a BMG.

54 "Montar gravadora está mais barato". *O Estado de S. Paulo*, 06/12/1996.

55 "Selos pequenos crescem à margem da mídia". *Folha de S. Paulo*, 15/07/1994.

56 "Velas solta as amarras fonográficas". *Jornal do Brasil*, 07/07/1996. A empresa, posteriormente, transferiu sua distribuição para a Sony Music.

57 "Selo independente é acusado de pirataria". *Folha de S. Paulo*, 13/07/1994.

de projeção nacional tendiam – diante dos problemas de divulgação e distribuição envolvidos – a se associar a *majors*. Aos selos realmente independentes restava a prospecção de mercados regionais ou, como resumiu o advogado, empresário e compositor José Carlos Costa Netto, da Dabliú Disco, "ter sua imagem associada a algum segmento específico".[58]

Segmentos específicos seriam, no limite, aqueles não visados pelas *majors*. E vários eram os que se encaixavam nessa definição. Os segmentos da World Music e da New Age, por exemplo, eram atendido por selos independentes como o mineiro Sonhos e Sons e os paulistas Azul Records, Alquimusic e MCD. O da música instrumental, pela carioca Visom e pelos paulistas Pau Brasil e Núcleo Contemporâneo. A MPB contemporânea ou de perfil mais regional por Dabliú, Velas e CPC-Umes, todos de São Paulo, Kuarup, do Rio, e Dubas Music, de Minas. E mesmo o segmento da música infantil, que poucos anos antes ocupara uma posição central no mercado nacional, era agora abastecido principalmente por *indies* como Palavra Cantada, CID, Atração Fonográfica e Angels Records.

De um modo geral, todos os segmentos de forte vinculação identitária (étnica, religiosa, local etc.) eram atendidos por *indies*. O mercado religioso católico, por exemplo, contava com selos como Codimuc, Canção Nova e Paulinas Comep, enquanto o evangélico com Bom Pastor, Gospel Records, AB Records, MK Publicitá e Line Records, entre outros. No campo da música regional, o espectro ia da gaúcha ACIT, que atendia à música tradicional sulista, à cearense SomZoom, responsável pela cena do forró eletrificado de Fortaleza. Para o rap, as principais empresas eram JWS, Zimbabwe, RDS e Kaskata's, de São Paulo, além da Discovery, do Distrito Federal.

Gravadoras independentes também respondiam pela recuperação e relançamento em CD de gravações históricas. Além da

---

58 "Abismo que separa as gravadoras fica maior". *Jornal da Tarde*, 29/01/2000.

paranaense Revivendo,[59] dedicada exclusivamente a essa atividade, chegaram a desenvolver projetos nessa área empresas como Atração Fonográfica (que relançou o catálogo da Funarte), Núcleo Contemporâneo ("Projeto Memória Brasileira") e CPC-Umes (coleção "Como Tem Passado"), entre outras.

Como exceções nesse quadro, Trama e Atração Fonográfica, ambas de São Paulo, mantinham distribuição própria ao mesmo tempo em que atuavam simultaneamente em diferentes segmentos. A Trama, que contava com o respaldo econômico do Grupo VR, explorava segmentos musicais urbanos como a MPB contemporânea, o pop/rock, o rap e o techno. Já a Atração havia desenvolvido um leque de atuação ainda mais amplo, que englobava bandas e artistas de segmentos tão diversos quanto o rap, o reggae, a axé music, a toada amazonense, a música regional gaúcha, o sertanejo, a música infantil, a instrumental e a MPB, entre outros. Sua estratégia de atuação consistia em operar localmente com esses artistas, sem empenhar-se na promoção nacional dos mesmos. Desse modo, a gravadora garantia sua presença nacional e grande segmentação sem ter de arcar com campanhas de divulgação mais amplas. Os artistas da gravadora que viessem a alcançar maior repercussão, extrapolando esses limites regionais, acabavam repassados a *majors*, como foi o caso do grupo Carrapicho, do Amazonas, e do grupo de pagode Os Travessos, de São Paulo.[60]

Como as *indies* não podiam contar com artistas de grande vendagem e nem assumir a divulgação maciça de seus trabalhos, tendiam a realizar um número de lançamentos anuais bem maior do que as *majors*, e mesmo a manter mais discos em catálogo do que

---

59 "Leon Barg, o caçador de insucessos". *O Estado de S. Paulo*, 16/11/1988.
60 O grupo Carrapicho foi licenciado para a BMG ("Gravadoras dividem puxadores de toada. *Folha de S. Paulo*, 19/12/1996). Já Os Travessos foram contratados pela Warner.

estas. A Atração Fonográfica, por exemplo, chegou a possuir mais de 400 títulos em catálogo e a lançar, só em 1998, perto de 120 novos trabalhos.[61] Isso se devia especialmente à necessidade das *indies* de viver de seus lançamentos atuais, uma vez que elas não contavam com os imensos acervos de fonogramas ostentados pelas *majors* e explorados em constantes relançamentos. Ao mesmo tempo, formar um grande catálogo era o caminho para constituir um acervo semelhante no futuro.

E a terceirização nem sempre era o mote dessas empresas. Algumas assumiam a responsabilidade por todas as etapas da divulgação e distribuição dos trabalhos de seus contratados, além de estarem fortemente ligadas à produção. Indie Records e Visom, por exemplo, nasceram da atividade de seus proprietários com os estúdios de gravação Mega e Visom, respectivamente. A Trama, além de possuir dois estúdios próprios, realizou em 2000 um grande investimento para a constituição de um centro de produções e eventos que contaria com cinema, anfiteatro, estúdios de vídeo e espaço para ensaios.[62]

Também o nível de internacionalização da atuação dos independentes foi bastante significativo, com as vendas diretas e os contratos de licenciamento com selos de outros países assumindo importância fundamental para muitas delas: a Som da Gente abriu, ainda em 1990, uma filial em New York; a MCD que, como vimos, atuava com New Age e World Music, representava e distribuía no país selos internacionais como Wind Records, Putumayo World Music, Domo e Arc; a Paradoxx, de São Paulo, com forte presença na dance music, não só licenciava para o exterior artistas nacionais como distribuía aqui os selos norte-americanos Survival, XL, Profile e Epitaph; o selo Pau Brasil, do músico e produtor Rodolfo Stroeter, alcançava maior prestígio e

---

61 Informações fornecidas por Edson Natale, então diretor artístico da gravadora, em entrevista concedida ao autor em 04/04/1999.
62 "Nacionais crescem com táticas diferentes". *Folha de S. Paulo*, 04/10/2000.

vendas no exterior do que no país e já tinha recebido "uma indicação ao Grammy, pelo CD de estreia da Banda Mantiqueira. Outro disco de seu catálogo, uma seleção de temas indígenas interpretados pela cantora Marlui Miranda, foi premiado na Alemanha e vendeu fora do Brasil o triplo de sua tiragem nacional";[63] a Trama distribuía os selos internacionais Matador, Rhiko e Luaka Bop, entre outros; a carioca Top Cat Brasil funcionava através de uma parceria com a Top Cat Records, uma gravadora de Dallas, Texas, especializada em blues; a Velas abriu, em 1996, escritórios de representação em Barcelona e Los Angeles,[64] além de representar no país selos internacionais como o cubano Egren; a paulistana Cri Du Chat, atuando exclusivamente com música eletrônica, distribuía seus trabalhos em vários países da América do Sul e Europa, bem como nos EUA, Austrália e Canadá,[65] e a Visom, através de seu estúdio nos EUA, o Visom-USA, licenciava álbuns de seu catálogo para distribuição no exterior.[66]

Outro aspecto a ser destacado sobre a atuação das *indies* no período seria o de sua crescente vinculação à internet, tanto para a divulgação quanto para a comercialização de seus produtos. Isso aconteceria a partir da segunda metade da década e, inicialmente, através de *mailings* de artistas e vendas on-line de CDs. Mas a partir do final da década, o desenvolvimento da internet no país e a popularização do formato MP3 permitiriam também o surgimento de iniciativas mais ousadas, como as de rádios virtuais e gravadoras voltadas ao comércio on-line de fonogramas. A BMGV (www.bmgv.com.br) parece ter sido primeira empresa do gênero a surgir no país. Atuando desde 1995 no mercado editorial e de *software*, a empresa criou, em 1999, "a primeira gravadora

---

63 "Som de griffe: A MPB tipo exportação da gravadora Pau Brasil". *Veja*, 07/10/1998.
64 "Velas solta as amarras fonográficas". *Jornal do Brasil*, 07/07/1996.
65 "Pulo do gato com miado eletrônico". *O Globo*, 12/01/1997.
66 Victor Biglione, Ulisses Rocha, Torcuato Mariano, Aquilo del Nisso, Turíbio Santos e Nó em Pingo D'Água foram alguns dos artistas com trabalhos gravados pelo selo.

virtual do país, a Música Online, que oferece músicas de Ná Ozzetti, Belô Velloso, Língua de Trapo e Jorge Mautner, entre outros, por meio do endereço www.uol.com.br/bmgv".[67] No final desse mesmo ano, surgiam novas empresas no setor como a gravadora virtual de música eletrônica FiberOnline (www.fiberonline.com.br). *Blip*! foi o título da primeira coletânea de trabalhos produzidos através da web que podiam ser baixados gratuitamente pelos interessados.[68] Criado nessa mesma época e atuando exclusivamente na distribuição on-line, o site iMusica (www.imusica.com.br) vendia faixas musicais ao preço médio de R$ 2,00 e anunciava ter fechado contrato de distribuição com 20 selos independentes, possuindo "o maior catálogo de músicas brasileiras independentes para download, com um acervo de 3000 a 5000 fonogramas listados".[69] No ano seguinte era realizado o Primeiro Festival Virtual de Música do país, numa iniciativa dos sites Estilingue.com.br e Fulano.com.br, que contou com a inscrição de 995 músicas.[70]

Mas a internet não foi a única alternativa de distribuição adotada pelos independentes. Embora Lobão tivesse iniciado sua carreira como artista autônomo lançando, em 1999, uma faixa em MP3 de seu CD *A Vida é Doce* (Net Records, 2000), o trabalho acabaria sendo distribuído no ano seguinte através de bancas de jornais, encartado numa revista também produzida pelo artista. Além de ampliar as possibilidades de acesso ao público consumidor, a estratégia de lançamento do disco como encarte de uma revista habilitava-o à isenção de ICMS que é concedida, no país, a livros, periódicos, jornais e ao papel utilizado em sua impressão.

---

67 "No Brasil, MP3 é saída para independentes". *Jornal Folha da Tarde*, 19/12/1999.
68 A Fiberonline foi criada por Enéas Neto, proprietário desde 1988 da gravadora Cri Du Chat, também especializada em música eletrônica (*Fiberonline traz música eletrônica grátis da web*. Disponível em: <http://trombeta.cafemusic.com.br/trombeta.cfm?CodigoMateria=493>. Acesso em: 14/09/2000).
69 www.imusica.com.br. Acesso em: 14/09/2000.
70 "Internet promove festival virtual de música". *JB Online*, 6/07/2000.

Essa estratégia de distribuição já vinha sendo utilizada desde 1995 pelo músico e produtor Pierre Aderne, que lançou, naquele ano, um CD com hinos de clubes de futebol encartado na revista *Placar*. O sucesso do projeto, que atingiu a marca de 500 mil cópias vendidas, levou-o a criar um selo, o Gol Records, para atuar exclusivamente na produção e distribuição de CDs encartados em jornais.

> Só com os 24 volumes de Cid Moreira lendo trechos da Bíblia, foram mais de 14 milhões de CDs vendidos. Juntem-se o de Miguel Falabela lendo poemas e uma série de outros com cursos de inglês, e tem-se a espantosa soma de 18 milhões de CDs que chegaram ao público encartados em jornais de grande circulação.[71]

Posteriormente, Aderne criou um selo, o Panela Records, pelo qual se preparava em 2000 para lançar CDs de bandas e artistas como Blitz, Oswaldo Montenegro, Baby do Brasil, Leo Jaime, Akundum, Geraldo Azevedo, Jackson Antunes, Cláudio Heinrich e Caio Blat, entre outros, sempre encartados a revistas pôsteres.[72]

Já em relação à vinculação da cena independente à diversidade musical brasileira, valeria citar por exemplo o projeto Rumos, do Itaú Cultural, que buscava mapear o cenário da produção cultural brasileira. A área musical do projeto, então coordenada pelo músico e produtor Benjamin Taubkin, foi vinculada a selos independentes que se encarregaram da produção dos trabalhos de todos os artistas selecionados.[73]

---

71 "Música nas Bancas". *Jornal do Brasil*, 17/12/1999.

72 O preço médio dos CDs assim lançados era, em 2000, de R$ 6,90, o que equivalia a menos de um 1/3 do valor dos CDs lançados convencionalmente ("Dono de gravadora independente quer democratizar a distribuição de CDs". *Áudio, Música & Tecnologia*, julho de 2000).

73 Taubkin era proprietário do selo Núcleo Contemporâneo e um dos organizadores da ABMI. Os primeiros 10 CDs do Rumos Musicais foram lançados em maio de 2001 e envolveram os selos Violões da Amazônia (AM), UNB Discos (DF), Pelourinho (BA), Laborarte (MA), Lapa (MG), Cântaro (PR), Rob Digital (RJ),

E o crescimento do número e do porte das *indies*, bem como da importância do papel que assumiram dentro do mercado fonográfico nacional, acabou possibilitando uma significativa melhora no seu nível de organização, levando inclusive à reedição de algumas das experiências dos anos 1980.

Assim, ressurgiu o projeto de uma distribuidora de abrangência nacional, voltada para o atendimento de selos e artistas independentes. A iniciativa partiu da Eldorado, que passou a atuar exclusivamente como distribuidora. Segundo João Lara Mesquita, diretor da empresa, essa foi uma decisão movida por razões de mercado, com a Eldorado vislumbrando poucas possibilidades de crescimento enquanto gravadora e, ao mesmo tempo, vendo na precariedade de distribuição dos independentes e no abandono do pequeno comércio especializado por parte das *majors* um espaço de atuação mais promissor. A Eldorado chegou a distribuir por volta de 40 selos independentes, a maioria de pequeno porte. O projeto, porém, acabou abandonado em 2000.[74]

Outra ideia retomada foi a de uma associação dos independentes. Os primeiros passos dessa iniciativa foram dados em 1999, quando alguns selos organizaram um estande comum para a comercialização de seus discos na *CD-Expo* daquele ano. Ações mais concretas, no entanto, só vieram a surgir em março de 2001, quando

> foi constituída em São Paulo uma comissão especial que tem o objetivo de instituir juridicamente a associação. O grupo de discussão, de que fazem parte representantes de 29 gravadoras independentes, se deu o prazo de 40 dias para que a ABMI (Associação Brasileira dos Músicos

Barulhinho (RS) e MCD (SP). O instituto apoiava a produção dos trabalhos, ficando a distribuição e a comercialização por conta dos próprios selos ("Começa articulação da cena alternativa nacional". *Folha de S. Paulo*, 28/03/2001).

74 "Distribuidora Eldorado abre mercado para independentes". *O Estado de S. Paulo*, 02/04/1997.

Independentes) seja efetivamente fundada. A comissão é formada por Rodolfo Stroeter (da Pau Brasil), Pena Schmidt (Tinitus), Costa Netto (Dabliú), Benjamim Taubkin (Núcleo Contemporâneo), Eduardo Muskat (MCD) e Thomas Roth (Lua Discos), todos de São Paulo (...) Thomas Roth cita a existência de 400 selos e 2.000 produtores independentes hoje no Brasil.[75]

Além de decisões de caráter político, como estabelecer qual seria a sua relação com a ABPD e, portanto, com as *majors*, caberia à associação oferecer às gravadoras independentes melhores possibilidades para a negociação de acordos de divulgação e distribuição, contratos de impressão dos discos etc.[76]

Os circuitos autônomos de produção e distribuição musical

Embora o aparato tecnológico e as estratégias de atuação das *majors* expliquem o crescimento do número de selos e artistas independentes nos anos 1990, o cenário não estaria completo sem que se desse uma maior atenção aos circuitos musicais a que muitos deles se relacionavam. Se na discussão sobre o rock, a música sertaneja, a infantil e a cena independente dos anos 1980 empreendida no capítulo anterior já era possível constatar a crescente autonomização e especificidade dos veículos de divulgação e exibição daqueles segmentos, também foi destacada a dificuldade de acesso dos artistas ao mercado fonográfico que, ou se dava por intermédio das grandes gravadoras, ou esbarrava na precariedade dos esquemas de produção e distribuição alternativos. Já na década de 1990 essa limitação, como pudemos verificar, acaba superada, o que viabiliza a existência

---

75 "Começa articulação da cena alternativa nacional". *Folha de S. Paulo*, 28/03/2001.
76 *Ibidem*, além de entrevistas e contatos informais com Edson Natale, Pena Schmidt e outros participantes da associação.

de um grande número de cenas ou, como serão denominados aqui, de "circuitos autônomos de produção e distribuição musical".

Mas seria preciso definir melhor o termo. Entendemos aqui como circuitos autônomos aqueles que, sem a presença de grandes gravadoras ou redes de mídia de alcance nacional, fornecem condições para as apresentações musicais, produção, divulgação e venda de discos dos artistas que os integram. Esses circuitos normalmente se relacionam a identidades étnicas, religiosas, urbanas e locais, e se constituem nos espaços de surgimento e consolidação de muitos dos artistas e segmentos que acabarão posteriormente incorporados pela grande indústria. Três fatores fundamentais concorrem para a sua constituição:

- As possibilidades de pulverização da produção musical e redução de seus custos propiciadas pelas tecnologias digitais, que viabilizaram não só a criação de inúmeros estúdios de pequeno porte como o retorno do investimento na produção a partir da venda de quantidades cada vez menores de discos.

- O surgimento de redes locais de comunicação, como pequenas emissoras de TV e de rádio, além de emissoras comunitárias e piratas, que tendem a incorporar a produção dos artistas locais à sua programação, ao contrário do que ocorre com as grandes redes de mídia.

- A possibilidade da intercomunicação global – principalmente pela internet – que permite a ampliação do mercado potencial dessa produção.

Em relação a esse último item, é preciso considerar que as tecnologias digitais de produção musical começaram a se disseminar no país logo no início da década de 1990, de modo que a possibilidade de produção fonográfica autônoma para um amplo leque de artistas tornou-se realidade vários anos antes da consolidação da internet. Mas para tentar ilustrar melhor o conceito de "circuitos autônomos", gostaria de apresentar um breve relato sobre a forma pela qual alguns desses circuitos estavam organizados no início dos anos 2000.

A cena *underground*

Os termos *rock alternativo* e *cena underground* têm sido tradicionalmente usados no país para definir o espaço de atuação de artistas e bandas vinculados a tendências tão diferentes como o techno, o industrial, o punk, o hardcore, o metal etc. Assim, embora a cena esteja sendo apresentada aqui como um "circuito autônomo", seria mais correto compreendê-la como um denominador comum, um espaço de aproximação entre diferentes circuitos e mesmo de sua gestação.

Seu circuito exibidor, no início dos anos 1990,[77] era formado principalmente por bares e casas noturnas especializadas, pelo circuito de festivais que começava a se constituir,[78] por apresentações em universidades e em espaços mantidos pelo poder público. Sua distribuição era feita especialmente através de lojas de discos especializadas e/ou que mantinham espaços para a venda de trabalhos independentes, normalmente deixados em consignação.

CDs ou cassetes produzidos pela própria banda e contendo de quatro a seis músicas – os chamados EPs (*extended plays*) – eram predominantes no cenário. Sua divulgação era feita por mala direta e por fanzines impressos, depois substituídos por e-mails, fanzines virtuais e sites de relacionamento. Revistas especializadas como *Backstage* e *Rock Brigade*, por exemplo, dispunham-se a receber, ouvir e comentar

---

77   Ofereço um relato sobre as estratégias de atuação adotadas por bandas dessa cena, ainda no início dos anos 1990, em minha dissertação de mestrado (Vicente, 1996).

78   Ao longo dos anos 1990 surgiram, entre outros, os festivais baianos BoomBahia Rock Festival e Kildare Festival, e os pernambucanos Abril Pro Rock e Recife Rock, que ajudaram a tornar Recife o principal centro de rock alternativo da década. Além deles, merecem citação também o Humaitá Prá Peixe e o FestValda, ambos do Rio.

gravações enviadas por bandas. Em termos de divulgação na mídia, o programa *Lado B*, da MTV, direcionado a bandas iniciantes, era bastante visado pelos grupos. Já as possibilidades de acesso às rádios AM e FM eram, de um modo geral, extremamente restritas. O ingresso das bandas em gravadoras *indie* se dava, frequentemente, através da participação em coletâneas (os chamados "paus de sebo").

O interesse das grandes gravadoras pelo segmento foi despertado já no início da década de 1990, com as *majors* criando ou se associando a selos voltados especificamente para a prospecção de novos artistas nesse cenário. O Banguela Records – que foi criado em 1994 através de uma associação entre Carlos Miranda, o grupos Titãs e a WEA – lançou as bandas brasilienses Raimundos, Little Quail e Mascavo Roots, além de Mundo Livre S/A (Recife) e Graforréia Xilarmônica (Porto Alegre). O selo Chaos, criado pela Sony em 1992, foi provavelmente a iniciativa mais bem-sucedida do setor, tendo lançado nomes como Skank (Belo Horizonte), Chico Science e Nação Zumbi (Recife) e Gabriel, o Pensador (Rio de Janeiro), entre outros. Também a BMG voltou-se para a cena em 1994 através da reativação de seu selo Plug, criado ainda nos anos 1980. Seu primeiro lançamento nessa nova fase foi a banda paulista Professor Antena.[79]

Apesar dessas iniciativas, as *majors* acabaram dividindo a responsabilidade pelo surgimento dos novos nomes do pop/rock dos anos 1990 com gravadoras independentes, a partir das quais foram lançadas bandas como Pato Fu (Cogumelo), contratada posteriormente

---

79 "Pop brasileiro está em ponto de bala". *Folha de S. Paulo*, 13/01/1994. A reportagem destaca o fato de que havia, naquele momento, uma tendência à segmentação, com as bandas não mais sendo lançadas, como acontecia nos anos 1980, em grandes campanhas de cobertura nacional, mas sim para públicos mais específicos. Vale acrescentar que, na década anterior, haviam sido lançadas pelo selo Plug bandas como Engenheiros do Hawaii, De Falla e Picassos Falsos ("'Alternativos' dos 80 erraram no timing". *Folha de S. Paulo*, 12/10/1993).

pela BMG;[80] Sepultura, que gravou pela Eldorado e pela Cogumelo; Rumbora e Sheik Tosado, que gravaram pela Trama etc.

Também vale ressaltar as razoáveis possibilidades de intercâmbio internacional que se abriram para algumas vertentes do rock alternativo, com bandas conseguindo gravar e realizar shows na Europa ou nos EUA sem passar, no Brasil, por qualquer grande gravadora. Esse foi o caso, por exemplo, das bandas Sepultura, de Belo Horizonte, e Ratos de Porão, de São Paulo. A primeira gravou pelas *indies* New Renaissance (EUA) e Roadrunner (Holanda) depois de lançar seus primeiros discos pela Cogumelo. Já o Ratos gravaram no Brasil pelos selos paulistanos Baratos Afins e Eldorado, depois pela Cogumelo, para então serem contratados Roadrunner.

Mas paralelamente à internacionalização, outra tendência do rock alternativo que se evidenciou ao longo da década foi a da crescente regionalização do cenário. Embora inicialmente a cena fosse movida principalmente por bandas que cantavam em inglês, inspirando-se fortemente na atitude e sonoridade de bandas inglesas e norte-americanas, não só o português acabou por se tornar a língua predominante como muitas bandas e artistas incorporaram influências musicais regionais como o maracatu, o baião, o samba etc. Este processo pode ser relacionado tanto à emergência ou fortalecimento de identidades locais como à viabilização de estruturas de produção e consumo que permitiam uma maior autonomização dessas vertentes da cena alternativa, tornando os seus artistas menos dependentes de contatos e vendas internacionais. Entendo que a cena "mangue beat", que será descrita mais adiante, exemplifica bem esse processo.

Os CTGs

Segundo Hermano Vianna, o primeiro dos Centros de Tradições Gaúchas foi fundado por Paixão Cortes e Barbosa Lessa

---

80 "Selos pequenos crescem à margem da mídia". *Folha de S. Paulo*, 15/07/1994.

em 1948. Apoiados na Carta do Movimento Tradicionalista Gaúcho (MTG), que buscava regulamentar a sua atividade, e nas ações da Confederação Brasileira de Tradições Gaúchas (CBTG), os CTGs já eram aproximadamente 2000 no final do século, estando 1500 deles concentrados no Rio Grande do Sul e os demais espalhados por estados como Roraima, Rondônia, Ceará, Bahia, Minas Gerais, São Paulo, Mato Grosso e Goiás.[81]

Um circuito exibidor tão vasto e específico suscitou o surgimento e possibilitou a sobrevivência de inúmeras bandas e gravadoras. A mais importante dentre essas últimas foi a ACIT, que, sediada no Rio Grande do Sul, possuía em 1999 escritórios nos estados de Santa Catarina, Paraná e Mato Grosso do Sul. Faziam então parte do seu elenco alguns dos mais importantes representantes da cena tradicional gaúcha, como Os Monarcas, Os Farrapos, Os Nativos, Os Tiranos, Minuano e Canto da Terra.

Além desses grupos mais tradicionais, bandas afinadas com as tendências predominantes do mercado também animaram a cena gaúcha dos anos 1990: era a chamada *Tchê Music*, que utilizava "sonoridade tradicionalista gaúcha misturada a elementos do rock, baladas e pagode".[82] O aparente crescimento do interesse por esse segmento levou a Abril Music a assumir, no final de 1999, a distribuição nacional da ACIT.[83]

O forró eletrônico de Fortaleza

Embora a tradição, a penetração nacional e os diferentes modos pelos quais o baião foi incorporado ou reinterpretado por diferentes artistas e segmentos musicais tornem difícil considerá-lo como um

---

81 "Geléia Geral Brasileira". *Folha de S. Paulo*, 20/06/1999.

82 "Tchê Music". *Folha de S. Paulo*, 30/12/1999.

83 A gravadora reunia em seu elenco alguns dos grupos mais importantes da *Tchê Music*, como Tchê Garotos, Tchê Guri e Tchê Barbaridade, entre outros (*Ididem*).

circuito autônomo, verificou-se, ao longo dos anos 1990, uma maior segmentação interna da cena, que justifica a aplicação do conceito a alguns casos específicos. Dentre eles, o do forró eletrônico de Fortaleza parece-me o mais emblemático.

Tratou-se, durante vários anos, de uma cena fortemente concentrada sob o controle de um único empresário, Emanuel Gurgel. Ele não só era proprietário da gravadora mais importante do cenário, a SomZoom, como também controlava os espaços de apresentação dos artistas (forródromos), boa parte do circuito de divulgação (fortemente baseado em rádios locais de sua propriedade) e as próprias bandas, sendo dono de várias delas, como Mastruz com Leite, Aquarius, Mel com Terra, Cavalo de Pau, Calango, Catuaba com Amendoim, Rabo de Saia e Balaio de Gato.[84] O esquema de produção implicava numa divisão radical do trabalho de produção: as bandas eram meras executoras de um repertório previamente definido por seus proprietários, que era composto e arranjado por profissionais especializados nessas atividades. Isso permitiu um controle quase absoluto sobre o trabalho das bandas, permitindo a contratação de seus integrantes como assalariados[85] e possibilitando a criação de clones das mais requisitadas quando a demanda de shows o exigia.

Frank Aguiar, que se tornou posteriormente um dos principais nomes da gravadora Abril Music, surgiu na SomZoom. Também nomes não ligados a Gurgel, mas que seguem de perto o padrão de atuação de suas bandas, chegaram às grandes gravadoras. Podem ser citados, entre eles, Magníficos, Limão com Mel, Forrocatu e Adonis Antonio, todos contratados pela Sony Music.[86] As grandes vendas

---

84 "O segredo de sucessos dos regionais". *Gazeta Mercantil*, 07/08/1998.
85 Segundo a revista *Veja*, "Gurgel fatura 15 milhões de dólares por ano, enquanto alguns de seus músicos recebem 60 reais por show" ("Som do Patrão". *Veja*, 28/10/1998).
86 "Artistas nacionais lideram venda de discos". *Gazeta Mercantil*, 07/08/1998.

de CDs da SomZoom motivaram, inclusive, o surgimento de uma fábrica de CDs em Fortaleza, a Nordeste Digital Line S/A, que prensava os discos com a marca CD+.

O *mangue beat*

Embora seja evidente sua vinculação à cena mais geral do rock alternativo, reservamos um tópico específico para o cenário de produção representado pela periferia do Recife, especialmente os bairros de Peixinhos e Alto José do Pinho, em função da grande repercussão alcançada por diversos de seus artistas. Além disso, a cena congrega um imenso leque de artistas e influências, como o punk, o heavy metal, o techno, o rap e o pop/rock, além de ritmos e tradições locais como o maracatu, o coco, o xote, o caboclinho e o cavalo marinho.[87]

Ainda que algumas das bandas já existissem desde os anos 1980, a projeção nacional do *mangue beat*[88] deu-se a partir de 1993 com o festival Abril Pro Rock que, criado por Paulo André Moraes Pires, acabou por se tornar o maior evento do gênero no país.[89] A grande cobertura obtida junto à imprensa, aliada ao apoio da MTV, fez com que grandes gravadoras se interessassem por artistas da cena (Teles, 2000: 287). Já naquele ano, a banda Chico Science e Nação Zumbi foi contratada pela Sony Music, através do seu selo Chaos. A Mundo Livre S/A assinaria pouco depois com a Banguela/Warner (Teles, 2000: 299).[90]

Muitas das bandas do cenário lançaram seus primeiros trabalhos de modo autônomo ou por selos locais. Esses foram os casos, respectivamente, de Mestre Ambrósio, posteriormente contratado pela

---

87 Para uma compreensão mais detalhada da cena, recomendo Teles (2000).

88 A expressão *mangue beat* seria uma criação conjunta de Chico Science e Fred 04, líder da Banda Mundo Livre S/A (Teles, 2000: 258).

89 O festival serviu de ponte para o mercado fonográfico a bandas como Devotos do Ódio, Querosene Jacaré, Eddie, Penelope Charmosa e Jorge Cabeleira, entre outras.

90 Os discos de estreia das duas bandas – respectivamente *Da Lama ao Caos* e *Samba Esquema Noise* – seriam incluídos entre os melhores de 1994.

Sony, e de Cascabulho, que gravava pelo selo Mangroove. Além deles, chegaram a grandes gravadoras nomes como Jorge Cabeleira e o Dia Em Que Seremos Todos Inúteis (Sony), Coração Tribal (Virgin/EMI), Devotos do Ódio e Faces do Subúrbio (ambos na BMG). Por gravadoras independentes de fora do circuito gravaram Sheik Tosado (Trama), Otto (Trama), Comadre Florzinha (CPC-Umes), Querosene Jacaré (Paradoxx) e Eddie (RoadRunner) (Teles, 2000: 320).

O *hip hop*

O termo *hip hop* agrega três formas de expressão artística: a música (*rap*), a dança de rua (*break*) e as artes visuais (grafites). Internacionalmente, a cena começou a se organizar em Nova York entre as décadas de 1960 e 1970. Mas foi a partir dos anos 1980, com a incorporação de recursos eletrônicos como as *drum machines* e os *samplers*, que o rap ganhou evidência através de nomes como Afrika Bambaata, Grandmaster Flash, Run-DMC e Public Enemy (Pimentel, 1997: 19).

O *hip hop* chegaria ao Brasil por essa mesma época através, principalmente, das "equipes de som" que, desde os anos 1970, já organizavam "bailes black onde se tocava soul e funk" (Pimentel, 1997: 21).[91] Em função desses bailes, seria a dança e não a música que acabaria sendo incorporada, num primeiro momento, por pessoas ligadas ao cenário mais amplo da música negra e do movimento Black Power. Os grupos de dançarinos de rua (b. boys) recebiam a denominação geral de "gangues" e Nelson Triunfo, com seu grupo Funk e Cia, um dos pioneiros nessa área, realizava performances em ruas e danceterias de São Paulo desde o início dos anos 1970. Mais tarde surgiriam

---

91 Zimbabwe, Black Power e Soul Grande Prix foram algumas dessas equipes e, tanto em relação à introdução do rap quanto do funk no país, merecem destaque, além delas, nomes como Ademir Lemos (criador dos *Bailes da Pesada*), Messiê Limá e o locutor de rádio Big Boy (Pimentel, 1997: 21).

outras gangues como Nação Zulu, Black Spin Break Dance, Street Warriors e Crazy Crew, entre outros (Pimentel, 1997: 21).

Já em relação ao rap nacional, as primeiras gravações aconteceram no final dos anos 1980 através de gravadoras independentes e das próprias equipes de som. Merecem destaque, nesse contexto, os discos *Ousadia do Rap*, talvez a primeira coletânea de artistas nacionais do segmento, da Kaskata's Records; *O Som das Ruas*, da Chic Show; *Situation Rap*, da Fat Records; *Consciência Black*, da Zimbabwe; e *Cultura de Rua*, da Eldorado. Na virada da década, surgiriam as primeiras posses, nome pelo qual são denominadas as organizações criadas com o objetivo de difundir a cultura *hip hop* e, ao mesmo tempo, organizar atividades políticas e comunitárias nas regiões em que atuam (Pimentel, 1997: 29).

É nessa sua versão mais politizada e crítica que o rap começou a obter repercussão no país, principalmente através de nomes como Gabriel, Thaíde e DJ Hum e, principalmente, Racionais MC's – o grupo de rap mais importante do país e um dos principais vencedores do VMB de 1999. Com exceção de Gabriel, que evidentemente não pode ser associado ao contexto social e étnico do *hip hop*, nenhum dos nomes de expressão do segmento ingressou em grandes gravadoras. Assim, mesmo os artistas de maior expressão acabaram atuando autonomamente ou sendo gravados por *indies*. A Atração Fonográfica, por exemplo, teve uma atuação destacada no setor reunindo, através de seu selo Só Rap, grupos como Visão de Rua, Comunidade Carcerária e 509-E. Além disso, surgiram selos especializados como os já citados JWS, Zimbabwe, RDS, Kaskata's e Discovery. É comum, ainda, que artistas e grupos criem selos quase que exclusivamente para o lançamento de seus próprios trabalhos, reforçando a sua postura de independência. Além de KL Jay, do Racionais, e Xis, do 509-E, que possuíam em sociedade o selo 4P, distribuído pela Trama,[92] também podem ser citados os casos dos selos Brava Gente, de Thaíde e DJ Hum (São Paulo), Só Balanço, de Gog (Brasília), Cosa Nostra Fonográfica, dos Racionais, e Big Posse, do Sampa Crew (São Paulo) (Pimentel, 1997: 48 e 49).

A divulgação do rap foi feita inicialmente através de rádios comunitárias e piratas. Em São Paulo, no início dos anos 2000, apenas três emissoras legais de FM – Transcontinental, Líder, e 105 – dedicavam-se com maior empenho ao segmento.[93] E seu acesso à TV vinculou-se, basicamente, ao programa *Yo! MTV Raps*, da MTV (Pimentel, 1997: 48 e 49). A distribuição dos discos era feita de forma independente ou por empresas de menor porte como a RDS.[94] Além disso, assumiu grande importância no circuito de divulgação e distribuição do rap de São Paulo a chamada Galeria do Rap, na Rua 24 de Maio, que reúne dezenas de lojas especializadas.

O funk carioca

Ao contrário do rap, com quem dividiu uma origem comum, o funk carioca continuou fortemente vinculado à dança. Por isso, pode-se afirmar que boa parte da música produzida dentro da cena foi muito mais direcionada ao consumo dentro dos bailes do que propriamente à reprodução radiofônica. Assim, as empresas de sonorização e promoção de bailes continuaram a ocupar uma posição de grande destaque dentro do cenário. Dentre elas, a mais importante foi a Furacão 2000 que, em 2001, realizava em média 20 bailes por final de semana no Rio.[95] Rômulo Costa relata que quando criou

---

92 "Todo mundo na fita". *Folha de S. Paulo*, 10/07/2001.
93 "Invadindo os espaços", Especial " Movimento Hip Hop". *Caros Amigos*, n. 3, 2000, p. 9.
94 A RDS dedicava-se quase exclusivamente ao rap e ao pagode distribuindo, entre outros, os selos Zâmbia e Sky Blue.
95 Na época, a empresa possuía estúdio próprio, jornal, dois programas de TV, um de rádio e um selo fonográfico pelo qual já havia lançado 26 trabalhos ("Funk

a empresa, no começo dos anos 1970, "época da Soul Music e do movimento Black Rio... as gravadoras davam suplementos de discos para que as músicas fossem executadas nos bailes. As músicas que se tocava eram todas estrangeiras".[96] Tal quadro não se alterou significativamente nos anos 1980 e foi só a partir da década seguinte que as produções nacionais – que se tornariam dominantes – começaram a se destacar. Curiosamente, um dos nomes pioneiros nesse contexto foi o de Fernanda Abreu, que em seu primeiro disco solo – *S.L.A Radical Dance Disco Club, de 1990* – explorou de forma bem-sucedida vertentes musicais como o soul, o funk e o hip hop.[97] Por essa mesma época, Jorge Benjor e Ed Motta produziam trabalhos mais próximos dessa linha. A projeção fonográfica de nomes diretamente vinculados ao segmento, porém, só ocorreria alguns anos mais tarde.

Os primeiros a chegarem a uma *major* foram Claudinho e Buchecha, contratados pela Universal em 1996. Segundo Paulo Rosa, presidente da empresa, até então "o nome mais próximo da tendência que habitava as paradas era Latino, da Sony, que não pertencia ao movimento".[98] Devido ao grande sucesso da dupla, que vendeu aproximadamente um milhão de cópias de cada um dos seus dois primeiros trabalhos, a Universal passou a apostar, em 1997, numa nova dupla, Márcio e Goró, que já possuía "três sucessos em rádios do Rio".[99] No ano seguinte, foi a vez da Virgin/EMI contratar Pepê e Neném.[100]

---

carioca desce o morro e invade SP". *Folha de S. Paulo*, 09/02/2001).

96 Depoimento de Rômulo Costa ("O pai dos Tigrões e Popozudas". *Revista do Nopem*, ano 3, n. 28, junho de 2001, p. 20).

97 "Fernanda Abreu, a mãe dos anos 90, chega a 2000". *Folha de S. Paulo*, 15/11/2000.

98 "Artistas nacionais lideram venda de discos". *Gazeta Mercantil*, 07/08/1998. O CD da dupla alcançou o 3º posto na listagem de mais vendidos do Nopem de 1997.

99 "Funk carioca conquista o Brasil". *Folha de S. Paulo*, 25/07/1997.

100 *Ibidem*.

Mas todas essas duplas estavam ligadas ao *funk melody*, de ritmo mais lento e com temática predominantemente romântica. A grande explosão do funk carioca viria a ocorrer mesmo através do "batidão" (ou "pancadão", ou "Miami Bass"), o ritmo mais tocado nos bailes. O *boom* ocorreria à época do carnaval de 2001 e o maior sucesso naquele momento seria obtido pelo grupo Bonde do Tigrão, da Sony Music. Na sua esteira, a Abril Music contrataria os SD Boys (intérpretes do *hit* "Tá Dominado") e a dupla Benné e Hannah Lima.[101] Ainda naquele ano, também a BMG passaria a demonstrar interesse pelo cenário através da contratação da dupla Naldo e Lula.[102]

Assim, ao menos em 2001, o funk não apenas desceu os morros, invadindo a Zona Sul do Rio, como chegou a São Paulo – onde a Furacão 2000 realizou, em fevereiro de 2001, o primeiro baile do gênero.[103] Além disso, alguns de seus nomes acabaram por se tornar presença constante nas TVs.

De qualquer modo, o *funk melody* de Claudinho e Buchecha ou o "batidão" do Bonde do Tigrão não resumiam toda a cena, merecendo destaque também o "Proibidão" que, segundo MC Catraca, um de seus incentivadores, "trata da realidade da favela e do descaso da sociedade. Passou a ser 'proibidão' porque não é interessante que se toque nesses temas. (...) O papel do *funk* é conscientizar e informar porque vem da favela, que é o lugar que mais precisa de consciência social".[104]

Ampliando esse cenário, diversas bandas cariocas, influenciadas em alguma medida pela cena funk, alcançaram destaque no período. Esse foi o caso de Ivo Meirelles e Funk'n Lata (Paradoxx),

---

101 "Fenômeno do funk carioca está em gestação desde o ano passado". *Folha de S. Paulo*, 27/02/2001.

102 "*Funk prá melhorar de vida*". *Revista do Nopem*, ano 3, n. 28, junho de 2001.

103 "Funk carioca desce o morro e invade SP". *Folha de S. Paulo*, 09/02/2001.

104 "Funk com Cérebro". *Folha de S. Paulo*, 26/02/2001.

Funk Como Le Gusta (ST2), Pedro Luís e a Parede (Warner), Farofa Carioca (Polygram) e, principalmente, O Rappa (Warner), certamente a banda nacional mais significativa da década de 1990. Dentre as *indies* ligadas ao segmento, seria preciso mencionar a Afegan, de DJ Marlboro, que em 1998 centrava suas estratégias de divulgação quase que exclusivamente nos aproximadamente 500 bailes funk cariocas que, "de sexta-feira a domingo, recebem mais de duas mil pessoas cada um".[105] Os discos eram distribuídos aos DJs. Rádios comunitárias e piratas eram as primeiras a executar as músicas do selo que, ocasionalmente, podiam também entrar na programação de rádios comerciais. Marlboro, que já chegou a contar com perto de 30 artistas no elenco de sua gravadora, possuía também uma revista e uma editora musical.[106]

A cena baiana

Não se pode falar em uma, mas numa multiplicidade de cenas baianas, que se alicerçam no grande número de casas noturnas e bares da capital, no vigor e riqueza da cultura local e na grande projeção, organização e originalidade de seu carnaval de rua. Em relação a esse último aspecto, merece especial atenção a criação, por Dodô e Osmar, em 1950, daquele que denominariam no ano seguinte como "Trio Elétrico" – o veículo que se tornaria uma das bases da popularização do carnaval de rua da cidade (Góes, 1982: 36). Sofrendo gradual esvaziamento ao longo da década seguinte, os trios voltariam com força a partir dos anos 1970, na esteira do sucesso da canção "Atrás do Trio Elétrico", de Caetano Veloso (1969), e sob a influência do cantor e compositor Moraes Moreira, um dos primeiros a cantar

---

105 A Afegan chegou a ser distribuída pela Eldorado ("O segredo de sucessos dos regionais". *Gazeta Mercantil*, 07/08/1998).

106 Marlboro foi responsável também pelo lançamento de Latino dentro do segmento ("Funk carioca conquista o Brasil". *Folha de S. Paulo*, 25/07/1997).

num Trio Elétrico (onde normalmente era executada música instrumental). Outra das bases do carnaval baiano – o bloco de afoxé – teria seu primeiro momento de organização ainda no ano de 1949, através da criação do Filhos de Gandhi (Risério, 1981: 52). Mas a tradição dos blocos se consolidaria, num processo que foi entendido por Antônio Risério como de "reafricanização" da Bahia, a partir da criação, em 1974, do bloco Ilê Ayê – resultado da articulação, em Salvador, de um movimento negro moldado pelas mesmas influências musicais e políticas envolvidas no surgimento do rap e da cena funk carioca.[107] O bloco "acabou provocando o surgimento de um extenso elenco de organizações afro-carnavalescas, especialmente depois do renascimento do Afoxé Filhos de Gandhi e do Afoxé Badauê" (Risério, 1981: 119),[108] sendo a mais importante dentre elas o Olodum, fundado em 1979.

A musicalidade dos blocos começou a ser difundida nacionalmente a partir do sucesso obtido, em 1987, pelas canções "Madagascar Olodum" e "Faraó, Divindade do Egito", ambas do Olodum mas gravadas pela Banda Mel em seu LP *Força Interior*, da gravadora Continental.[109] Por essa mesma época, a cena baiana surgia como uma fonte quase inesgotável de novas danças e ritmos carnavalescos como o samba reggae, do próprio Olodum, ou o fricote e o deboche, criados por Luiz Caldas. Nesse início, as *majors* internacionais

---

107 Em depoimento concedido a Antonio Risério, Vovô, um de seus criadores, declara que "tava na época daquele negócio de poder negro, black power, então a gente pensou em fazer um bloco só de negros, com motivos africanos". Macalé, outro dos fundadores, completa que "as idéias surgiram na época do soul, do Black Rio, daquelas coisas do black power. Tinham até matado um líder negro (...). Foi também quando as coisas começaram a acontecer na África" (Risério, 1981: 38).

108 O Filhos de Gandhi praticamente desapareceu ao longo dos anos 1950 e 1960, ressurgindo na segunda metade da década seguinte em grande parte graças ao apoio de Gilberto Gil (Risério, 1981: 53).

109 O Olodum viria a obter projeção internacional através de sua participação nos trabalhos de Paul Simon (1991) e Michael Jackson (1996).

estiveram praticamente ausentes do cenário. Luiz Caldas gravava por um selo independente, o Nova República, e Daniela Mercury alcançaria seus primeiros êxitos através da Eldorado. A única gravadora de maior porte a investir naquele momento em artistas do segmento foi a Continental, responsável pelos primeiros sucessos do Olodum e das bandas Mel e Reflexu's.[110]

De qualquer forma, ao longo da década de 1990, muitos dos grupos baianos seriam contratados e iriam se tornar parte do *mainstream* das grandes gravadoras: Ara ketu e Daniela Mercury atuaram pela Sony; Banda Eva, Ivete Sangalo, Timbalada (criada por Carlinhos Brown), Netinho, Banda Beijo e É o Tchan, pela Universal; Asa de Águia e Chiclete com Banana, pela BMG; e o Olodum passou a integrar o elenco da Warner quando esta adquiriu a Continental.

A música católica

O passo inicial para o desenvolvimento da música católica no país foi dado em 1960, em Curitiba, com a fundação da gravadora Paulinas-Comep. Ela surgiu da necessidade de fortalecer a programação musical das emissoras de rádio ligadas à ordem. Padre Zezinho, vinculado à gravadora desde praticamente o seu início, é o seu principal nome, tendo vendido aproximadamente oito milhões de cópias dos quase 70 discos que gravou até 2000.[111] Além dele, atuavam naquele ano pela Paulinas-Comep os padres Joãozinho,

---

110 Segundo Ayeska Paulafreitas, a Continental acabou por se aproveitar de trabalhos gravados pelo estúdio publicitário WR, de Wesley Rangel (Paulafreitas, 2010).

111 A Ordem das Irmãs Paulinas estava presente no país desde 1931 atuando também através de uma editora, uma produtora de TV e uma rede de livrarias espalhada por diversas capitais. Ela foi criada na Itália, em 1915, pelo Padre Tiago Alberione, com o objetivo de incorporar o uso das tecnologias de comunicação ao projeto evangelizador da igreja. As informações sobre a gravadora Paulinas e seus artistas foram fornecidas pelo departamento de marketing da empresa.

Fábio de Melo e João Carlos Ribeiro Alencastro, além da Banda Bom Pastor e do coral Agnus Dei, entre outros. As atividades da gravadora no Brasil acabaram beneficiadas pelo grande impulso à renovação da liturgia católica possibilitado pelo Concílio Vaticano II (1962). A partir daí, surgiram diversas experiências no Brasil com o sentido de incorporar à liturgia católica ritmos e sonoridades regionais. Laan Mendes de Barros aponta que, nos anos 1970 e 1980, as Comunidades Eclesiais de Base (CEBs) não só passaram a ter uma significativa importância dentro dessa produção, como também determinaram o seu maior engajamento político, levando ao surgimento de "sambas, xotes, marchas rancho e guarânias que falam de justiça, união e esperança num Deus libertador" (Barros, 1984: 49).[112] E esse engajamento certamente marcou a atuação da gravadora Paulinas durante boa parte de sua existência.

No entanto, também o movimento da Renovação Carismática, de perfil mais conservador, desenvolveu sua tradição musical dentro da Igreja Católica. Eraldo Mattos, músico e diretor-presidente da Codimuc (Cooperativa de Distribuição da Música Católica), a mais importante gravadora desse segmento no final da década de 1990, lembra que quando ingressou na Renovação, em 1974, só se cantava

> música country adaptada para o português (...). Lá pelo final dos anos 70, o movimento invade os meios de comunicação e começam os primeiros programas de rádio, em emissoras de TV (...). Em 1985, têm início os shows católicos e, em 1989, acontece o primeiro grande evento católico de música – o Hallel.[113]

---

112 O autor ressalta ainda o papel da Paulinas-Comep na gravação de muitas das produções relacionadas a essa tendência.

113 "Codimuc, uma cooperativa onde música e fé são inseparáveis". *Revista Áudio, Música & Tecnologia*, n. 107, agosto de 2000. O Hallel é um festival de música católica que surgiu em Franca, interior de São Paulo, em 1988. Posteriormente, passou a ser organizado em diferentes cidades, com planos de chegar também a

Em 1990, diante da necessidade da melhoria técnica das produções para a ocupação desses novos espaços, a Codimuc cria seu estúdio e grava seus primeiros trabalhos. Em 1996, com o crescimento do mercado, ela cria a sua distribuidora, que passa a atender também a artistas autônomos e, posteriormente, a sua editora musical. Em 1999, a gravadora contava em seu elenco com grupos como o Flanders, que tocava punk rock com letras satíricas; o Nova Face, de louvor tradicional e adoração; o Expressão HG, que mescla jazz e fusion; além do Anjos de Resgate, que apresenta um trabalho mais ligado ao pop.[114] Naquele momento, o aumento do nível de profissionalização da cena levou ao surgimento do movimento "Cantores da Fé", que, formado pelos padres Zezinho, Zeca e Ricardo Sá, além do próprio Eraldo, buscava "discutir os principais temas ligados à música católica" e, também, romper o que eles consideravam um bloqueio da mídia aos artistas do segmento que não fossem padres.[115]

Sem entrar no mérito dessa última afirmação, o que se pode constatar é que, desde o final dos anos 1990, os padres cantores passaram a ter uma extraordinária projeção na mídia, principalmente a partir do enorme sucesso obtido pelo Padre Marcelo Rossi. Seu primeiro disco foi lançado em 1997 pela gravadora Velas. No ano seguinte, o Padre assinou contrato com a Universal Music relançando o mesmo trabalho (*Músicas Para Louvar o Senhor*) e alcançando um sucesso avassalador: o disco liderou as estatísticas de vendas entre 1998 e 1999, superando a marca das três milhões de cópias.[116] Na tentativa de repetir o sucesso da Universal, outras gravadoras acabaram contratando padres cantores. Esses foram os casos da EMI, com o

---

    outros países como EUA, Chile e Peru (Disponível em: <http://www.hallel.org.br/historico1.html>. Acesso em: 22/12/2000).

114 *Ibidem*.

115 *Ibidem*.

116 O que provavelmente o torna o disco mais vendido da história da indústria fonográfica brasileira.

Padre Zeca; da Sony, com o Padre Antonio Maria; e da MZA, com o Padre Fábio de Melo.[117] Em 2000, a Igreja Católica contava com os serviços de quatro emissoras de televisão: Canção Nova, Canal 21, Rede Vida e TV Aparecida, fundada naquele ano. Além disso, possuía diversas emissoras de rádio em AM e FM.

A música evangélica

O segmento musical evangélico, de longe o mais numeroso e organizado de todos os circuitos autônomos, praticamente reproduz a estrutura geral da indústria, contando com suas próprias *majors, indies* e artistas autônomos. Laan Mendes de Barros assinala que músicas de fácil assimilação – conhecidas como hinos, cânticos ou corinhos – foram a base inicial da produção musical evangélica no país, sendo estrangeira a maioria das composições presentes nos discos mais tradicionais e nos hinários utilizados nos cultos (Barros, 1984: 48). Em termos fonográficos, o cenário obteve relevância, ainda nos anos 1950, a partir do crescimento das denominações pentecostais e, na década seguinte, aproximou-se do gosto popular incorporando elementos da música sertaneja e do popular romântico. Nessa fase, começaram a surgir os primeiros grandes ídolos do segmento como Luís de Carvalho, Washington Alves e Feliciano Amaral, sendo que o primeiro alega ter sido o introdutor do violão elétrico e do coro feminino no meio musical evangélico.[118]

Mais bem adaptados às demandas do mercado, os artistas evangélicos foram alvo, desde o início, da atenção de gravadoras seculares. Na década de 1960, Luís de Carvalho foi contratado pela CBS que, naquele mesmo ano, lançou também Josué Lira, enquanto a Copacabana criava seu próprio selo evangélico. A Ariola chegou a ter, no seu curto período de atuação no país, um elenco evangélico

---

117 "Música Popular de Batina". *Shopping Music*, junho de 1999.

118 "Um mercado generoso. E concorrido". *Shopping News*, 01/04/1984.

significativo, com nomes como Nilson do Amaral Fanini e Ozéias de Paula. Nos anos 1980, também a Continental começou a atuar mais decididamente no segmento criando um selo especializado.[119]

Além disso, os evangélicos passaram a conquistar espaços cada vez maiores nos veículos de comunicação do país. Nilson Fanini, à época de sua contratação pela Ariola, afirmava ter seu programa, *Reencontro*, transmitido por 110 emissoras de TV e 200 emissoras de rádio em todo o país. Além disso, acabara de se tornar concessionário da antiga TV Rio (canal 13). Juntava-se, nesse campo, a Matheus Iensen, proprietário da Rádio Marumby e da gravadora Estrela da Manhã, de Florianópolis, que transmitia mensagens e canções religiosas para toda a América do Sul. Além disso, o público evangélico garantia grande audiência a rádios AM como a Cacique, de São Caetano do Sul, e a Tupi, de São Paulo, que transmitiam programação religiosa.[120] Em relação às rádios FM, a Imprensa Gospel FM, que reorientou sua programação para o segmento em 1990 foi, segundo a *Revista Hit*, "a primeira emissora de São Paulo a dedicar-se exclusivamente ao gênero".[121]

Quanto à produção fonográfica, reportagem do jornal *Shopping News* estimava existirem, no início dos anos 1980, mais de 40 gravadoras voltadas exclusivamente para o segmento no país, destacando-se entre elas a Bom Pastor, criada no início dos anos 1970 e atuante também no ramo editorial.

Como todos os outros setores da produção fonográfica nacional, o segmento evangélico experimentou um enorme crescimento e diversificação nos anos 1990. Em relação à música produzida, surgiram

---

119 "A fé no gogó move montanhas. De discos!". *Shopping News*, 01/04/1984 e "Segmento Gospel faz Milagres". *Revista Hit*, n. 3, fevereiro de 1992, p. 14.

120 No caso da Tupi, era o programa *A Voz do Brasil Para Cristo*, da Igreja Evangélica Pentecostal O Brasil Para Cristo ("A fé no gogó move montanhas. De discos!. *Shopping News*, 01/04/1984).

121 "Segmento Gospel faz Milagres". *Revista Hit*, n. 3, fevereiro de 1992, p. 14.

bandas e artistas vinculados a praticamente todos os segmentos musicais: pagode (grupo Canta Pra God), MPB (Edson e Tito Lobo), pop/rock (Rebanhão, Livre Arbítrio, Oficina G3 e Katsbarnéa, entre muitas outras), rap (DJ Alpiste), sertanejo (Irmãos Levitas), forró (Raissa e Ravel) etc. Mas são as músicas lentas, com forte influência da canção romântica norte-americana, que obtém maior predominância no segmento, determinando a grande vendagem de nomes como Aline Barros, Cristina Mel e Cassiane, entre outros.

Essa grande diversificação musical certamente deve muito ao surgimento de um expressivo número de artistas autônomos e selos independentes vinculados ao segmento, já que é bastante frequente que artistas e bandas, motivados por seus pastores e pela congregação, acabem assumindo as produções autônomas de seus trabalhos, visando um circuito de exibição e consumo formado pelos próprios templos. Pelo menos até o final dos anos 1990, as apresentações dos artistas, mesmo dos de maior renome eram, via de regra, realizadas nos templos sem a cobrança de cachê. A remuneração era feita de forma indireta através da aquisição, por parte do templo que iria recebê-lo, de uma determinada quantidade de discos do artista, que eram posteriormente revendidos aos membros da congregação. Além disso, o templo se encarregava dos gastos com viagem e estadia dos artistas.[122]

Ao menos na década de 1990, era possível constatar a existência de um vínculo entre as principais denominações evangélicas do país e algumas das mais importantes gravadoras do segmento. Por isso, sua tendência era a de atuar nos moldes das *majors* tradicionais, já que integravam redes de comunicação formadas por editoras, emissoras de rádio e TV e, em vários casos, pontos de venda (localizados, às vezes, dentro dos próprios templos). A Line Records, por exemplo, surgida em 1990, era vinculada à Igreja Universal do Reino

---

[122] Conforme informações prestadas sobre a cena pelo músico e produtor Luciano Trinquinato em 13/05/1999.

de Deus, de Edir Macedo. Contava, portanto, não só com o apoio das inúmeras rádios ligadas à igreja, como também da TV Record. Entre os seus contratados, no final dos anos 1990, destacavam-se alguns dos grandes vendedores de discos do segmento, como o bispo Marcelo Crivella, Cristina Mel e Melissa, entre outros.

Já a Gospel Records, criada também em 1990 por Antonio Carlos Abbud e Estevam Hernandes Filho, era ligada à Igreja Renascer, que chegou a contar com um grande espaço para apresentações musicais em São Paulo, a Fundação Renascer.[123] O grupo era então composto por empresas como a Publicações Gamaliel, a Rádio Manchete Gospel (com 6 emissoras e 14 afiliadas), a Rede Gospel de TV e a revista *CCM Brasil Magazine* – versão nacional da *CCM USA*, uma das maiores revistas de música gospel do mundo. Além disso, a empresa afirmava contar, no final da década, com 2000 pontos de vendas no país, além dos seus 50 Points Gospel.[124]

A MK Publicitá, surgida na mesma época que a Line e a Gospel, pertencia ao Grupo Arolde de Oliveira, que incluía a Rádio 93 FM, um estúdio, uma empresa de eventos e uma editora, além de um escritório em Los Angeles para a promoção e distribuição de seus produtos no mercado norte-americano. Contando ainda com um programa de TV e uma revista própria, a *Enfoque Gospel*, o grupo chegou a criar um grande portal na internet, o ELNet, para a oferta de produtos, serviços e a apresentação e discussão de temas religiosos.[125] Destacaram-se, entre os contratados da gravadora, nomes como Marina de Oliveira, Cassiane e Kléber Lucas.

---

123 Outro grande espaço de apresentações para bandas evangélicas era oferecido, por essa mesma época, pela danceteria Dama Xoc, que reunia semanalmente um público "nunca inferior a 1.500 pessoas" em suas Terças-Gospel ("Gospel, o pop em feitio de oração". *Jornal da Tarde*, 18/12/1990).

124 Conforme informações fornecidas por Regina Nicola, diretora de marketing da gravadora, em 08/02/2000.

125 "Conexão Gospel". *Revista do Nopem*, ano 3, n. 31, setembro de 2001.

Mas ao lado desses grandes grupos, surgiram também empresas vinculadas, ao menos quando de sua criação, ao trabalho de um único artista. Esse foi o caso, por exemplo, da AB Records, criada para gravar os trabalhos de Aline Barros;[126] da Shalom Produções, do Grupo Shalom; da Vencedores por Cristo, do grupo de mesmo nome, e da Diante do Trono, da Igreja Batista da Lagoinha, entre outras.

Em relação à divulgação de seus trabalhos, artistas autônomos e selos de menor projeção podiam contar, ainda, com as possibilidades oferecidas por rádios piratas e comunitárias. Já como espaços de distribuição para produções de todos os níveis, destacavam-se as lojas especializadas na venda de artigos religiosos.

Apesar do incontestável crescimento e organização do mercado musical evangélico, ainda pareciam consideráveis, no final dos anos 1990, as dificuldades existentes para a sua penetração na mídia e no mercado secular. Assim, embora Jorge Costa, representante de marketing da Line Records, expressasse em 1999 satisfação pelo aumento do interesse de redes como Carrefour e Lojas Americanas por CDs evangélicos, Laudeli Leão, relações públicas da MK Publicitá, lembrava que o rótulo "música evangélica" só existia no Brasil, e funcionava como um fator limitador para a expansão do gênero – situação bem diversa da que ocorria no mercado norte-americano onde, segundo ele, essa diferenciação não era feita. Posição semelhante era a de Marcelo Machado, da Bom Pastor, que afirmava conseguir colocar apenas os seus artistas internacionais nas rádios seculares, já que os nacionais eram barrados "em função das letras".[127]

***

---

126 Aline acabou por se tornar um dos nomes mais importantes do segmento. Posteriormente, a gravadora acabou ampliando seu elenco.

127 "A fé move montanhas... de discos". *Backstage*, ano 6, n. 59, outubro de 1999.

Os circuitos aqui citados constituíram-se como alguns dos principais espaços para a formação de artistas e para a inovação e regionalização da produção musical ocorrida no país ao longo dos anos 1990. E deles saíram, como vimos, vários dos nomes que acabaram chegando às *majors* e à grande mídia ao longo daquela década.

Desse modo, parece-me que esse extenso e complexo cenário de selos e circuitos, aliado às estratégias de ação das grandes empresas, apontam para a constatação de que, nos anos 1990, ser independente tornou-se praticamente o único modo de obter alguma possibilidade de atenção por parte das *majors* e, portanto, de acesso ao grande mercado.

Por isso, entender essa rede "invisível" de produção e difusão musical passou a se constituir em condição essencial para a compreensão da dinâmica da indústria. Desconhecê-la pode nos induzir a acreditar que os novos artistas que, durante boa parte dos anos 1990, surgiram repentinamente nas emissoras de rádio e TV, resultavam da única e exclusivamente da criatividade dos departamentos de marketing das gravadoras. Por outro lado, também não seria correta a avaliação de que, ao controlar praticamente toda a música que chegava até nós através das grandes redes de mídia, as *majors* estivessem efetivamente representando a real diversidade cultural e artística do país. Embora as gravadoras tenham explorado diversos segmentos e promovido artistas inseridos em cenas de grande relevância sociocultural para as comunidades ou grupos de interesse que as constituíram, certamente o fizeram, em grande medida, a partir de seu foco na massificação do consumo. Isso implicou, necessariamente, na descontextualização de produções, na eliminação de seus aspectos menos palatáveis para o consumidor médio e, em algum nível, de seu potencial crítico – o que evidentemente levou a um esforço de adaptação por parte de alguns dos artistas que se dispuseram a se colocar sob os cuidados dessas empresas.

Por outro lado, seria importante compreender também que a própria autonomia desses circuitos surgia como um sinal da incorporação, por parte dos artistas neles inseridos, da lógica produtiva, dos *patterns* de atuação e dos polos de legitimação estabelecidos pelas *majors*. E entendo que foi essa adequação, muito mais do que a posicionamento individual de artistas, que permitiu a sua rápida incorporação ao grande mercado.

Segmentação, padronização e concentração econômica

Se os anos 1980 já haviam sido caracterizados por uma segmentação do consumo musical significativamente maior do que a verificada em períodos anteriores, o grande crescimento da cena independente acima descrito possibilitou uma acentuação desse processo nos anos 1990. Recorro novamente às tabelas de vendas por segmento elaboradas para esse trabalho a partir das listagens do Nopem.

Segmentos mais presentes entre os 50 discos mais vendidos anualmente no eixo Rio-São Paulo, 1990-1999

Fonte: Nopem

Ano	Inter.	Romântico	MPB	Samba Pagode	Rock	Infantil	Sertaneja	Rap/funk	Axé	Total
1990	13	5	4	9	4	3	4	1	1	44
1991	26	5	5	5	1	4	3	0	0	49
1992	21	5	6	5	3	2	4	1	1	48
1993	16	4	8	10	3	0	3	2	4	50
1994	15	4	6	9	2	2	2	5	3	48
1995	15	3	3	11	7	3	3	3	0	48
1996	6	4	3	16	5	3	5	1	2	45
1997	9	3	3	16	5	2	4	3	4	49
1998	12	3	0	14	6	1	3	4	2	45
1999	13	5	4	13	2	0	3	2	2	44

É possível observar que, além da renovação do interesse comercial pelo samba que o ressurgimento do pagode suscitou, tornando-o, seguramente, o segmento musical mais importante da década, teremos como novidades nesse cenário a consolidação do sertanejo e a entrada no *mainstream* musical de grupos e artistas vindos de circuitos autônomos como os da axé music, do rap e do funk. A regionalização da produção é um aspecto que se evidencia não só nesses casos, mas em todo o cenário, assim como a maior diversidade étnica e estratificação socioeconômica dos artistas. O exemplo do pop/rock é o mais evidente. Se a cena dos anos 1980 foi, como vimos, dominada por artistas oriundos de grandes centros urbanos, predominantemente brancos, de classe média, e em muitos casos ligados aos meios de comunicação, universidades ou a vanguardas estéticas, a década de 1990 assistiu à entrada no cenário de um numeroso grupo de novos artistas formado por nomes como Raimundos, O Rappa, Cidade Negra, Charlie Brown Jr. e Planet Hemp!, entre outros, além dos diversos representantes do *mangue beat*. Todos apresentando produções onde as questões identitárias (étnicas, regionais, sociais, comportamentais etc.) ficavam bastante evidenciadas. Além disso, e mesmo que por breves períodos, variadas cenas regionais acabaram merecendo a atenção das gravadoras, como foi o caso daquela ligada à Festa do Boi de Parintins (AM), de onde, entre 1995 e 1997, surgiram os nomes dos puxadores de toada Arlindo Jr, David Assayag e Tony Medeiros, além do Regional Vermelho e Branco e da Banda Carrapicho.

Outro fator a ser considerado é o do crescimento da importância do repertório doméstico no total das vendas. Pelos números do Nopem, a média de lançamentos internacionais nas listagens anuais da década foi de 14,6, contra 15,6 na década de 1980 e 21,7 na de 1970. Os dados do IFPI para o país, disponíveis apenas a partir de 1991, confirmam essa tendência, que se torna ainda mais significativa quando comparada com a verificada em outros mercados latino-americanos:

Participação percentual do repertório doméstico no mercado dos principais países latino-americanos, 1991-1999

Fonte: IFPI, 2000

País	1991	1992	1993	1994	1995	1996	1997	1998	1999
Argentina	34	36	39	43	43	52	42	40	45
Brasil	61	58	58	58	63	66	71	73	73
Chile	-	20	30	19	22	18	13	15	16
Colômbia	48	-	-	40	40	50	50	-	28
México	55	-	65	65	63	54	54	57	49

Porém, embora esses dados evidenciem tanto o crescimento da importância da música nacional[128] quanto dos selos independentes e das cenas regionais, é preciso atentar para um aspecto também presente nesse cenário – o da dramática concentração econômica das empresas. Se, como vimos, o número de empresas presentes nas listagens do Nopem havia se reduzido das 47, registradas no período entre 1965 e 1979, para 16 ao longo de toda a década de 1980, nos anos 1990 teremos apenas 14 empresas – 5 internacionais e 9 nacionais – atuando no mercado. No entanto, se levarmos em conta as aquisições de Continental e Copacabana, ocorridas no período, o número de gravadoras nacionais do setor cai para sete. E dessas, uma recebeu duas citações, cinco receberam apenas uma[129] e só a Som Livre teve atuação destacada. Assim, é forçoso considerar que, em termos práticos, durante os anos 1990 tivemos o grande crescimento do mercado, bem como sua maior segmentação, regionalização

---

128 Em 1998, por exemplo, a Polygram informava que crescera a participação do repertório brasileiro entre os discos com vendas superiores a um milhão de cópias lançados mundialmente pela empresa. Do total de 38 discos que haviam atingido essa marca em 1997, quatro eram nacionais: É o Tchan (2 milhões de cópias), Banda Eva (1,5 milhões), Netinho (1,2 milhões) e Chitãozinho e Xororó (1 milhão) ("Música brasileira bate recorde de vendas na Polygram". *Gazeta Mercantil*, 02/04/1998).

129 A gravadora Tropical, que recebeu duas citações, foi mencionada apenas em 1990 e 1991. Spotlight, Paradoxx, Polydisc, TPM e Abril Music foram as empresas citadas uma única vez.

e a valorização do repertório doméstico, ocorrendo sob o controle de apenas seis empresas: a brasileira Som Livre e as transnacionais Sony, Warner, BMG, Universal e EMI.

Além disso, e apesar da segmentação e da regionalização acima mencionadas, é possível constatar a forte padronização interna dos principais segmentos, especialmente a partir de estratégias de atuação comuns a diversos deles. No forró de Fortaleza, no funk carioca, na axé music e no pagode baiano, por exemplo, estabeleceu-se o padrão de coreografias provocantes realizadas por dançarinas em roupas sumárias. Coreografias simples, normalmente reprodutíveis pelo público, foram a marca dos grupos de pagode, das bandas adolescentes e das apresentações do Padre Marcelo e assemelhados. Em relação à temática, Manoel Camero, então presidente da ABPD, ao falar em 1998 sobre a música sertaneja, o axé e o funk – alguns dos principais segmentos do mercado naquele momento –, afirmava que "tudo está se modificando para o romântico".[130] E poderíamos incluir nesta lista também as bandas adolescentes, os grupos de forró e os de pagode. Desse modo, o acesso ao grande mercado nos anos 1990 parece ter passado, via de regra, pela adequação das produções ao que pode ser descrito como uma "padronização na segmentação", fortemente baseada nos modos de atuação privilegiados pela ação das *majors*.

Para discutir esse conceito seria necessário recorrer mais uma vez a Renato Ortiz e sublinhar a distinção que ele busca estabelecer entre *pattern* e *standard*. Retomando a tradição antropológica, Ortiz relembra que o conceito de *pattern* refere-se a "normas estruturantes das relações sociais", ao modelo comum que norteia (mas não indiferencia) os comportamentos individuais (1994: 32). Já *standard* teria o significado de homogeneização dos costumes, sendo "apenas na discussão das sociedades modernas que *pattern* se identifica com *standard*" (Ortiz, 1994: 32). Assim,

---

130 "Artistas nacionais lideram vendas de discos". *Gazeta Mercantil*, 07/08/1998.

os *patterns* aqui exemplificados devem ser entendidos como referenciais que se incorporam transversalmente às produções dos diferentes segmentos e acabam por aproximá-los, numa orientação comum para o consumo de um mercado ampliado. Eles não são, entretanto, os únicos *patterns* disponíveis. Mesmo segmentos musicais já em grande medida desterritorializados, nacionais ou internacionais, como o funk, o rock, o rap, o baião, o samba, o sertanejo, a bossa nova etc., podem ser entendidos como *patterns* passíveis de incorporação pelos artistas. Do mesmo modo, também posicionamentos pessoais como a recusa às demandas do mercado ampliado ou a qualquer vinculação com *majors* podem ser definidos a partir de padrões já consolidados no campo.

Mas poderíamos nos perguntar se, no limite, a distinção entre *pattern* e *standard* é realmente significativa. A rigidez e abrangência dos padrões, aliadas à concentração das empresas e dos canais de difusão não levariam, na prática, a uma situação de uniformização da produção? Uma audição das músicas mais tocadas nas rádios nem sempre torna simples a tarefa de refutar essa argumentação. Mas o que eu gostaria de ressaltar é o outro elemento da formulação, ou seja, o de ser uma padronização *na segmentação*.

Em primeiro lugar, ele leva em consideração a possibilidade de que diferentes segmentos possam ter diferentes níveis de padronização, o que permite a historicização de sua constituição. Busquei oferecer elementos para tanto ao longo dessa pesquisa. Resumidamente, eu diria que enquanto a MPB carrega elementos narrativos anteriores ou relativamente estranhos ao seu processo de industrialização, além de abarcar um amplo leque de produções não redutíveis a fórmulas definidoras, segmentos posteriormente incorporados pela grande indústria, como o sertanejo, o pagode, a música infantil, o axé music, entre outros, acabaram por ser fortemente modelados a partir da lógica produtiva da indústria, com alto nível de padronização dos seus elementos constitutivos. Isso permite, inclusive, sua fácil assimilação e operacionalização por profissionais sem maiores vínculos com esses segmentos.

Mas, ao mesmo tempo, o processo empresta ao termo "segmentação" sentidos que, normalmente, não lhe são associados, como os de padronização, controle, previsibilidade. Imprime, portanto, um sentido mais crítico à ideia de segmentação que, ao nível do senso comum, pode ser entendida como um sinônimo de democratização da produção e do consumo cultural.

A crise do final da década

Na segunda metade da década de 1990, a indústria parecia viver um momento de grande acomodação, baseando sua atuação tanto na exploração de poucos artistas e segmentos de grande apelo popular quanto em uma agressiva política de compilações e relançamentos.[131] Além disso, muitos artistas optaram por investir na reciclagem de seus antigos sucessos através de novos arranjos e shows ao vivo Dentre os muitos exemplos desse processo, merece especial atenção a série "Acústico", da MTV, onde se apresentaram nomes como Gilberto Gil, Rita Lee, Capital Inicial, Gal Costa, Titãs e Paralamas do Sucesso, entre outros.[132] Além disso, a exploração de catálogos e a capitalização do interesse por obras e autores já consagrados estiveram também na base de projetos como os de shows e CDs em tributo a artistas já falecidos ou do lançamento de álbuns com suas sobras de estúdio.[133] Isso também parece ter determinado a volta de práticas há

---

131 "Compilações geram acomodação nos anos 90". *Folha de S. Paulo*, 04/02/1998.

132 O que mostra, mais uma vez, a proximidade entre a MPB e o BRock em termos de público e instâncias de consagração. Além disso, o "Acústico" também serviu como um apoio para a atuação da Abril Music, que tinha sob contrato vários dos artistas e bandas que se apresentaram no projeto.

133 Em 1998, sete discos-tributo chegaram de forma praticamente simultânea ao mercado ("Haja tributo!". *Jornal do Brasil*, 08/04/1998). E no início daquele

muito abandonadas como a das versões de músicas internacionais ou dos *remix* de sucessos.[134]

Mas embora essas estratégias tenham levado a indústria nacional a atingir um sucesso inegável, alcançando resultados de vendas que, possivelmente, jamais serão superados em sua história – como os 108 milhões de unidades vendidas em 1997 e o faturamento de mais de 1,3 bilhões de dólares no ano anterior –, também o final dessa década demarcaria o início de uma nova crise. Se em 1997, diante dos extraordinários índices de crescimento alcançados pela indústria nos anos anteriores, Manolo Camero apontava para a possibilidade do Brasil, sexto mercado mundial, tomar a quinta colocação da França em três ou quatro anos e, até 2020, chegar ao terceiro posto ocupado pela Alemanha,[135] a desvalorização cambial e a recessão econômica que se abateram pouco depois sobre o país modificaram totalmente as expectativas. E, no final de 1999, quando a indústria

---

mesmo ano, os dois principais lançamentos da EMI foram "de grupos que acabaram com o falecimento de seus artistas: Mamonas Assassinas e Legião Urbana" ("Gravadora EMI 'revive' grupos mortos". *Folha de S. Paulo*, 03/04/1998).

134 No primeiro caso, a revista *Veja* registrava em 2000 que "duas das campeãs atuais das paradas de sucessos são traduções de músicas estrangeiras. *Deixaria Tudo*, do cantor Leonardo, é na verdade do ídolo romântico porto-riquenho Chayanne. *Nada Me Faz Esquecer*, estourada nas vozes de Pepê e Neném, é uma adaptação de *Wild World*, do veteraníssimo Cat Stevens. A dupla Sandy e Junior, que já vendeu 10 milhões de cópias de nove CDs, tem sua carreira calcada em versões (...). Estouraram nacionalmente cantando em português o tema do filme *Titanic*, *My Heart Will Go On*. O disco do ano passado, *Quatro Estações*, era puxado pela música Imortal, tradução de *Immortality*" ("Beibe, ai lóvi iú". *Veja*, 07/06/2000). No segundo caso, merece menção o CD lançado pela EMI com recriações de antigas gravações de Rita Lee, onde os técnicos isolaram a voz da cantora e "a colocaram em meio a novos arranjos eletrônicos (...) ou seja, criaram uma nova embalagem para um produto que já deu muito lucro e o revenderam (...). Pouco depois, vieram discos similares de Marina Lima, Capital Inicial e até um póstumo de Cazuza" ("Tudo se Recria". *Veja*, 17/01/2001).

135 "CD, o objeto sonoro do desejo". *Jornal do Brasil*, 21/09/1997.

apresentou queda de 8% no número de unidades vendidas e de 43% no faturamento em dólar, Sérgio Affonso, presidente da WEA, já considerava que "o sexto lugar talvez fosse um pouco de utopia demais. Estava inchado, talvez artificialmente".[136]

Entendo que a trajetória da Abril Music ajuda a ilustrar o alcance dessa crise. Criada pelo Grupo Abril em 1998, ela é listada entre as *majors* na listagem de empresas que integra o quinto capítulo desse livro tanto por sua vinculação a um grande conglomerado de comunicação quanto por sua atuação pautada pela exploração nacional de segmentos de grande visibilidade como o rock, a MPB, o pagode e o forró.[137] Embora a gravadora afirmasse, em 2000, já responder por cerca de 7% do mercado doméstico e ter a previsão de dobrar essa participação em dois anos,[138] acabou tendo suas atividades encerradas em 2003.

Embora a concorrência com as *majors* internacionais tenha sido apontada como um dos motivos para o fracasso da empresa,[139] o novo cenário parecia evidenciar também a diminuição do controle dessas empresas sobre o mercado. Assim, ainda que em 2000 a ABPD estimasse que seus associados representavam 90% da produção e 96% do faturamento da indústria fonográfica nacional,[140] esses números, embora elevados, já evidenciavam uma inegável novidade num cenário onde, durante décadas, as empresas filiadas à Associação tinham respondido por toda a produção realizada.

---

136 "Mercado de discos despenca no Brasil". *Folha de S. Paulo*, 28/12/1999.

137 A gravadora chegou a ter entre seus contratados Alceu Valença, Rita Lee, Frank Aguiar, Ivan Lins, Márcia Freire, Maurício Manieri e as bandas, Ira!, Los Hermanos, Falamansa, Titãs, Capital Inicial, Mundo Livre S/A, Ultraje a Rigor e Harmonia do Samba.

138 "Nacionais crescem com táticas diferentes". *Folha de S. Paulo*, 04/10/2000.

139 "Abril Music encerra atividades em meio à onda de pirataria". *Folha On Line*, 05/02/2003.

140 Informações fornecidas diretamente pela associação.

Além disso, não se pode descartar a hipótese de que essas estimativas estivessem sendo conservadoras diante da intensa pulverização da produção e do consumo que já se verificava.

Recorro ao exemplo do forró. Diante do crescimento do segmento, o Nopem passou a editar, ao longo do ano de 2001, uma parada específica em sua revista mensal. A última que consultei durante a elaboração desse trabalho, relativa ao mês de junho daquele ano, mostrava um cenário bastante distante daquele oferecido para a indústria como um todo, com *majors* respondendo por apenas 11 dentre os 50 CDs mais vendidos e dividindo o cenário com diversos selos e artistas independentes.[141] Já na Parada Gospel, instituída em 2000, o quadro era ainda mais radical, não sendo registrada a participação de nenhuma das grandes gravadoras. Como dado adicional, vale destacar que o álbum *Jorge Aragão ao Vivo*, da Indie Records, ocupou durante vários meses do ano 2000 as primeiras colocações na pesquisa mensal de mais vendidos do Nopem, tanto no Rio quanto em São Paulo, sendo praticamente o primeiro disco de uma empresa independente a obter tal desempenho em toda a história recente da indústria.

Conclusão

Entendo que a grande marca dos anos 1990 tenha sido a da consolidação de um modelo efetivamente globalizado para a indústria nacional. As principais tendências surgidas nos anos 1960 e 1970 e/ou implementadas na década seguinte – como a segmentação e massificação do mercado, a racionalização e despolitização

---

141 As *indies* eram SomZoom (17 citações), Deck Disc (2), Gema (3), CD Center (2), Mano Véio e Mano Novo (2), Lamparinas (1), Natasha (1), Atração (1), Paradoxx (1), Disco de Ouro (2), AM Produções (2) e MCK (1), além de seis artistas autônomos. Dentre as *majors*, as citações foram para Abril Music (4, citações, sendo 2 em associação com a Deck Disc), BMG (6) e WEA (1) (*Revista do Nopem*, ano 3, n. 28, junho de 2001).

da produção cultural, a concentração econômica em todos os níveis, a internacionalização da indústria, o crescimento do consumo vinculado à substituição tecnológica, a terceirização da produção etc. – fortaleceram-se no período, garantindo à indústria o extraordinário crescimento que então se verificou. Esse modelo de atuação teve ainda o mérito de reavivar o interesse por praticamente todos os segmentos e tendências surgidos desde os anos 1960, além de permitir uma extensa regionalização da produção e a entrada de um grupo bastante amplo de novos artistas no cenário – o que deu voz e identidade a segmentos sociais antes ignorados no contexto da mídia nacional.

Em contrapartida, o nível extremamente alto de racionalização da atividade da indústria – obtido através de uma complexa divisão do trabalho e da sofisticação das técnicas de marketing e divulgação integrada – acabou por levar a uma intensa padronização não só dos segmentos predominantes como do mercado como um todo, com o *pattern* romântico surgindo como o grande mediador da ação dos agentes envolvidos em todos esses diferentes segmentos.

Nesse sentido, e também no da grande concentração das vendas das *majors* em um reduzido número de artistas,[142] segmentos e pontos de venda, pode-se considerar que, no que se refere à atuação das empresas mais significativas do mercado, não ocorreu aqui uma efetiva segmentação mas sim uma concentração da atuação.

Talvez essa tenha sido uma das razões pelas quais, apesar do sucesso do modelo da indústria durante boa parte da década de 1990, esta terminou sob o signo de uma crise que transformaria em pó significativa parcela do avanço obtido.

---

142 Fontes da própria indústria davam conta, em 2001, de que as *majors* sediadas no país tinham, em média, "80% de seus faturamentos baseados em 10 a 15 títulos de seus catálogos" "Onde estamos comendo mosca?" *Revista Áudio, Música e Tecnologia*, n. 116, maio de 2001, p. 132).

Porém, ao nos darmos conta da enorme diversidade cultural e artística que conseguiu se expressar de modo tão exuberante no país a partir dos anos 1990, especialmente através da atuação de inúmeros selos independentes e artistas autônomos, talvez seja possível encontrar nessa crise também um sentido positivo, o de que expressa – em alguma medida – a incapacidade da grande indústria em operar eficientemente com a diversidade, com as culturas locais e, ouso dizer, com um contexto de maior democratização do acesso aos modos de produção, distribuição e divulgação musical.

Vendas da indústria fonográfica nacional por formato (milhões de unidades) e faturamento em dólares (US$ mi), 1990-1999

Fontes: ABPD/IFPI

Ano	LP	LP econ.	K7	K7 du	CD	CD single	Total (mi)	Var. %	vendas (US$ mi)[143]	Var. % em US$
1990	28,0	3,4	8,8	1,0	3,9	-	45,1	-41,3%		-
1991	28,4	-	9,0	-	7,5	-	44,9	-0,4%	399,7	
1992	16,7	-	5,6	-	9,8	-	32,1	-28,5%	284,1	- 29,0%
1993	16,4	-	6,8	-	21,0	-	44,2	37,7%	449,5	58,2%
1994	14,5	-	8,5	-	40,2	-	63,2	43,0%	804,6	79,0%
1995	7,7	-	7,5	-	59,8	-	75,0	18,7%	1.005,2	24,9%
1996	1,6	-	4,8	-	93,4	-	99,8	33,1%	1.318,2	31,1%
1997	-	-	0,9	-	106,8	0,7	107,9	8,1%	1.275,1	- 3,3%
1998	-	-	0,2	-	105,1	0,003	105,3	-2,4%	1.171,7	- 8,1%
1999	-	-	0,03	-	96,9	0,2	96,9	-8,0%	668,4	- 43,0%

---

143 Todos os dados de faturamento aqui apresentados referem-se aos valores de varejo e foram produzidos pelo IFPI apenas a partir de 1991.

Capítulo V

Música e indústria

A intenção desse capítulo é fornecer uma visão mais condensada do cenário apresentado no livros, tanto no que se refere aos artistas e segmentos musicais surgidos ao longo do período analisado quanto em relação às empresas responsáveis pela produção e divulgação de seus discos. Para isso, ele foi dividido em duas partes. Na primeira delas, "A dinâmica dos segmentos musicais no Brasil: 1965-1999", é oferecida uma proposta de organização em segmentos musicais das produções e dos artistas que alcançaram maior destaque no país durante o período analisado. O texto busca evidenciar os paralelos entre a dinâmica dessa produção e a periodização do desenvolvimento da indústria apresentada ao longo desse livro. Na segunda, "As gravadoras e suas associações", é oferecida uma lista das empresas atuantes no país durante o início dos anos 2000, bem como das principais entidades nacionais e internacionais que as congregavam.

A DINÂMICA DOS SEGMENTOS MUSICAIS
NO BRASIL: 1965-1999[1]

As tabelas que se seguem já foram parcialmente apresentadas ao longo desse livro. Elas foram produzidas, como já foi afirmado aqui, a partir dos levantamentos de discos mais vendidos realizados pelo Nopem. A definição dos segmentos e a classificação dos discos entre eles envolveu, é claro, considerável dose de subjetividade. Porém, como diversos artistas e álbuns são citados na apresentação de cada segmento, acredito que as escolhas – bem como os equívocos possivelmente cometidos ao longo do processo – acabarão ficando razoavelmente claros.

Seguindo a periodização utilizada no livro, a classificação dos álbuns das listagens em segmentos foi subdividida em três tabelas: 1965-1979, 1980-1989, 1990-1999.

---

1 Uma versão deste texto foi publicada na forma do artigo "Segmentação e Consumo: a produção fonográfica brasileira – 1965/1999". Revista *ArtCultura*, vol. 10, n. 16, p. 103-121. Uberlândia, janeiro/junho de 2008.

Distribuição por segmento dos 50 discos mais vendidos anualmente no eixo Rio/São Paulo, 1965-1979

Ano	Internacional	Trilhas de Novela (int./nac.)	Pop. Romântico	Romântico	MPB	Samba	Rock	Infantil	Sertanejo	Soul/Rap/Funk	Disco
1965	15	-	-	17	8	6	2	-	1	-	-
1966	17	-	-	16	8	4	2	-	-	-	-
1967	14	-	-	20	4	5	1	-	1	-	-
1968	9	-	-	21	8	8	2	-	-	-	-
1969	6	-	-	22	7	6	4	1	-	-	-
1970	22	-	-	12	4	5	2	-	-	-	-
1971	23	-	-	14	8	3	1	-	-	1	-
1972	24	4 (3/1)	-	12	3	6	-	-	-	1	-
1973	16	1 (0/1)	-	14	8	7	2	1	1	0	-
1974	27	6 (6/0)	-	5	3	9	1	-	-	2	-
1975	29	3 (3/0)	-	3	2	9	3	-	-	1	-
1976	16	4 (2/2)	-	5	7	11	1	-	-	2	-
1977	19	3 (1/2)	-	9	4	9	2	-	1	2	-
1978	23	2 (2/0)	-	12	4	5	-	2	-	0	3
1979	18	1 (0/1)	-	15	6	9	-	1	-	0	-

Distribuição por segmento dos 50 discos mais vendidos anualmente no eixo Rio/São Paulo, 1980-1989

Ano	Internacional	Trilhas de Novela (int./nac.)	Pop Romântico.	Romântico	MPB	Samba	Rock	Infantil	Sertanejo	Soul/Rap/Funk	Axé/Bahia	Religioso
1980	9	3 (2/1)	1	12	17	5	2	0	0	2	0	0
1981	11	1 (1/0)	2	14	15	4	3	1	0	0	0	0
1982	14	0	2	9	10	6	3	1	3	1	0	0
1983	20	5 (5/0)	2	7	6	5	6	3	0	0	0	0
1984	18	4 (3/1)	0	5	7	8	8	3	0	1	0	0
1985	16	5 (2/3)	0	4	10	6	6	3	0	0	0	0
1986	19	2 (2/0)	0	4	5	9	6	3	0	2	0	0
1987	23	4 (3/1)	0	7	4	4	7	3	0	1	0	0
1988	14	5 (3/2)	0	9	6	6	6	2	0	2	2	0
1989	11	4 (1/3)	1	5	8	7	4	6	0	1	0	0

Distribuição por segmento dos 50 discos mais vendidos anualmente no eixo Rio/São Paulo, 1990-1999

Ano	Internacional	Trilhas de Novela (int./nac.)	Pop Romântico.	Romântico	MPB	Samba	Rock	Infantil	Sertanejo	Soul/Rap/Funk	Axé/Bahia	Religioso
1990	13	8 (3/5)	0	5	4	9	4	3	4	1	1	0
1991	26	5 (2/3)	0	5	5	5	1	4	3	0	0	0
1992	21	2 (1/1)	0	5	6	5	3	2	4	1	1	0
1993	16	1 (1/0)	0	4	8	10	3	0	3	2	4	0
1994	15	3 (2/1)	0	4	6	9	2	2	2	5	3	0
1995	15	3 (3/0)	0	3	3	11	7	3	3	3	0	0
1996	6	6 (3/3)	0	4	3	16	5	3	5	1	2	0
1997	9	2 (2/0)	0	3	3	16	5	2	4	3	4	0
1998	12	4 (2/2)	0	3	0	14	6	1	3	4	2	1
1999	13	5 (3/2)	0	5	4	13	2	0	3	2	2	1

A análise dos segmentos

Repertório internacional

O período de mais forte presença do repertório internacional nas listagens ocorre durante os anos 1970, quando as citações oscilam entre 16 e 29, com uma média superior a 20 citações anuais. As décadas seguintes apresentam uma tendência declinante tanto no que se refere à média de citações (16 nos anos 1980 e de 15 nos anos 1990) quanto, o que é bem mais significativo, na posição dos discos nas listagens, com pouquíssimas citações colocando-se entre as dez primeiras ao longo da última década analisada. De qualquer maneira, a redução da presença do repertório internacional nas listagens não se dá de forma constante e nem pode ser assumida como uma tendência definitiva. Na década de 1990, por exemplo, temos tanto o terceiro maior índice de presença do repertório internacional nas listagens (26 citações em 1991) quanto o menor (seis citações em 1996, número idêntico ao registrado em 1969). Já nos anos seguintes – 1997, 1998 e 1999 – há um crescimento constante no consumo, com o registro de 9, 12 e 13 citações, respectivamente.

Em relação aos artistas e títulos citados, algumas interessantes observações podem ser feitas. Nos anos iniciais da listagem, especialmente entre 1965 e 1967, a presença do repertório em inglês é menos decisiva, sendo constantes as citações a artistas que cantam em italiano, francês e espanhol, como Sergio Endrigo, Alain Barriere, Rita Pavonni, Trini Lopes, Trio Los Panchos, Charles Aznavour e Carmelo Pagamo, entre outros. A partir de 1970, no entanto, as listagens passam a ser ocupadas quase que exclusivamente por artistas cantando em inglês, com a significativa exceção de Julio Iglesias que, apresentando trabalhos em inglês e espanhol, recebe frequentes menções a partir de 1976 – ano em que obtém a 16ª posição na listagem com Manuela. Outro fato a se notar é a reduzida importância dos astros tradicionais de rock ao longo de praticamente todo o período coberto pelas estatísticas. Considerando-se os dez primeiros colocados nas listagens, os Beatles receberam apenas duas menções como banda (*Os Reis do Yê, Yê, Yê*, 6º lugar, 1965, e *Abbey Road*, 7º, 1970) e quatro por álbuns individuais de seus ex-integrantes (sendo três para John Lennon e uma para George Harrison); Elvis Presley obteve apenas uma citação (*Sylvia*, 7º lugar, 1972) e bandas tradicionais como Rolling Stones, Pink Floyd, The Who e Led Zepellin, entre outras, jamais foram citadas. Já em relação aos astros da black music norte-americana, a situação é bem diferente, como provam as participações de Stevie Wonder (10º em 1970, 8º em 1973 e 1º em 1974), Michael Jackson (3º em 1973, 2º em 1976, 2º em 1980 e 1º em 1984), Dobbie Brothers (7º em 1973), The Stylistics (8º em 1974), Commodores (3º em 1978), Roberta Flack (9º em 1978), Earth, Wind & Fire (4º em 1982) e Lionel Ritchie (9º em 1986).

Além deles, receberam citações cantores românticos e/ou com repertório mais tradicional como Frank Sinatra, Johnny Mathis, B. J. Thomas, Elton John, Barbra Streisand, Dionne Warwick, Chris de Burgh, Peter Cetera, Jon Secada e o já citado Julio Iglesias, entre outros. Também com um repertório que poderia ser classificado de romântico, tivemos entre os citados as bandas Bon Jovi e Scorpions, o saxofonista Kenny G e os grupos adolescentes Menudos, New Kids On the Block e A-Ha. Entre os artistas brasileiros que cantavam em inglês e que também apresentavam um repertório romântico, destacaram-se Light Reflection (*Tell me Once Again*, Copacabana, 2º lugar, 1973), Dave MacClean (*Me and You*, Top Tape, 7º, 1974) e Michael Sullivan (*My Life*, Top Tape, 3º, 1977).

No geral, as coletâneas também tiveram uma importante participação na composição do repertório internacional consumido no país. Nessa categoria, podem ser mencionadas trilhas de filmes, seleções de rádios FM, coletâneas de gêneros musicais (especialmente os mais dançáveis) e, é claro, as trilhas internacionais de novelas, que nas tabelas estão incluídas tanto na coluna de repertório internacional quanto na de trilhas de novelas.

Trilhas de novelas

Como já foi dito aqui, a gravadora Som Livre, braço fonográfico da Rede Globo criado em 1971, é a líder absoluta desse segmento de mercado.[2] Porém, a emissora iniciou a produção das trilhas de suas novelas ainda em 1969, a partir de uma parceria com a gravadora Philips que, entre 1969 e 1970, lançou as de *Véu de Noiva*, *Verão Vermelho*, *Pigmalião 70*, *Irmãos coragem*, *Assim na terra como no céu* e *A Próxima Atração*. No total, as citações nas listagens a trilhas internacionais de novelas foram consideravelmente superiores às de trilhas nacionais: 61 contra 35.

Os maiores destaques foram para *Escalada Internacional* (3°, 1975), *Estúpido Cupido Nacional* (4°, 1976), *Anjo Mau Internacional* (6°, 1976), *Champagne Internacional* (4°, 1984), *O Outro Internacional* (4°, 1987), *Vale Tudo Internacional* (3°, 1989), *Top Model Nacional* (3°, 1990), *Cara e Coroa Internacional* (10°, 1996), *Por Amor Internacional e Nacional* (respectivamente, 6° e 9° lugares em 1998), *Suave Veneno Internacional* (5°, 1999) e *Torre de Babel Internacional* (8°, 1999).

As trilhas de novelas foram, também, o principal espaço de atuação dos artistas brasileiros que cantavam em inglês ou mesmo se apresentavam como artistas internacionais. São encontradas gravações que poderiam ser enquadradas nessa categoria entre os anos de 1972 (com a "Free Sound Orchestra", de Waltel Blanco e Antonio Faya, interpretando "Sweet Concert" na trilha internacional de *O*

---

2 Entre as trilhas não lançadas pela Som Livre, as únicas a constar da listagem são as de Pantanal, da Rede Manchete (Polygram, 20° lugar, 1990), e das novelas infantis mexicanas Chispita e Chiquititas (as trilhas trazem versões brasileiras das músicas).

Bofe) e 1985 (com "Lovely Love", interpretada por Terry Winter e Silvia Massari, na trilha de *A Gata Comeu*).

Pop romântico

Essa categoria foi criada para diferenciar da designação geral de românticos a artistas surgidos um pouco antes ou no período inicial do rock dos anos 1980 que não se identificavam plenamente com esse segmento, oscilando entre os referenciais do rock, da música romântica e, em alguns casos, da MPB. Foram incluídos aqui os trabalhos de Biafra (gravando pela CBS, em 1979 e 1981, e pela Esfinge, em 1989), Ângela Rô Rô (Polygram, 1980), Guilherme Arantes (WEA, 1981, e Som Livre, 1983), Marcos Sabino (Polygram, 1982) e Dalto (EMI, 1982 e 1983). Nenhum desses nomes voltou a ser citado nos anos 1990 e, de todos eles, apenas Guilherme Arantes manteve uma carreira de relativa visibilidade nos anos posteriores.

Romântico

Romântico e MPB são duas "categorias guarda-chuva" sob as quais foi agrupada grande parte da produção musical desenvolvida no país no período analisado. O principal nome da categoria é, evidentemente, o de Roberto Carlos, ao qual as listagens do Nopem conferem tranquilamente a posição de maior vendedor de discos da história do país.[3] Nos anos 1960, quando a média de álbuns incluídos na categoria ficou próxima de 20, as citações foram devidas, principalmente, a nomes ligados à Jovem Guarda como Wanderley Cardoso (Copacabana), Wanderléa (CBS), Ronnie Von (Philips), Eduardo Araújo (Odeon), Leno & Lilian (CBS), Trio Esperança (Odeon), Deno & Dino (Odeon), Jerry Adriani (CBS), Paulo Sérgio (Caravelle) e Antônio Marcos (RCA), entre outros. Ao lado deles, figuraram com destaque também cantores voltados a um público mais tradicional

---

3   Seu nome ocupa o primeiro lugar em 24 dos 35 anos cobertos pelas listagens.

como Altemar Dutra (Odeon), Nelson Ned (Copacabana), Waldick Soriano (Copacabana), Lindomar Castilho (Continental), Agnaldo Timóteo (Odeon) e Cláudia de Barros (GNI).

Nos anos 1970, verifica-se uma significativa redução da participação do segmento nas listagens. Uma comparação entre as colunas correspondentes na tabela permite supor que o segmento foi direta e intensamente afetado pelo crescimento do consumo de repertório internacional, bastante alto na década. Não houve, também, um processo de renovação, sendo Odair José (Philips, 1973), Márcio Greick (CBS, 1974) e Peninha (Polygram, 1978) os nomes mais significativos então surgidos. Entre o final da década e o começo da seguinte, o segmento experimenta certa reação, acompanhada pelo ingresso nas listagens de novos nomes como Sidney Magal (Philips, 1978), Perla (RCA, 1978), Lílian (RCA, 1978), Fábio Jr. (EMI, 1979), Joanna (RCA, 1980), Kátia (CBS, 1981) e Ovelha (Copacabana, 1983). Ao final da década de 1980 surgiriam ainda Rosana (CBS, 1987), Robby (RCA, 1988), José Augusto (RCA, 1988) e Elymar Santos (EMI, 1990). Nos anos 1990, no entanto, não se verifica a aparição de nenhum novo nome de expressão. Aparentemente, a forma pela qual segmentos como o sertanejo, a axé music e o pagode, por exemplo, incorporaram o "discurso" romântico acabou por esvaziar a cena.

MPB

Como os levantamentos do Nopem tiveram início em 1965, acabaram por registrar o momento de transição da bossa nova para o segmento aqui definido como MPB, assinalando o surgimento e consolidação da geração de compositores e intérpretes que, até hoje, funciona como o seu mais importante referencial. As oito citações desse primeiro ano da pesquisa ilustram bem esse quadro. São elas:

Posição	Disco	Artista	Gravadora
4º	A Bossa é Nossa	Miltinho	RGE
5º	Dois na Bossa	Elis & Jair Rodrigues	Philips
23º	Quem te Viu, Quem te Vê	Chico Buarque	RGE
27º	Minha Namorada	Os Cariocas	Philips
31º	Carcará	Nara Leão	Philips
32º	Arrastão	Edu Lobo	Philips
47º	Inútil Paisagem	Nana Caymmi	Equipe
48º	Reza	Tamba Trio	Philips

A importância desse segmento – ligado, em grande medida, ao meio universitário, aos festivais de música da TV e aqui representado por Chico Buarque, Elis Regina, Edu Lobo e Nara Leão – iria crescer expressivamente nos anos seguintes, com o ingresso praticamente anual de novos artistas nas listagens. Embora a repressão política tenha tido certamente um impacto negativo sobre a cena, esse processo de renovação continuou a ocorrer mesmo durante o seu período mais intenso, levando ao surgimento nas listagens de nomes como Quarteto em Cy (Equipe, 1966), Sérgio Mendes (Odeon, 1967), Taiguara (Odeon, 1968), Caetano Veloso (Philips, 1968), Maria Bethânia, Gal Costa e Gilberto Gil (todos pela Philips, 1969), MPB-4 (Philips, 1971), Vinícius & Toquinho (RGE, 1971), Ivan Lins (Philips, 1971), Simone (CBS, 1973), Novos Baianos (Som Livre, 1973), Milton Nascimento (Odeon, 1976), João Bosco (RCA, 1976), Belchior (WEA, 1977), Djavan (Som Livre, 1977), Fafá de Belém (Philips, 1978) e Ney Matogrosso (WEA, 1978). Belchior e Fafá marcam, ainda, o início de tendências como a do *boom* nordestino e daquela que foi denominada aqui como a fase das cantoras na MPB. A partir desse momento, serão essas duas vertentes, juntamente com a cena independente, as grandes geradoras de renovação do segmento, como exemplificam os casos de Zé Ramalho (CBS) em 1979, Amelinha (RCA), Fagner (CBS), Gonzaguinha (EMI), Oswaldo Montenegro (gravando pela

WEA) e Boca Livre (independente, mas lançado pelo selo Eldorado) em 1980, Zizi Possi (Polygram) e Baby Consuelo (WEA) em 1981, Alceu Valença (Ariola) em 1982 e Elba Ramalho (Polygram) em 1984. Apesar da importância da MPB dentro do contexto da indústria ter se reduzido significativamente ao longo dos anos 1980 e 1990, isso não implicou numa total ausência de renovação no cenário. Embora com menor frequência, novos nomes continuaram a surgir nas listagens, sendo Marisa Monte (com primeira menção em 1989, pela EMI) o maior destaque entre eles. Além dela, tivemos ainda as primeiras menções a Emílio Santiago (Som Livre), em 1988, a Adriana Calcanhoto e Edson Cordeiro (ambos pela Sony), em 1993, e a Chico César (Polygram), em 1996.

Samba

A relação do samba com o mercado fonográfico tem sido marcada por constantes idas e vindas e pelo predomínio de diferentes tendências. Analisando as menções feitas nas listagens, teremos num primeiro momento, entre 1965 e 1967, o predomínio do samba-canção, com destaque para nomes como Dalva de Oliveira, Elza Soares, Carmem Silva, Elizete Cardoso, Sílvio Caldas e Ângela Maria. Entendo que se trata do último momento no *mainstream* musical de uma geração de artistas mais vinculada ao rádio, que entrava em declínio juntamente com aquele veículo e era agora substituída pelos novos nomes ligados à TV através da bossa nova, da Jovem Guarda, dos Festivais de Música etc. Já um samba de vocação mais pop parece ter tido em Wilson Simonal e Jorge Ben seus artistas pioneiros. Nas listagens, tanto Simonal quanto a "Turma da Pilantragem" tiveram significativas participações entre os anos de 1965 e 1970. Jorge Ben, por sua vez, recebeu sua primeira citação apenas em 1978 (Jorge Ben, RGE).

Já o pagode possui uma longa tradição dentro do cenário fonográfico nacional.[4] Embora o termo não se refira, em sua origem, a um estilo musical, mas sim a uma festa, uma reunião de pessoas, ele acabou por definir também um modo particular de compor e interpretar samba.

Ainda nos anos 1960, a quadra do bloco Cacique de Ramos, no subúrbio do Rio, tornou-se o grande centro irradiador do pagode, sendo a sua primeira menção nas listagens do Nopem devida a um LP do bloco (*Água na Boca*, 34º, 1965, RCA). A importância do Cacique, no entanto, vai muito além desse primeiro trabalho, pois de seus quadros surgiram alguns dos nomes mais importantes do pagode como Almir Guinéto, o grupo Originais do Samba (do qual Almir fez parte), Jorge Aragão, Zeca Pagodinho e o grupo Fundo de Quintal. Além disso, muitos dos sucessos de Beth Carvalho são de autoria de compositores do Bloco, cujo trabalho ela passou a divulgar após ter participado de uma de suas reuniões em 1978. Nos grupos Originais do Samba e Fundo de Quintal surgiram, também, as principais inovações musicais que passaram a caracterizar o acompanhamento do pagode, como o uso do banjo em lugar do cavaco, do tantã em lugar do surdo e do repique de mão.

Além do disco já citado do Cacique, as outras menções nos anos iniciais do levantamento foram devidas a Martinho da Vila (RCA, 1968) e Originais do Samba (RCA, 1972). A partir de 1981, no rescaldo da grande crise vivida pela indústria, uma nova leva de sambistas, muitos deles ligados ao pagode, começa a chegar às paradas – o que culminará num grande *boom* do segmento em 1986. Fizeram parte desse grupo nomes como Agepê, Almir Guinéto, Alcione, Zeca Pagodinho, Fundo de Quintal, Jorge Aragão, Beth Carvalho e

---

4   Nei Lopes (1986) relaciona ao pagode desde as festas nas casas de Pixinguinha e Tia Ciata, no início do século XX, até os encontros no restaurante Zicartola, nos anos 1960 e 1970, onde se reuniam nomes como Cartola, Nelson Cavaquinho, Paulinho da Viola, Zé Kéti e Elton Medeiros.

Jovelina Pérola Negra – embora nem todos eles tenham chegado a figurar nas listagens aqui analisadas. Nelas, as citações foram devidas apenas a Almir Guinéto (1981, K-Tel), Zeca Pagodinho (RGE, 1986) e Neguinho da Beija-Flor (CBS, 1986). De qualquer forma, os jornais da época dão conta de uma "febre do pagode", com o estilo chegando às casas noturnas da Zona Sul do Rio, tendo videoclipes divulgados no Fantástico e vendendo 3,5 milhões de discos em 1986.[5] Nesse processo, é preciso destacar também a importância da gravadora RGE (já então incorporada à Som Livre), que reunia alguns dos principais nomes do segmento como Fundo de Quintal, Jorge Aragão, Almir Guinéto, Jovelina Pérola Negra e Zeca Pagodinho.

Mas não teria sentido, no entanto, separar o pagode de todo o processo de revalorização do samba que teve lugar ao longo dos anos 1970, com um considerável crescimento da importância de seus compositores e das próprias escolas. No período, um grupo formado por compositores e intérpretes ligados aos morros, à periferia e às escolas de samba do Rio (e, em menor medida, de São Paulo) começa a figurar nas listagens. Nesse contexto, surgem as primeiras citações a nomes como Beth Carvalho (Odeon, 1968), Paulinho da Viola (Odeon, 1970), Adaílton Alves (Copacabana, 1972), Marinho da Muda (Copacabana, 1973), Agepê (Continental, 1975), Gilson de Souza (Tapecar, 1975), Alcione (Philips, 1976, e depois RCA), Eliana Pitman (RCA, 1976), Ataulfo Jr (RCA, 1976), João Nogueira (Odeon, 1976), Dicró (Continental, 1977), Roberto Ribeiro (Odeon, 1977) e Bezerra da Silva (CID, 1979), entre muitos outros.

Também merece destaque o grande sucesso que começa a ser obtido pelos sambas-enredo das escolas. Segundo Sérgio Cabral, esse tipo de música, "que até então desaparecia de cena assim que acabava o carnaval", passa a despertar maior interesse das gravadoras a partir

---

5 "A revolução do fundo de quintal". *Jornal do Brasil*, 14/12/1986 e "Cachaça e samba na cabeça". *Jornal do Brasil*, 31/12/1986.

do sucesso de Eliana Pitman, que gravou "O Mundo Encantado de Monteiro Lobato" (enredo da Mangueira), e de Zuzuca, que "transformou em êxitos carnavalescos os seus sambas-enredo 'Pega no Ganzé' e 'Tengo-Tengo'" (apresentados pela Acadêmicos do Salgueiro em 1971 e 1972, respectivamente).[6] Zuzuca ingressa nas listagens em 1972 com "Mangueira, Minha Querida Mangueira" (35º lugar, GNI). Mas a primeira menção a uma coletânea de sambas-enredo das escolas ocorre antes disso, em 1970. Lançado pelo selo Caravelle, o disco alcança o 20º lugar na listagem. A partir de 1974, é a Top Tape que passa a produzir o LP *Sambas Enredo do Grupo I*, sendo que a edição de 1978 alcança o segundo posto na listagem daquele ano.

Tanto sucesso deu margem também ao ingresso no segmento de artistas já atuantes no mercado. Esse foi o caso, por exemplo, de Luiz Airão (Odeon) e Benito de Paula (Copacabana), que já haviam tentado o sucesso com a Jovem Guarda e o bolero, respectivamente, mas que só obtiveram menções na listagem a partir de trabalhos produzidos entre 1973 e 1978 e ligados, de alguma forma, ao samba.

De qualquer modo, a partir de 1987 teremos um arrefecimento do interesse das gravadoras pelo samba, havendo inclusive denúncias de discriminação das rádios em relação à veiculação dessa música.[7] Embora as estatísticas do Nopem não cheguem a apontar para uma queda mais expressiva no número de álbuns de samba nas paradas, indicam uma certa estagnação, com apenas dois novos nomes ingressando nas listagens antes do final da década: Leci Brandão (Copacabana) e Elson (RGE), ambos em 1989.

Esse quadro só será superado a partir da década seguinte, refletindo uma nova "invasão" do pagode e se traduzindo no ingresso de um grande número de novos grupos no cenário. O primeiro a

---

6   "O samba (de novo) na moda". *Revista Opinião*, 3/10/1975.

7   "Os sambistas põem a boca no mundo: não há gravadora para eles". *Jornal da Tarde*, 09/02/1988.

obter uma indicação nas listagens é o Raça (*Da África à Sapucaí*, 36º, BMG), ainda em 1991. A segunda indicação ocorre no ano seguinte com o Raça Negra (*Raça Negra*, 33º, RGE). A partir de 1993, quando as indicações devidas ao samba sobem para dez e passam a se manter nesse nível (haviam sido apenas cinco nos dois anos anteriores), o aparecimento de novos grupos ocorre em ritmo muito mais acelerado. Surgem Ginga Pura (Polygram), Só Pra Contrariar (BMG) e Razão Brasileira (EMI), em 1993; Molejo (Warner/Continental) e Negritude Jr. (EMI), em 1994; Art Popular (EMI), em 1995; Gera Samba (depois rebatizado É o Tchan, Polygram) e Companhia do Pagode (Polygram), em 1996; ExaltaSamba (EMI), Malícia (BMG), Karametade (BMG) e Soweto (EMI), em 1997; Terra Samba (Polygram), em 1998; Os Morenos (Universal) e Kiloucura (BMG), em 1999, entre outros. Vale acrescentar que o que ocorre no período não é apenas o crescimento do número de indicações de samba e pagode, mas também de sua importância nas listagens. Entre 1995 e 1997, por exemplo, o segmento responde, respectivamente, por 4, 6 e 7 títulos entre os 10 mais vendidos.

Esse novo pagode diferencia-se, sob diversos aspectos, daquele desenvolvido em períodos anteriores. Em primeiro lugar, mostra um intenso processo de desregionalização dessa música, com os grupos cariocas tornando-se minoria num cenário dominado por paulistas (Negritude Júnior e Art Popular), baianos (É o Tchan, Companhia do Pagode, Terra Samba) e até mineiros (Só Prá Contrariar). Isso talvez indique que o que hoje é convencionalmente definido como pagode tornou-se, assim como a música sertaneja, uma espécie de *pattern* de produção, com características bastante definidas, que facilitaram não só a atuação de músicos e produtores de diferentes formações, como a transformação de praticamente qualquer música em "pagode".⁸ Em segundo lugar, os grupos tendem a explicitar com mais veemência suas identificações étnicas e locais. Além das óbvias referências contidas nos nomes dos grupos, teremos várias iniciativas dos mesmos no sentido de reforçar suas ligações com as periferias de onde se originaram, destacando-se, entre elas, o slogan e a campanha assistencial "100% Cohab", do Negritude Júnior.

Uma leitura possível dessa explicitação seria a de que ela buscava compensar o fato de que muitas dessas "marcas de origem" estavam agora ausentes da produção musical, que incorporara instrumentos estranhos ao pagode tradicional, como teclados eletrônicos, e se voltava, via de regra, aos temas românticos, adequando-se portanto aos patterns estabelecidos pela indústria. Isso fica patente inclusive nos discursos dos artistas. Ao falar das razões do sucesso do pagode nessa sua nova versão, Marley, integrante do Grupo Raça, afirmava que "depois que os sambistas procuraram se profissionalizar, falar direito e mostrar que samba não é sinônimo de miséria, o ritmo decolou e conquistou a maioria da população". Na mesma linha, Netinho, vocalista do Negritude Júnior, afirmava que "seu grupo faz sucesso porque apresenta um suíngue extra, novos instrumentos e, acima de tudo, uma postura muito profissional, com a preocupação de que samba também é show".⁹

Rock

Como se pode observar na tabela, o consumo de rock nacional foi consideravelmente limitado até os anos 1980, já que a maioria dos integrantes da Jovem Guarda – como Roberto Carlos, Leno & Lilian, Wanderley Cardoso, Wanderléa e Trio Esperança, entre outros – foi

---

8   Entre as regravações no estilo incluíam-se, em 1993, as músicas "Ben" (Michael Jackson), "Será" (Legião Urbana), "Something" (George Harrison) e "Maluco Beleza" (Raul Seixas) ("Tem Beatles no samba". *Jornal do Brasil*, 18/07/1993).

9   As duas declarações estão contidas em "O verão dos pagodeiros". *Revista Contigo*, 18/01/1994.

incluída na categoria Românticos. A categoria Rock foi utilizada apenas para artistas que mantiveram uma identificação mais duradoura com o segmento, como Erasmo Carlos (CBS), The Fevers (Odeon), Renato & seus Blue Caps (CBS), Mutantes (Equipe), Rita Lee (Philips) e Raul Seixas (Philips): os únicos a figurar na listagem entre 1965 e 1981.

É com o surgimento do chamado BRock – nome dado por Nelson Motta à nova cena do rock que se forma no país a partir dos anos 1980 – que um grande contingente de novos artistas e bandas passa a ingressar nas listagens do Nopem: Blitz (EMI), em 1982, Ritchie (CBS), Kid Abelha & Os Abóboras Selvagens (WEA), Lulu Santos (WEA) e Absyntho (RCA), em 1983, Magazine (WEA), Barão Vermelho (Som Livre) e Léo Jaime (CBS), em 1984, RPM (CBS), Ultraje a Rigor (WEA), Biquíni Cavadão (Polygram), Lobão & Os Ronaldos (RCA) e Rádio Táxi (CBS), em 1985, Os Paralamas do Sucesso (EMI) e Plebe Rude (EMI), em 1986, Legião Urbana (EMI) e Titãs (WEA), em 1987, Cazuza (Polygram), em 1988, Nenhum de Nós (BMG), Inimigos do Rei (CBS) e João Penca & Seus Miquinhos Amestrados (Esfinge), em 1989, e Engenheiros do Hawaii (BMG), em 1990.

Como pode ser verificado nas tabelas, contrastando com o período entre 1983 e 1988, em que nunca ocorreram menos de seis citações anuais a artistas do rock, teremos, entre 1989 e 1994, um significativo encolhimento da cena, com as citações oscilando entre uma e quatro. Entre 1991 e 1994 não teremos, inclusive, a entrada de nenhum novo nome na listagem. Elas só voltarão a ocorrer – juntamente com um relativo fortalecimento do cenário– a partir de 1995 e, mesmo assim, de forma bastante discreta: a banda mineira Skank (Sony) e o trabalho solo de Renato Russo (EMI), em 1995, Cássia Eller (Polygram), em 1996 e, depois disso, apenas a citação a Jota Quest (Sony), em 1999.

Infantil

Como vimos, foi a partir de sua vinculação à programação televisiva que o mercado infantil mostrou seu grande potencial para a indústria do disco. Por conta disso, as primeiras menções na listagem vieram das trilhas de programas televisivos como Topo Gigio (42°, Philips), de 1969, e Vila Sésamo (42°, Som Livre), de 1973.

Entre 1978 e 1981, as quatro citações presentes nas listagens estiveram ligadas à música *disco*: duas para A Patotinha (RCA, 1978 e 1979) e duas para As Melindrosas (Copacabana, 1978 e 1981). Já em 1982, o único citado foi Sérgio Mallandro (RCA). De qualquer modo, viveremos a partir daí uma autonomização da cena, com os artistas de renome da MPB (e, num momento um pouco posterior, do BRock) sendo substituídos por grupos infantis e, numa segunda etapa, por apresentadoras de TV.

Nessa nova configuração, a explosão da música infantil ocorrerá em 1983, com as "turmas" de apresentadores infantis. A partir daí, receberão sua primeira menção nas listagens Pirlimpimpim (Som Livre) e Turma do Balão Mágico (CBS), em 1983, Clube da Criança (RCA), em 1984, Trem da Alegria (RCA), em 1985, e Os Abelhudos (EMI), em 1986. Esse último ano marcará, também, o início de uma nova fase da música infantil no país, que passa a ser dominada por apresentadoras. Xuxa (Som Livre), a mais bem-sucedida entre elas,[10] lança então seu primeiro trabalho, sendo depois seguida por Angélica (CBS, 1988), Paquitas (RGE, 1989) e Mara (EMI, 1989). Serão ainda citadas no período as bandas Menudos (RCA, 1985), Dominó (CBS, 1985) e Polegar (Continental, 1989) – que visavam um público que

---

10   Ela é citada, desde então, em grande parte das paradas anuais e foi, nos anos 1980, "considerada a maior vendedora de discos da América Latina, batendo Roberto Carlos e Julio Iglesias". Cf. "Crianças, o mercado dos milhões". *Jornal da Tarde*, 13/01/1989.

pode ser denominado mais apropriadamente como pré-adolescente do que infantil[11] –, além de trilhas como a do musical da Globo Plunct-Plact-Zum (Som Livre, 1983) e das novelas mexicanas exibidas pelo SBT Chispita (RGE, 1984) e Carrossel (BMG, 1991). Entre 1990 e 1993, nenhum novo artista ingressa nas listagens, devendo-se a maioria das citações a apresentadoras já consagradas (especialmente Xuxa). Em 1994, Eliana (BMG) recebe sua primeira menção.

No ano seguinte surge na listagem, em 36º lugar, o grupo Mamonas Assassinas (Mamonas Assassinas, EMI), que alcançará com esse mesmo disco o primeiro posto da listagem do ano seguinte. Aparentemente, o fenômeno "Mamonas" demarca uma nova tendência na música infantil, onde o visual *clean* e as canções relativamente inocentes das apresentadoras são substituídas pela incorreção política, pelas expressões de duplo sentido e pelos figurinos pouco convencionais de nomes como Tiririca (Sony, 1996) e Rodolfo & ET (Virgin, 1998). Entendo que esses nomes permitem, também, uma maior aproximação do consumo de diferentes faixas etárias, tornando um tanto problemática a classificação de seus trabalhos como sendo de "música infantil". Nos anos seguintes, esse espaço acabaria sendo ocupado por grupos de pagode (especialmente o É o Tchan, com suas coreografias) e mesmo de funk. Em 1999, de qualquer modo, não foi registrada nas listagens nenhuma menção a nomes do segmento, que passou a ser atendido quase que exclusivamente por gravadoras independentes[12] como a paulistana Palavra Cantada, criada em 1994 por Sandra Peres e Paulo Tattit.

Será o mercado adolescente (*teen*), inaugurado por Menudos e assemelhados, que nos anos 2000 e, portanto, já fora do escopo

---

11   Embora considere essa classificação um tanto imprecisa, eu preferi mantê-los dentro da categoria "música infantil" por considerar que, naquele momento, ainda não existiam referências claras – como ocorreria nos anos 2000 – a um mercado pré-adolescente.

12   Xuxa e Eliana seriam as principais exceções a essa regra.

dessa pesquisa, despertará a atenção das grandes gravadoras através de nomes como Sandy & Júnior e KLB, entre outros.

Sertanejo

Como pode ser verificado nas tabelas, a participação da música sertaneja nas listagens do Nopem foi bastante inexpressiva até a década de 1980. Nesse período, os únicos nomes citados foram os de Zé Mendes (Copacabana, 1965 e 1967, e Continental, 1977), Sérgio Reis (RCA, 1973 e 1982) e Almir Rogério (Copacabana, 1982). Uma das razões parece ter sido o fato já citado de que quase todas as vendas se concentravam nos chamados "discos populares", com preços bastante inferiores aos dos discos de MPB e música internacional, o que não parece ter despertado o interesse das majors pelo segmento.

Embora a partir da partir da crise de 1980 essas empresas tenham criado selos voltados para o segmento, que estava chegando ao cinema com o filme *Estrada da Vida* (Nelson Pereira dos Santos, 1979), estrelado pela dupla Milionário & José Rico, e à televisão através de *Carga Pesada* (1979) e *Som Brasil* (1981), ambos da Rede Globo, será apenas a partir de 1990 que teremos uma mudança radical nesse cenário. Desse ano em diante, teremos uma frequência de três a quatro citações anuais que será mantida até o final da década. É o momento de consagração do segmento, que acaba obtendo uma grande penetração televisiva através de novelas como *Pantanal* (Benedito Ruy Barbosa, Rede Manchete, 1990), *Tieta* (adaptação de Aguinaldo Silva, Rede Globo, 1990), *Ana Raio & Zé Trovão* (Marcos Caruso e Rita Buzzar, Rede Manchete, 1991) e *Rei do Gado* (Benedito Ruy Barbosa, Rede Globo, 1996).

Os nomes a surgir na listagem durante o período são: Chitãozinho & Xororó (Polygram), Roberta Miranda (Continental) e Leandro & Leonardo (Continental), todos em 1990, Zezé di Camargo & Luciano (Copacabana), em 1992, João Paulo & Daniel (Continental/Warner) e Gian & Giovani (BMG), em 1997. A eles – bem como aos trabalhos de Leonardo e Daniel, que assumiram carreiras solo após a morte de seus respectivos parceiros – são devidas todas as citações ocorridas no período, o que demonstra a extrema concentração das posições de topo do segmento.

Disco

O único ano do levantamento em que foram registradas na listagem citações a trabalhos nacionais do segmento *disco* foi o de 1978. Nesse ano, os três discos mencionados foram: *Perigosa* (Frenéticas, WEA, 12º posto), *A Noite Vai Chegar* (Lady Zu, Philips, 23º) e *Quem É Ele?* (Miss Lene, Epic/CBS, 32º). Os trabalhos de A Patotinha e As Melindrosas, citados entre 1978 e 1981, foram, como já vimos aqui, incluídos no segmento de Música Infantil.

Soul/Funk/Rap

Foram reunidos nessa categoria artistas cujas produções são referenciadas pela música negra norte-americana. Um grupo de nomes que, assim como os do "rock", tem o mundializado como primeiro referencial e, se chegam a dialogar com a tradição musical nacional, o fazem a partir dessa base, e não o contrário.

Em 1971 é feita a primeira menção nas listagens a um artista enquadrado nessa categoria. No caso, Tim Maia (*Tim Maia*, Philips, 26º lugar), que receberia novas citações em 1972 e 1974. Nesse último ano, teremos a primeira citação a Hildon (*Na Rua, Na Chuva ou Na Fazenda*, Philips, 28º lugar), que, no ano seguinte, receberia uma nova menção por *Na Sombra de uma Árvore* (Philips, 32º). Em 1976, ocorrem as primeiras citações a Cassiano (*A Lua e Eu*, Philips, 25º) e Cláudia Telles (*Fim de Tarde*, CBS, 50º). As citações se repetiriam no ano seguinte.

Novas citações voltaram a ocorrer apenas em 1980, com a volta de Tim Maia (gravando pela EMI) e o ingresso de Sandra de Sá (*Demônio Colorido*, RGE, 31º). Também devemos a ambos as escassas menções ocorridas entre 1982 e 1988. A de 1989 refere-se à coletânea *Funk Brasil*, da Polygram, e a de 1990 novamente a Sandra de Sá. Em 1993, teremos mais uma citação a Tim Maia (agora pela Warner) e a chegada do rap às listagens através de Gabriel, o Pensador (Sony). Em 1994, os mencionados serão cinco: Tim Maia (Warner), Gabriel, a coletânea *Furacão 2000 Nacional* e os ingressantes Latino e Sampa Crew (todos pela Sony). Já em 1995, as três citações serão devidas ao grupo Cidade Negra (Sony) e a duas coletâneas: *Rap Brasil* (Som Livre) e *Funk Brasil Especial* (WEA). Refere-se também a uma coletânea, *Rap Brasil 3* (Som Livre), a única menção de 1996.

Em 1997, a cena tem um momento de particular destaque: Gabriel atinge o 2º posto da listagem (*Quebra Cabeça*, Sony) e os ingressantes Claudinho & Buchecha chegam ao 3º (*Claudinho & Buchecha*, Universal). Esse ano, marca também a entrada na listagem de um novo grupo, o Planet Hemp (Sony). Em 1998, das quatro citações feitas, duas serão devidas a Claudinho & Buchecha (por dois CDs diferentes), uma a Gabriel e outra à ingressante Fat Family (EMI). Claudinho & Buchecha obterão uma nova menção em 1999, ficando a outra com a coletânea em tributo a Tim Maia, lançada pela Som Livre.

A venda dos CDs em shows e espaços alternativos, bem como a opção pela independência por parte de muitos dos artistas, acabaram por reduzir a visibilidade do rap nas listagens do Nopem. Isso, provavelmente, explica o fato de grupos como o Racionais MC's não serem citados na pesquisa.

Axé/Bahia

As primeiras citações na listagem acontecem em 1988 através das bandas Reflexu's (EMI) e Mel (Continental). Em 1990, teremos uma nova citação devida à banda Kaoma (CBS). A consolidação do segmento só se dará a partir de 1992 com o ingresso de Daniela Mercury (Sony). No ano seguinte, auge do segmento, serão quatro os citados: Banda Beijo (Polygram), Chiclete com Banana (BMG),

Timbalada (Polygram) e a própria Daniela, que alcança o primeiro posto com o CD *Canto da Cidade*. Em 1994, surgem três novos nomes: Netinho (Polygram), Banda Cheiro de Amor (Polygram) e Olodum (Continental). Não ocorrem citações em 1995 e, nos anos seguintes, os novos nomes a surgir são AraKetu (Sony, 1996), Banda Eva (Polygram, 1997) e Asa de Águia (Sony, 1999).

Religioso

Apesar da grande importância desse segmento, as duas únicas menções que recebeu nas listagens, em 1998 e 1999, foram devidas a um mesmo CD: *Músicas para Louvar o Senhor*, do Padre Marcelo Rossi (Universal).

AS GRAVADORAS E SUAS ASSOCIAÇÕES[13]

A lista que se segue, produzida entre os anos de 1998 e 2001, é oferecida aqui como um instantâneo do cenário da indústria fonográfica brasileira, na virada do milênio, quando o setor ainda ostentava muito do vigor alcançado entre os anos de 1996 e 1998. Foram feitas algumas poucas atualizações no quadro, mas que se concentraram quase que exclusivamente nos tópicos sobre *majors*, onde busquei oferecer uma visão mais atualizada do seu constante processo de fusões e separações (que, no entanto, não impedirá o leitor de compreender a sua exata configuração no período aqui enfocado). O texto limita-se a oferecer uma breve descrição de boa parte das gravadoras que atuavam no país naquele momento e das associações através das quais se organizavam. Em relação às *indies*, é razoável considerar que boa parte das empresas aqui listadas nem mais exista. Além disso, gravadoras importantes no cenário atual,

---

13 Além das fontes citadas, esse levantamento congrega dados obtidos através de entrevistas, contatos telefônicos, releases das empresas e dados disponibilizados em seus sites.

como a Biscoito Fino, nem chegaram a figurar na listagem por terem sido criadas posteriormente (no caso, em 2001).

Associações

ABPD (*Associação Brasileira dos Produtores de Discos*)

Ligada à FLAPF e ao IFPI, a ABPD foi fundada em abril de 1958. Sediada no Rio de Janeiro, era mantida, em 2000, por aproximadamente 20 empresas que, em troca de contribuições mensais, recebiam consultoria jurídica e informações de mercado, entre outros serviços. A principal função da ABPD é a de atuar na defesa dos interesses da indústria fonográfica em relação às legislações de direitos autorais e propriedade intelectual. A associação também emite as certificações para que as gravadoras concedam aos intérpretes os discos de ouro, platina e diamante, que são as premiações oficiais por venda de discos concedidas no país.[14]

ABMI (*Associação Brasileira da Música Independente*)

"A ABMI – Associação Brasileira da Música Independente, foi oficialmente fundada em janeiro de 2002, com sede em São Paulo, e surgiu de vários encontros organizados para a discussão da organização do setor".[15] A entidade busca unificar a atuação dos independentes em torno de objetivos comuns, como a negociação com associações de editoras, distribuição eletrônica etc. Entre os selos envolvidos no projeto desde a fundação, destacam-se Dabliú, Kuarup,

---

14 Essas premiações equivaliam, em 2000, às vendas de 100 mil, 250 mil e um milhão de unidades, respectivamente. A partir de 2004, no entanto, as quantidades foram reduzidas à metade. Quanto ao número de associados, eles haviam se reduzido a dez em maio de 2009.

15 Conforme o texto de abertura do site da entidade disponibilizado em www.abmi.com.br e acessado em 02/08/2003.

Biscoito Fino, Visom, Trama, Nikita, MCD, Núcleo Contemporâneo e Pau Brasil.

APDIF (Associação Protetora dos Direitos Intelectuais Fonográficos)

A APDIF era vinculada ao IFPI e seguia o modelo de atuação de associações de igual nome criadas em outros países da América Latina. Sua função básica era a de executar as políticas de combate à pirataria determinadas pelo IFPI, oferecendo denúncias e acompanhando as autoridades na apreensão de máquinas copiadoras e suportes ilegais, verificando a legitimidade das compilações oferecidas no mercado, rastreando e notificando sites que operavam com a cópia e distribuição ilegal de música na internet etc. Em 2007, no entanto, ela e a ADEPI Brasil (Associação de Defesa da Propriedade Intelectual) foram fundidas na criação da APCM (Associação Antipirataria de Cinema e Música).[16]

ECAD (Escritório Central de Arrecadação e Distribuição)

O ECAD controla a arrecadação de direitos oriundos da execução pública de fonogramas e música ao vivo. Ele foi criado pela lei 5988 de 14/12/1973. Tanto o histórico de sua constituição como a questão dos direitos autorais no país são temas complexos cuja discussão não caberia nesse espaço. A ideia central é que rádios, televisões, teatros e salas de cinema, bem como estabelecimentos comerciais e eventos que utilizem música em suas atividades – seja ao vivo ou gravada –, devem recolher uma contribuição junto ao ECAD que, por sua vez, é responsável por seu repasse a sociedades arrecadadoras, artistas e editores.[17]

---

16   Conforme http://www.apdif.org.br/. Acesso em: em 06/06/2012.

17   Maiores informações sobre o ECAD e as sociedades arrecadadoras podem ser encontradas em Gueiros (1999) e Idart (1980).

FLAPF (Federación Latinoamericana de Productores de Fonogramas y Videogramas)

A FLAPF congrega as federações nacionais latino-americanas e busca estabelecer diretrizes para as mesmas, sempre em consonância com os interesses da RIAA e do IFPI.

IFPI (International Federation of Phonographic Industry)

Com sede em Londres, a IFPI representava, em 2000, aproximadamente 1.400 fabricantes de discos em mais de 70 países. As funções básicas da IFPI são as de compilar e disponibilizar dados estatísticos nacionais, regionais e mundiais relacionados à atividade da indústria, combater globalmente a pirataria e organizar *lobbies* por modificações nas legislações nacionais e internacionais que favoreçam os interesses do setor.

RIAA (Recording Industry Association of America)

Além de realizar tarefas equivalentes às de outras associações nacionais – como emitir certificações para as premiações por vendas, influenciar na elaboração de leis estaduais e federais que se relacionam com a atividade da indústria e atuar no combate à pirataria –, a RIAA também favorece o desenvolvimento de pesquisas tecnológicas e de mercado e fornece suporte legal para que as empresas norte-americanas defendam internacionalmente seus interesses (principalmente no que se refere ao cumprimento da legislação autoral).

Majors

Abril Music

Criada em julho de 1998, a Abril Music constituía-se no braço fonográfico do Grupo Abril – um dos maiores grupos de mídia do país.[18] De atuação diversificada, a Abril operava em praticamente todos os segmentos da música nacional. Chegou a licenciar produções ou distribuir o catálogo de selos internacionais como DelMark, Alligator, King Biscuit, Castle e Del-Fi. Entre seus contratados, figuraram nomes como Alceu Valença, Rita Lee, Frank Aguiar, Ivan Lins, Márcia Freire, Maurício Manieri e as bandas, Ira!, Los Hermanos, Titãs, Capital Inicial, Mundo Livre S/A, Ultraje a Rigor e Harmonia do Samba. Embora tenha chegado a ocupar posição destacada no mercado nacional, a empresa encerrou suas atividades no início de 2003.[19]

BMG

O conglomerado alemão Bertelsmann AG passou a ter posição de destaque na área fonográfica a partir de 1987, quando adquiriu a gravadora RCA e seus selos filiados, criando a BMG (Bertelsmann Music Group). A RCA operava no Brasil desde 1930, sendo o selo pelo qual gravaram artistas como Gastão Formenti, Vicente Celestino, Orlando Silva e Francisco Alves, entre outros. Internacionalmente, a BMG possuiu mais de 200 selos em 53 países, incluindo Arista Records, RCA Records e Ariola Music. A Bertelsmann iniciou suas atividades no Brasil através da Ariola, ainda em 1979. Mas esse projeto fracassou e a Ariola do Brasil acabou absorvida pela Polygram em 1981. O grupo só voltou a atuar no país a partir da aquisição da RCA. No final dos anos 1990, Leonardo, Só pra Contrariar, Gian & Giovani, Chico Buarque, Fábio Jr, Gal Costa, Eliana, Kiloucura, Joanna e Elba Ramalho figuravam como os principais artistas nacionais da gravadora, que ainda respondia pela distribuição de selos independentes como o Natasha Records. Em 2004, diante do agravamento da crise da indústria, a BMG firmou uma *joint venture* com

---

18 Razão pela qual ela está sendo incluída entre as *majors* neste levantamento.
19 "Abril Music encerra atividades em meio à onda de pirataria". *Folha on Line*, 05/02/2003.

a Sony Music criando a Sony-BMG, que se tornava a segunda maior gravadora do mundo (atrás apenas da Universal Music). Quatro anos depois, a Sony concluiu um acordo para a compra da participação da Bertelsmann na empresa, o que determinou a saída dessa última do mercado fonográfico e o desaparecimento da marca BMG.[20]

EMI

A EMI Music figurava em 2000 como a terceira maior companhia musical do mundo, com operações em mais de 50 países. Ela foi composta pela parte europeia da Columbia Records (adquirida em 1923), que se fundiu à Pathé (1928) e depois à Gramophone Company inglesa (1931) (Flichy, 1982: 23). A empresa controla os selos Capitol, Virgin, Crisalis, EMI, Blue Note, Angel, IRS e Rhino, entre outros (Garofalo, 1993: 24). A gravadora pertencia ao grupo EMI Limited, que foi adquirido pela Thorn Electrical em 1979.[21] Separada do grupo em 1996,[22] ela se tornou a única empresa de orientação única entre as *majors* do setor. A EMI possui em seu catálogo mais de três milhões de fonogramas, com destaque para os trabalhos de bandas como Beatles, Pink Floyd, Rolling Stones e Coldplay.[23] Sua editora musical, a EMI Music Publishing, pelo menos até a fusão entre Sony e BMG, era considerada a maior do mundo, reunindo mais de um milhão de canções.

---

20 *Sony compra 50% restantes da gravadora Sony BMG por US$ 900 mi*. Disponível em: <http://tecnologia.terra.com.br/interna/0,,OI3054781-EI4795,00.html>. Acesso em: 05/08/2008.

21 "A Thorn Electrical é a nova proprietária da marca EMI". *Gazeta Mercantil*, 08/11/1979.

22 "EMI anuncia sua separação da Thorn". *O Estado de S. Paulo*, 21/02/1996.

23 Conforme http://www.terrafirma.com/emi.html. Acesso em: 20/12/2012.

A atuação da EMI no país remete ao início da produção local, já que a Odeon, que instalou sua primeira fábrica no Brasil em 1913,[24] foi adquirida por ela em 1969. Entre os artistas nacionais da EMI destacavam-se, em 2000, nomes como Soweto, Exaltasamba, Paralamas do Sucesso, Negritude Jr. e Fat Family. A EMI adquiriu, nos anos 1990, grande parte do catálogo da gravadora brasileira Copacabana, fundada no Rio de Janeiro em 1948. Por ela gravaram nomes como Elizeth Cardoso, Ângela Maria, Agnaldo Rayol, Moacyr Franco e Wanderley Cardoso, além de muitos artistas da música sertaneja. Dona de um grande parque industrial, a Copacabana passou a enfrentar graves dificuldades econômicas a partir do final da década de 1970, o que resultou num pedido de concordata em 1983.[25] Com o crescimento das vendas de música sertaneja dos anos 1980, a gravadora conseguiu expandir sua participação no mercado. Porém, não suportando a concorrência e o quadro recessivo do final da década, ela acabou falindo.

Já a gravadora Virgin fundada nos anos 1970 por Richard Branson, proprietário da rede de lojas de discos de mesmo nome, e considerada uma das maiores gravadoras independentes do mundo, teve a maior parte de sua participação acionária vendida para a EMI em 1992. Apesar disso, ela continuou a manter sua independência administrativa nos países onde se instalava e, nessas condições, iniciou suas operações no Brasil em abril de 1995. Embora boa parte de sua atuação tenha sido concentrada em artistas internacionais,[26]

---

24 A empresa se instalou no Brasil a partir de uma associação com Frederico Figner, pioneiro da indústria no país ("Um império musical no Brasi". *Gazeta Mercantil*, 05/11/1999).

25 "Copacabana não aguenta juros e pede concordata preventiva". *Jornal do Brasil*, 21/04/1983.

26 Os artistas internacionais respondem por 70% do faturamento da empresa, conf. *Revista Shopping Music*, novembro de 1999.

chegaram a gravar por ela nomes como Charlie Brown Jr., Art Popular e Pepê & Neném, entre outros.

A crise vivida pela EMI, porém, mudou esse quadro. No ano 2000, ocorreram tentativas fracassadas de fusão da empresa tanto com a Warner como com a BMG[27] e, em 2002, era anunciada a decisão de que seria mantido apenas um selo da gravadora (Virgin ou EMI) em cada um dos países onde atuava.[28] Em 2007 a EMI foi adquirida pelo Terra Firma, um fundo de investimentos que se concentra na aquisição e reorganização de empresas de grande porte, num negócio de 4,5 bilhões de euros.[29]

Som Livre

O braço fonográfico das Organizações Globo foi criado em 1971 com o objetivo de lançar os discos com as trilhas sonoras das novelas produzidas pela emissora. Por ela, já gravaram artistas como Alceu Valença, Novos Baianos, Rita Lee, Jorge Benjor, Barão Vermelho, Cazuza, Luiz Melodia, Djavan, Xuxa e Elymar Santos, entre outros. Apesar disso, a gravadora optou por não possuir um elenco fixo durante grande parte de sua existência, embora sempre trabalhando com o licenciamento e lançamento dos discos de inúmeros artistas (novos e consagrados), além, é claro, de coletâneas, relançamentos e trilhas de novelas e minisséries.[30] A empresa estabeleceu alianças com outras *majors* através de selos como Globo/Polydor, Globo/Columbia,

---

27 "Bertelsmann e EMI discutem fusão até janeiro". *Folha de S. Paulo*, 14/12/2000.

28 *EMI fecha as portas?*. Disponível em: <www.kviar.com.br>. Acesso em: 25/02/2002. No caso brasileiro, foi mantida a EMI.

29 "*Grupo EMI aceita proposta de compra da Terra Firma*". *Diário de Notícias*, 22/05/2007. Disponível em: <http://dn.sapo.pt/inicio/interior.aspx?content_id=657904>.

30 A única exceção foi, durante muito tempo, a cantora e apresentadora Xuxa, contratada da Rede Globo. Agradeço a Maria Fernanda Macedo pelas informações prestadas em nome da gravadora.

Globo/WEA e Globo/Universal. Com distribuição própria, a empresa tem dado grande ênfase à venda direta de produtos através de sua loja virtual, criada em 1999. Ao longo de sua história, a Som Livre adquiriu, entre outras empresas, a RGE, Rádio Gravações Especializadas, criada por José Scatena e Cícero Leuenroth, em 1947, para a gravação de jingles e comerciais. A empresa, que passou a atuar no cenário fonográfico em 1957, trabalhava quase exclusivamente com repertório nacional, adquirindo grande importância e tradição dentro da música do país. Gravaram por ela nomes como Dick Farney, Alaíde Costa, Maísa, Chico Buarque, Toquinho, Elis Regina, Cauby Peixoto, Raça Negra, Paquitas e Christian & Ralph. A RGE foi absorvida pela gravadora Fermata nos anos 1970, tornando-se a RGE-Fermata. Em 1979, as empresas foram desmembradas e a RGE vendida com seu catálogo e elenco para a Som Livre. A marca, porém, foi perdendo importância, sendo completamente abandonada em 1999.[31]

Sony Music Entertainment

A entrada da Sony – tradicional fabricante de equipamentos eletrônicos – no mercado fonográfico se deu através da aquisição da gravadora CBS (Columbia Broadcasting System),[32] em janeiro de 1988, e envolveu a quantia de US$ 2 bilhões. As atividades da CBS no

---

31 "RGE reescreve sua história em 40 CDs". *O Estado de S. Paulo*, 21/04/1997 e "O que muda na RGE com os novos proprietários". *Folha de S. Paulo*, 14/12/1979. A Fermata ainda continuou por algum tempo como gravadora, mas posteriormente passou a funcionar apenas como editora musical.

32 A história da CBS remonta aos primórdios da indústria, já que a Columbia Phonograph Company – nome original da empresa – era subsidiária da North American Phonograph Company, que adquirira as patentes para a produção de aparelhos reprodutores ainda no final do século XIX. Em 1934, a parte norte-americana da Columbia foi comprada pela ARC-BRC (American Record Company – Brunswick Record Company) e, em 1938, a ARC-BRC foi adquirida pela Columbia Broadcasting System (CBS).

Brasil tiveram início em 1953 através da Columbia do Brasil,[33] mas sua consolidação ocorreu a partir de 1963, com o sucesso nacional de Roberto Carlos e de outros nomes da Jovem Guarda. A Columbia passaria a investir, a partir do final dos anos 1970, em artistas vindos do Nordeste como Fagner, Zé Ramalho, Amelinha, Elba Ramalho, Geraldo Azevedo e Ednardo. Na década seguinte, a gravadora marcou presença tanto na MPB (com Djavan e Simone) como no segmento infantil (Turma do Balão Mágico) e no BRock (RPM, Fábio Jr. e Ritchie). Já sob controle da Sony, sua grande marca no país foi a criação do selo Chaos, em abril de 1992, com a finalidade de desenvolver artistas novos – principalmente aqueles oriundos do rock alternativo. O mineiro Skank foi o primeiro grupo a se destacar no selo, sendo seguido por Gabriel, o Pensador, Chico Science e Nação Zumbi, Planet Hemp e Jota Quest, entre outros. Além desses artistas, também Zezé Di Camargo & Luciano, Ara Ketu, Daniela Mercury, Cidade Negra, Martinho da Vila, Karametade, Mestre Ambrósio, Penélope e Sérgio Reis já gravaram pela Sony. A partir de 2004, com a *joint venture* estabelecida com a BMG, a empresa mudou seu nome para Sony-BMG e, em 2007, com a aquisição definitiva dessa última, passou a se chamar Sony Music Entertainment Inc (SMEI).

Universal Music Group (UMG)

A Universal surgiu em 1998 a partir da aquisição, pela Seagram, da Polygram. Já faziam parte do grupo Seagram a gravadora MCA (adquirida em 1995 junto à Matsushita) e a produtora cinematográfica Studios Universal (comprada em 1993). As atividades mundiais da UMG compreendem a produção, manufatura, marketing, vendas e distribuição de música gravada através de uma rede de subsidiárias, *joint ventures* e empresas licenciadas em 77 países, o que lhe garante

---

33   Antes de 1953, ela era representada no Brasil pela Byington & Cia, proprietária do selo Continental.

até o presente a condição de maior gravadora do mundo. A editora da Universal, Universal Music Publishing Group, controla os direitos de mais de 700.000 títulos musicais em todo o mundo. Entre os principais selos pertencentes à UMG estão A&M, Geffen, MCA, Universal, Interscope, Mercury, Island, Polydor, Motown, Def Jam, MCA Nashville, Mercury Nashville, Verve, GRP, Impulse!, Decca, Philips e Deutsche Grammophon.[34] Em junho de 2000 – em aparente resposta à fusão entre a AOL e a Time-Warner –, todo o grupo Seagram passou, num acordo de fusão avaliado em US$ 33 bilhões, a ser controlado pelo grupo francês Vivendi.[35]

No Brasil, os negócios musicais da Philips foram iniciados em 1960 através da aquisição da CBD – Cia Brasileira de Discos.[36] Em 1971 seu nome foi modificado para Cia Brasileira de Discos Phonogram, em 1978 para Polygram Discos Ltda e em 1983 para Polygram do Brasil Ltda (Dias, 2000: 112). A gravadora teve seu auge no país entre as décadas de 1960 e 1970, momento em que reuniu em seu elenco praticamente todos os principais nomes do segmento. Em 2000, a Universal contava entre seus contratados no país com nomes como Sandy & Junior, Rosana, Padre Marcelo Rossi, É o Tchan, Rio Negro & Solimões, Zeca Pagodinho, Caetano Veloso, Chitãozinho & Xororó, Roberta Miranda, Claudinho & Buchecha, Terra Samba, Ivete Sangalo, Os Morenos, Paulo Ricardo e Banda Eva.

---

34 Dados obtidos a partir do site da empresa em http://www.umusic.com. Acesso em: em 20/09/2001.

35 A Vivendi é líder mundial em distribuição de água e, após a fusão, passou a somar US$ 100 bilhões em valores de mercado e atuar nos setores de cinema, televisão, música, edição musical, telefonia, internet e parques temáticos ("Fusão Vivendi-Seagram deve sair hoje". *Folha de S. Paulo*, 20/06/2000).

36 A história da CBD inicia-se em 1945 com a fundação, no Rio de Janeiro, da Gravadora Sinter. A empresa torna-se, em 1948, representante no país do selo Capitol (EUA). Em 1955, ela assume o nome CBD ao passar para o controle acionário da família Pittigliani (Dias, 2000: 112).

Warner Music

Braço fonográfico do grupo Time-Warner, no início dos anos 2000 a empresa operava em 65 países através de uma rede de 47 afiliadas, 24 empresas licenciadas e sete selos associados, como Atlantic, Elektra, Rhino, Sire Records e Warner Bros Records.[37] O Grupo Time-Warner fundiu-se, em janeiro de 2000, com a America On Line (AOL), o maior provedor mundial de internet. Dessa fusão, surgiu a quarta empresa mais valorizada do mundo (e o maior grupo mundial de comunicações), cotada, naquele ano, em 350 bilhões de dólares na Bolsa de Nova York. Juntas, a AOL e a Time Warner deram origem a uma empresa que podia alcançar, com suas publicações, canais de TV e internet 160 milhões de norte-americanos, ou seja, mais da metade da população do país.[38] Em 2003, diante da crise do mercado musical e dos problemas gerais do grupo, a Warner Music foi separada do grupo e vendida para um fundo de investimentos privados norte-americano liderado por Edgar Bronfman Jr, tornando-se uma empresa de orientação única.[39]

A empresa iniciou suas atividades no Brasil em 1976, sob a direção de Andre Midani. Na época, ela utilizava a denominação WEA (Warner/Electra/Atlantic). Antes disso, ela fora representada no país pela Continental. A partir dos anos 1990, a empresa foi dividida administrativamente entre a WEA (sediada no Rio), que cuidava dos artistas internacionais e de parte dos artistas nacionais da gravadora, e a Continental East West, de São Paulo, que trabalhava com os artistas nacionais de maior apelo popular (principalmente os do pagode e da música sertaneja). Esta divisão da Warner surgiu a

---

37 *All Five Major Labels Invest In Listen.Com*. Disponível em: <http://www.umusic.com/static/press/02042000.htm>. Acesso em: 01/04/2002.

38 *Veja*, 19/01/2000.

39 *Bronfman Group Buys Time Warner Music*. Disponível em: <http://www.rense.com/general45/bon.htm>. Acesso em: 05/08/2004.

partir da compra da Continental, gravadora paulista surgida em 1929 com o nome Biyngton & Companhia e que representava, no país, a Columbia norte-americana. Por isso, tanto seus discos nacionais quanto internacionais eram lançados através do selo Colúmbia do Brasil. Em 1943, com o fim do contrato de representação, a gravadora criou seu próprio selo, o Continental, enquanto a Colúmbia passou a ser representada pela Odeon.[40] A melhor fase da empresa ocorreu entre as décadas de 1930 e 1950, quando lançou artistas como Orlando Silva, Aracy de Almeira, Emilinha Borba, Anjos do Inferno, Sivuca, Dilermando Reis e Luis Bonfá, entre outros. Passaram ainda pela gravadora nomes como Noel Rosa, Vadico, João Pernambuco, Garoto, Marlene, Dorival Caymmi, Lamartine Babo, Mário Reis, Sílvio Caldas, Altamiro Carrilho, Ney Matogrosso, Secos & Molhados, Roberta Miranda, Leandro e Leonardo e João Paulo e Daniel.[41] A empresa foi adquirida pela Warner em setembro de 1993. Com isso, a Warner acabou assumindo o controle também sobre o catálogo da Chantecler. Essa empresa paulista foi criada em 1958, por Cássio Muniz, como parte de sua empresa comercial de atacado e varejo. Ela contou, no início de suas atividades, com *know how* e um contrato de distribuição dos discos da RCA. A empresa sempre visou o mercado popular, atuando principalmente nos segmentos de música romântica, regional e sertaneja. Reuniu em seu elenco artistas como Marta Mendonça, Edith Veiga, Tibagi & Miltinho, Tião Carreiro & Pardinho, Teixerinha, Demônios da Garoa, Mário Zan, Trio Parada Dura e Wilson Miranda, entre outros. A Chantecler foi adquirida pela Continental em 1972.

---

40 Informações fornecidas por Biaggio Baccarin em entrevista realizada em 11/10/1999.

41 "Warner recupera acervo histórico de MPB da Continental". *O Estado de S. Paulo*, 25/10/1993.

Indies

AB Records

A AB Records (RJ) foi criada em janeiro de 1998 exclusivamente para gravar os trabalhos da cantora evangélica Aline Barros (por isso o nome "AB"). Além de ter distribuição própria, a AB oferecia em seu catálogo títulos internacionais como os da gravadora norte-americana Integrity Music. Com suas gravações em espanhol, Aline parece ter alcançado uma significativa penetração tanto no mercado latino quanto no norte-americano. Além dela, já fizeram parte do elenco da gravadora nomes como Os Nazarenos, Banda Tempus, Carlinhos Félix e Samuca.

ACIT/Antídoto Records

Sediada no Rio Grande do Sul, a ACIT iniciou suas atividades em 1982, atuando no comércio atacadista de discos, mas passou depois a se dedicar exclusivamente à produção musical, principalmente de música regional gaúcha. Segundo informações da empresa, a ACIT possuía em 2000 estúdio próprio e escritórios nos estados de Santa Catarina, Paraná e Mato Grosso do Sul. Além da música regional, a gravadora dedicava-se também ao rock do Rio Grande do Sul (através do selo Antídoto) e reunia em seu elenco nomes como Os Farrapos, Os Nativos, Tequila Baby, Grupo Minuano, Canto da Terra e Tchê Guri, entre outros.

Alquimusic

A Alquimusic, de São Paulo, foi criada em 1994 e era especializada em *new age*. Com distribuição própria, a Alquimusic trabalhava também no ramo editorial, publicando livros relacionados ao segmento (terapias alternativas, temas esotéricos etc.). Além de produzir artistas brasileiros, a empresa lançou no país coletâneas e trabalhos de artistas internacionais.

Alldisc

Sediada em São Paulo, a Alldisc não era propriamente uma gravadora, mas uma empresa especializada em licenciar fonogramas internacionais para lançamento no país e vice-versa.

Atração Fonográfica

Fundada em 1996, em São Paulo, a Atração Fonográfica possuía, já em 2000, um catálogo extremamente diversificado com cerca de 400 títulos (nacionais e internacionais) e um razoável elenco de artistas, sendo uma das maiores gravadoras independentes do país. Com distribuição própria, a empresa atuava tanto em segmentos de grande apelo comercial como na produção de trabalhos de maior sofisticação e público mais restrito. Esse perfil estava claramente ligado à trajetória de um de seus fundadores, Wilson Souto Jr., um dos criadores do Teatro Lira Paulistana e que se tornaria, anos depois, diretor artístico da gravadora Continental. A Atração Fonográfica foi uma das principais responsáveis pelo sucesso comercial de artistas oriundos da cena da Festa do Boi de Parintins, sendo o Grupo Carrapicho um de seus primeiros contratados. Já gravaram pela Atração artistas como Renato Braz, Sine Calmon, Ceumar, Forróçacana e Dois a Um, entre outros. A gravadora licenciava trabalhos para distribuição no exterior e relançou – numa parceria com o Instituto Cultural Itaú – todo o acervo musical da Funarte.

Azul Music

Esse selo paulistano, fundado pelo músico Corciolli, em 1993, tinha sua atuação voltada especialmente para os segmentos de *world music* e da *new age*. Apesar disso, o selo apresentava um catálogo razoavelmente diversificado, com trabalhos ligados a segmentos como MPB, rock, pop e *hip hop*. Marcelo Quintanilha, Sob Medida, Ulisses Rocha e Corciolli são alguns dos artistas que já lançaram trabalhos pelo selo, que possuía distribuição própria.

Baratos Afins

Luis Carlos Calanca, proprietário da loja de discos de mesmo nome, criou esse selo em 1982, em São Paulo, a partir da intenção de lançar o disco *Singin' Alone*, de Arnaldo Baptista, ex-integrante dos Mutantes. O selo, especializado em rock, foi um dos principais incentivadores do punk e do rock alternativo de São Paulo. Entre os artistas lançados ou gravados por ele destacam-se Ratos de Porão, As Mercenárias, Mopho, Golpe de Estado e Marcelo Nova.

Bom Pastor

Com quase 30 anos de existência no final dos anos 1990, a Bom Pastor foi uma das empresas pioneiras no país dentro do segmento musical evangélico. Sediada em São Paulo, ela também atuava nos ramos de edição musical e de livros, representando autores nacionais e catálogos internacionais que somavam, juntos, mais de 140 mil músicas. Possuía distribuição própria.

CID Entertainment Ltda

Fundada em 1958, a Companhia Industrial de Discos (CID) era, inicialmente, uma subsidiária da fabricante norte-americana de televisores Emerson. Ela iniciou suas atividades no mercado fonográfico prensando discos para empresas como CBS, Copacabana e RGE. Em 1970, começou a montar catálogo próprio. Entre seus primeiros grandes sucessos estiveram os compactos infantis – lançados pela série "Carroussell" – que traziam estórias clássicas como Peter Pan e Branca de Neve. Nomes como Nana Caymmi, Emílio Santiago e Bezerra da Silva tiveram seus primeiros trabalhos lançados por ela ainda nos anos 1970. No final dos anos 1990, a gravadora possuía um catálogo com aproximadamente 500 títulos, sendo mais de 300 deles nacionais. Os principais segmentos abarcados pelo selo eram o infantil, o clássico, a MPB, o rock, o forró e o sertanejo. Gravaram pela CID artistas como Quarteto em Cy, MPB-4, Orquestra Tabajara,

Ivanildo do Sax e Celebrare, entre outros. A CID também possuía distribuição própria.

CPC-Umes

O selo foi criado em 1995, inspirado no projeto dos Centros Populares de Cultura desenvolvido pela UNE nos anos 1960. Além das gravações musicais, o CPC-Umes também realizava manifestações, campanhas, espetáculos teatrais, shows musicais, cursos e oficinas gratuitas. A partir do estúdio *Spalla*, dirigido pelo músico e produtor Marcus Vinícius, o selo afirmava buscar em seus lançamentos a revalorização da cultura popular e a produção de trabalhos que tivessem maior originalidade artística. Gravaram por ele artistas como Gereba, Luiz Carlos Bahia, Inezita Barroso, Francisco Araújo, Cecéo e o nicaraguense Antônio Mejia.[42] O CPC também fez um trabalho de resgate de gravações históricas, de 1902 a 1926, através de sua coleção "Como Tem Passado".

Cri Du Chat

Criado em São Paulo, em 1988, pelo DJ e ex-proprietário de lojas de discos Eneas Neto, o Cri Du Chat dedicava-se exclusivamente à música eletrônica (*techno*, industrial, *ambient*, neo-medieval e *ethereal pop*, entre outros estilos). Até o final de 1996 a empresa havia lançado 26 discos e, em 1997, passou a ser distribuída pela Eldorado. A empresa considerava o mercado externo, para o qual licenciava muitos de seus trabalhos, como essencial para a sua sobrevivência.[43] No final de 1999, Eneas Neto criou também o site FiberOnline (www.fiberonline.com.br), que englobava uma gravadora virtual e um banco de dados dedicado à música eletrônica. Seu primeiro lançamento foi o CD virtual *Blip!*, uma coletânea do gênero.[44]

---

42 "Secundaristas têm nova bandeira". *O Estado de S. Paulo*, 28/2/1998.
43 "Pulo do gato com miado eletrônico". *O Globo*, 12/01/1997.
44 "Site movimenta mercado da música eletrônica". *Folha de S. Paulo*, 10/01/2000.

Dabliú Discos

Selo paulistano criado em 1994 pelo letrista, advogado e produtor cultural J. C. Costa Netto, o Dabliú dedicava-se exclusivamente à MPB, trabalhando preferencialmente no lançamento de novos artistas. Carmina Juarez, Antonio Farinaci, Celso Viáfora, Inácio Zatz, Klébi, Luiz Tatit, Suzana Salles, Ná Ozzetti e Márcia Salomon foram alguns dos artistas que gravaram por ele.

Deckdisc

Criada em 1998 por João Augusto, ex-diretor da Virgin, a gravadora contava inicialmente com distribuição da Universal Music. Seus primeiros sucessos vieram da série "O Som do Barzinho", que contou com cinco volumes. Em abril de 1999, a Deckdisc passou a ser distribuída pela Abril Music. A partir daí, a gravadora obteve grande sucesso com o relançamento de bandas do BRock como Ultraje a Rigor e Ira!, bem como com o Falamansa, principal representante do chamado forró universitário. A Deck contava também com uma editora própria.

Discovery

A Gravadora Discovery, do Distrito Federal, foi criada em dezembro de 1991 com o objetivo de incentivar o rap de Brasília. Em 1999, a gravadora contava com 37 trabalhos no mercado e reunia artistas como Câmbio Negro, Cirurgia Moral e DJ Jamaika, entre outros. Fazia sua distribuição de forma independente e, além disso, enviava seus produtos para países como Japão, Canadá e Alemanha.[45]

Dubas Music

Dedicada à música brasileira, a mineira Dubas foi criada pelo letrista Ronaldo Bastos, em 1994.[46] Três anos depois, figuravam em

---

45 "Discovery aposta no rap candango". *Folha de S. Paulo*, 05/07/1999.
46 "Independentes, porém pragmáticos". *O Globo*, 26/02/1997.

seu elenco nomes como Arranco de Varsóvia, Família Roitman, Bia Grabois, Jussara Silveira, Celso Fonseca, Pedro Luís e A Parede e o grupo Lucidez. A distribuição, naquele momento, era feita pela Warner.

Eldorado

A gravadora Eldorado surgiu em 1977 aproveitando-se da estrutura de produção oferecida pelo Estúdio Eldorado (criado em 1971).[47] Embora administrada de forma independente por João Lara Mesquita, a Eldorado – que engloba também duas rádios (AM e FM) e uma editora musical – era ligada ao grupo Estado. A Eldorado caracterizou-se especialmente pela gravação de música erudita, música intrumental e trabalhos de maior valor histórico. Gravaram pelo selo nomes como Edu da Gaita, Henricão, Paulo Vanzolini, Geraldo Fiume, Rosa Maria, Ana de Hollanda, Sinfônica de Campinas, Helena Meirelles, Menininha Lobo e Monarco, entre outros. Além desses, também já gravaram pela Eldorado artistas de maior projeção como Daniela Mercury (primeiro trabalho solo, em 1991), Sepultura e Zizi Possi.[48]

Gema

A Gema era especializada no segmento definido por ela própria como "brega romântico". Embora sediada em São Paulo, seu mercado era predominantemente o das regiões Norte e Nordeste do país. Com distribuição independente, possuía editora e estúdio próprios. Sua estratégia de divulgação era baseada em rádios comunitárias e piratas. Entre seus contratados, destacaram-se Lairton e Seus Teclados,[49] Wanderley Cardoso, Ricardo Braga, José Ribeiro, Diana, Fátima Marques, Ray Douglas e Júlio Nascimento.

---

47 "Selo Edlorado, alternativa que completa três anos". *O Estado de S. Paulo*, 27/09/1980.

48 "Distribuidora Eldorado abre mercado para independentes". *O Estado de S. Paulo*, 02/04/1997.

49 O álbum *Morango do Nordeste*, de Lairton, chegou a figurar, ao longo do ano 2000, entre os 50 mais vendidos segundo a parada do Nopem.

Gospel Records

Dedicada exclusivamente à música evangélica, a Gospel foi criada no início dos anos 1990 e estava ligada à Fundação Renascer (pertencente à Igreja Cristã Apostólica Renascer em Cristo). No final daquela década, faziam parte da Fundação a rede de rádios Manchete Gospel FM (com 6 emissoras e 14 afiliadas), a Rede Gospel de TV (operada por cabo) e a editora Publicações Gamaliel.[50] A Gospel possuía estúdio próprio, rede de lojas e pontos de venda em suas igrejas. Ela distribuía ainda os selos Comunidade da Graça, Integrity Music e Brother Simion, entre outros. No elenco da Gospel destacavam-se Soraya Moraes, Oficina G3, Katsbarnéa, Rebanhão, Resgate e DJ Alpiste.

Indie Records

Gravadora carioca surgida em 1997 e ligada ao Mega, um dos mais importantes estúdios do país. Dirigida pelo músico e produtor Líber Gadelha, a Indie obteve, em poucos anos de existência, sucessos bastante expressivos como o do CD *Jorge Aragão ao Vivo*, que foi, durante boa parte do ano 2000, o mais vendido do eixo Rio-São Paulo segundo o levantamento do Nopem. Além de Jorge Aragão, gravaram por ela nomes como Vinny, Wando, Luiz Melodia, Jerry Adriani, Sá & Guarabira, Banda Líbano, LS Jack, Boca Livre e 14 Bis. Sua distribuição era então feita pela Universal Music.

Kuarup

Fundada em 1978, no Rio de Janeiro, a Kuarup possuía em seu catálogo trabalhos de artistas como Arthur Moreira Lima, Elomar e Xangai, entre outros. Com distribuição própria, ela cuidava também da distribuição nacional e internacional de pequenos selos.

---

50 A Fundação publica também a revista *CCM Brasil Magazine*, versão brasileira da *CCM-USA*, considerada a maior revista de música gospel do mundo.

Líderes Entertainment Group Brasil Ltda

Essa empresa de origem venezuelana iniciou suas atividades no Brasil em 1999. Sediada no Rio, ela atuava na busca e formação de novos artistas, visando sua distribuição internacional (principalmente na América Latina). A intenção da empresa era a de cuidar da administração de todos os aspectos da carreira de seus contratados, como a produção dos discos, divulgação, administração de direitos editoriais e negociação de shows.

Line Records

A Line era uma gravadora dedicada exclusivamente ao mercado evangélico. Surgida no Rio, em 1990, ela possuía sedes no Rio e em São Paulo – onde se concentrava seu maior mercado. Ligada à Igreja Universal do Reino de Deus, ela era considerada, em 2000, a maior gravadora evangélica do país. A Line possuía distribuição própria e contava em seu elenco com nomes como Bispo Marcelo Crivella, Cristina Mel, Sérgio Lopes, Melissa e Zé Marco & Adriano.

MCD World Music

Criada em São Paulo, em 1994, foi a primeira gravadora brasileira voltada exclusivamente para a *world music* e a *new age*. Dedicando-se, inicialmente, à distribuição no país de selos internacionais desses segmentos como Wind Records, Putumayo World Music, Domo e Arc, a gravadora acabou por formar um elenco nacional nessa área, do qual chegaram a constar Anima, Família Alcântara e Fortuna. A MCD tinha distribuição própria e também distribuía o selo Sonhos & Sons.

MK Publicitá

A MK surgiu no início dos anos 1990 e, sediada no Rio, ao final da década já era uma das principais gravadoras nacionais do segmento gospel. A empresa fazia então parte de um grupo formado pela Rádio El Shadai FM, MK Studios, MK Eventos, MK Criação & Arte e MK

Editora. Com distribuição própria, ela contava ainda com um escritório em Los Angeles para a promoção e distribuição de seus produtos no mercado norte-americano. Entre os artistas e bandas que já passaram pela gravadora, destacam-se os nomes de Marina de Oliveira, Cassiane, Banda & Voz, Fernanda Brum, Kléber Lucas e Catedral.

Movie Play

Essa empresa portuguesa chegou ao Brasil no final dos anos 1980 já com a proposta de trabalhar exclusivamente com CDs. Começou lançando diversos títulos internacionais antes de relançar títulos nacionais a partir do antigo catálogo da Copacabana. Não possuía elenco próprio.

Música Online

Apontada por seus criadores como a primeira gravadora virtual do país, ela surgiu em 1999 como parte da empresa BMGV, que atuava no mercado editorial e de software desde 1995. Em 2000 ela já oferecia "músicas de Ná Ozzetti, Belô Velloso, Língua de Trapo e Jorge Mautner, entre outros, por meio do endereço www.uol.com.br/bmgv".[51]

MZA

Criada pelo produtor Marco Mazzola, no Rio de Janeiro, a MZA foi concebida para funcionar numa associação com a Universal Music, que cuidava da promoção e distribuição de suas produções. A parceira, no entanto, foi desfeita alguns anos depois. Chico César, Rita Ribeiro e Zeca Baleiro foram alguns dos artistas que gravaram por ela.

Natasha Records

Sediada no Rio, a gravadora foi criada em 1992. Em seus primeiros lançamentos ela se voltou para trabalhos de artistas mais ligados ao rock, como as bandas Plebe Rude e Blues Etílicos e os guitarristas

---

51 "No Brasil, Mp3 é saída para independentes". *Jornal Folha da Tarde*, 19/12/1999 e http://www.bmgv.com.br/.

Celso Fonseca e Sérgio Dias (ex-Mutantes). Também lançou no Brasil as trilhas de filmes da Walt Disney Productions, como *O Rei Leão, O Corcunda de Notre Dame* e *Pocahontas*, entre outros. A partir de 1996, com a entrada da produtora Paula Lavigne na sociedade, a gravadora passou a dedicar maior espaço à MPB, particularmente a artistas baianos como Daúde, Virgínia Rodrigues e o bloco Ilê Aiyê. Um aspecto importante da empresa é o de ter produzido e lançado as trilhas de filmes nacionais como *Tieta, O Quatrilho* e *O Baile Perfumado*, entre outros. A Natasha licenciou mundialmente trabalhos de alguns de seus contratados e também distribuía no Brasil discos de artistas internacionais como Arto Linday, Ennio Morricone, Pixies, Morphine, Frank Black e Frank Zappa. Sua distribuição era feita pela BMG.[52]

Niterói Discos

A Niterói Discos, uma empresa municipal, foi criada em 1991 por Jorge Roberto Silveira, músico e prefeito da cidade. O projeto era voltado aos músicos naturais de Niterói ou que lá residiam há mais de cinco anos e oferecia, sem custo algum, a produção e gravação do CD do artista com tiragem de mil discos. O selo, até o final da década, já tinha aproximadamente 100 discos no mercado.[53]

Núcleo Contemporâneo

Gravadora e produtora fundada em novembro de 1996, a Núcleo Contemporâneo era dirigida pelos músicos Benjamim Taubkin, Mané Silveira, Toninho Ferragutti e Teco Cardoso. Especializada em música instrumental, a gravadora iniciou suas atividades a partir da produção dos trabalhos de seus proprietários. Além de se preocupar com a gravação e o lançamento dos trabalhos de novos artistas, a

---

52 Texto baseado em release fornecido pela gravadora em 2000.
53 "Niterói Discos, dez anos de incentivo à música". *Backstage*, março de 2001 e "Selo organizado pela prefeitura abre espaço para os artistas de Niterói". *Áudio, Música & Tecnologia*, agosto de 2000.

Núcleo procurou ainda relançar no mercado trabalhos instrumentais de importância histórica através do projeto "Memória Brasileira".[54]

Palavra Cantada

Selo paulistano criado por Sandra Peres e Paulo Tatit, o Palavra Cantada era voltado exclusivamente para a música infantil e produzia, basicamente, trabalhos compostos e interpretados por seus proprietários. Além de seus discos, o selo também licenciou e distribuiu trabalhos afinados com sua linha de trabalho, como *Quero Passear*, do Grupo Rumo, e *Dois a Dois*, do grupo mineiro Rodapião.

Panela Records

Selo criado em setembro de 1999 pelo músico e produtor Pierre Aderne, com o objetivo de produzir trabalhos de artistas novos ou à margem do mercado e distribuí-los em bancas de jornais, livrarias ou pela internet. O selo chegou a lançar trabalhos de artistas como Oswaldo Montenegro, Blitz, Baby do Brasil, Léo Jaime, Akundum, Caio Blat, Cláudio Heinrich, Jackson Antunes e Geraldo Azevedo, entre outros.[55]

Paradoxx

Gravadora paulista criada em 1991, a Paradoxx tinha como mercado predominante a *dance music*. Deste segmento, ela oferecia em seu catálogo diversos álbuns e coletâneas de artistas nacionais e internacionais, além de licenciar para o exterior artistas brasileiros. Mas também já gravaram pelo selo nomes de outros segmentos, como Kebradeira, Eliana de Lima, Peninha, Patrulha do Samba e Eric & Henrique. A Paradoxx distribuía no país os selos norte-americanos Survival, XL, Profile e Epitaph.

---

54 "Música Instrumental com Atitude". *O Estado de S. Paulo*, 04/11/1997.

55 "Dono de gravadora independente quer democratizar a distribuição de CDs". *Áudio, Música & Tecnologia*, julho de 2000.

Pau Brasil

Criado pelo músico e produtor Rodolfo Stroeter, em 1995, o selo trabalhava exclusivamente com música brasileira, tendo gravado nomes como Banda Mantiqueira, Marlui Miranda, Joyce e Orquestra Jazz Sinfônica.

Paulinas Comep

A Paulinas Comep é uma gravadora ligada à congregação das Irmãs Paulinas e iniciou suas atividades no país em 1960. Além da música religiosa – representada, entre outros, pelos padres Zezinho, Joãozinho, Fábio de Melo e João Carlos Ribeiro Alencastro, e pelas bandas Bom Pastor e Agnus Dei –, a gravadora atuava em 2000 em segmentos como os da música erudita, instrumental, coral, popular e de meditação e relaxamento. Por conta disso, chegou a produzir trabalhos de artistas como Antônio Carlos e Maria José Carrasqueira, Camerata Fukuda, Théo de Barros, Osvaldo Lacerda, Orquestra de Câmara de Blumenau, Celso Pixinga, Jobam, Edson Natale, Eduardo Assad e Théo de Barros, entre outros. A distribuição era feita principalmente através da rede de 25 lojas que a Paulinas então possuía nas principais capitais do país.

Paulus

A ordem dos Irmãos Paulinos criou sua gravadora brasileira em 1999, optando por gravar exclusivamente música erudita e instrumental. A empresa contava desde seu início com um estúdio próprio, podendo inclusive realizar gravações de grandes formações orquestrais. A distribuição de seus discos era então feita pela Visom.

PlayArte Music

A PlayArte, empresa de São Paulo que atuava tradicionalmente nas áreas de vídeo (distribuição) e cinema (exibição e produção), iniciou suas atividades no campo da produção fonográfica em dezembro de 1998. De atuação diversificada, ela possuía uma estrutura de distribuição e divulgação independente e já teve em seu elenco artistas como Vânia Bastos, Guilherme Arantes, Grupo Desejos, Belô Veloso e Homens do Brasil. A gravadora também lançou no país títulos e coletâneas de artistas internacionais.

RDS Fonográfica

Distribuidora dedicada predominantemente ao rap e ao pagode, a RDS atuava na produção musical através do selo Sky Blues. Além de produzir coletâneas de música nacional e internacional, a Sky Blues tinha as duplas Mato Grosso e Mathias e Caroço e Azeitona como seus principais artistas.

Revivendo Música

A paranaense Revivendo foi criada por Leon Barg, em 1987, e dedicava-se exclusivamente ao restauro e relançamento de gravações antigas. Para tanto, possuía um acervo de mais de 120.000 títulos entre discos de 78 rpm e LPs, tanto nacionais como internacionais. Até o ano 2000, a Revivendo havia lançado 73 LPs e mais de 130 CDs.[56]

Ritmo Quente

Surgida em Santo André, em 1986, a Ritmo Quente lançava seus discos através do selo Kaskata's Records, tendo se especializado em rap, *dance* e samba. Além de coletâneas com sucessos internacionais desses segmentos, a gravadora lançou artistas como Sampa Crew, Toca do Coelho, Exaltasamba, Art Popular e Malícia, entre outros. A Kaskata's produzia, ainda, a revista *Som na Caixa*, que era distribuída em bancas com um CD encartado.

Roadrunner Records

Selo independente holandês especializado em rock, a Roadrunner começou a operar no Brasil no início dos anos 1990. Alguns anos

---

56 Cf. http://www.revivendomusicas.com.br/. Acesso em: 14/08/2001.

depois de se estabelecer, no entanto, acabou assumindo uma atuação mais diversificada e, ao lado de Max Cavalera e das bandas Toy Shop e Sepultura, tinha entre seus contratados a apresentadora infantil Jackeline e o cantor Maurício Mattar. Além de lançar no país todo o catálogo da Roadrunner, ela distribuiu aqui os selos internacionais Beggar's Banquet, Mute e Hollywood Records, bem como os nacionais Stern's, Spotlight, Verbo e Stiletto, entre outros.[57]

Rock Brigade

Gravadora nacional especializada em heavy metal, a Rock Brigade surgiu em 1986 a partir da experiência de seu proprietário com a revista de mesmo nome editada desde 1982. Além de distribuir selos e artistas internacionais do segmento, a Rock Brigade era responsável pela produção e lançamento de trabalhos de bandas nacionais como Angra, Víper, Volcano e Leviatã, entre outras.

Som Zoom

Gravadora de Fortaleza vinculada ao empresário Emanuel Gurgel, que era também proprietário de várias bandas de forró da região e de praticamente todo o seu circuito de produção, exibição, divulgação e distribuição. A Som Zoom foi criada em 1993 e lançou, entre outros, o cantor Frank Aguiar.

Sonhos & Sons

Selo mineiro de propriedade do músico e compositor Marcus Viana, a Sonhos & Sons concentrava sua atuação na música instrumental e na world music. Destacavam-se, em seu catálogo, os trabalhos do próprio Marcus Viana, do grupo Sagrado Coração da Terra e um álbum de cantos da tradição Xavante. A sua distribuição era feita pela MCD.

---

57 "Queremos 2% do Mercado Nacional". *Shopping Music*, ano 4, n. 36, fevereiro de 2000, p. 53.

Top Cat Brasil

O selo foi criado em 1999 pelos músicos da banda carioca Big Allanbik através de uma parceria com a Top Cat Records, uma gravadora de Dallas especializada em blues. A Top Cat Brasil tinha estrutura própria de distribuição e promovia o lançamento de artistas nacionais do segmento, além de lançar no Brasil os títulos da parceira norte-americana.

Trama

A gravadora foi criada em 1998 e resultou da sociedade entre o Grupo VR, representado por Andre Szajman, e o músico e produtor João Marcello Bôscoli. Sua atuação era razoavelmente diversificada. Por seu selo SambaLoco, especializado em música eletrônica, gravaram nomes como Otto (ex-integrante da banda Mundo Livre S/A), DJ Marky e M4J; pelo Matraca, dedicado ao rock, já gravaram Sheik Tosado, Rumbora, Wander Wildner e Júpiter Apple; e pelo Trama Hip Hop gravaram Thaíde & DJ Hum, Xis, Criminal D, Camorra, Potencial 3 e Câmbio Negro. Também constavam de seu catálogo trabalhos de artistas como Pepeu Gomes, Péricles Cavalcanti, Nuno Mindellis, Tom Zé, Leci Brandão, Baden Powell, Pedro Mariano, Cajú & Castanha, Banda de Pífanos de Caruarú, Demônios da Garoa, Elis Regina, Jair Rodrigues, Max de Castro, Marcos Suzano, Pedro Mariano, Wilson Simoninha e Cláudio Zoli. Distribuía, ainda, os selos internacionais Matador, Rhiko, Drive e Luaka Bop, entre outros. A empresa também licenciou várias de suas produções para selos da Europa, Japão e EUA.[58] Além de contar com distribuição e editora próprias, a Trama possuía uma grande estrutura de produção de áudio e vídeo.[59] Administrativamente, ela era dividida em

---

58 "Trama, ela veio para mudar e está conseguindo". *Áudio, Música & Tecnologia*, junho de 2001.

59 "Abril e Trama se definem ambiciosas". *Jornal Folha de S. Paulo* – 17/07/1998.

quatro segmentos: Trama Gravadora, Trama Estúdio, Trama Filmes e Trama.com.

Velas

A Velas foi criada em 1990 pelo produtor Paulinho Albuquerque e pelos compositores Vitor Martins e Ivan Lins a partir do diagnóstico de que havia uma demanda insatisfeita no mercado por música popular de qualidade. Distribuída de maneira precária pela Polygram e pela Continental, a empresa foi fechada em 1991 mas reaberta já no ano seguinte com estrutura completa de gravadora.[60] A Velas chegou a reunir em seu catálogo grandes nomes da MPB, como o próprio Ivan Lins, Edu Lobo, Zizi Possi, Leny Andrade, Cesar Camargo Mariano, Paulo Moura, Flávio Venturini, Beth Carvalho, Dominguinhos, Tavinho Moura, Pena Branca & Xavantinho, 14 Bis, Vânia Bastos e Fátima Guedes, entre outros. Ela também revelou artistas como Guinga, Chico César, Belô Velloso e Vânia Abreu. A partir de 1991, com distribuição própria, a Velas passou a representar no Brasil selos como Egren (Cuba) e Varèse Sarabande (EUA, especializado em trilhas de cinema), além de distribuir o catálogo da Walt Disney Company. Em janeiro de 1998, a Velas abriu mão da distribuição própria e, em 2001, passou a contar com os serviços da Sony nessa área. Por esse período, faziam parte do elenco da gravadora Dominguinhos, Guinga, Vânia Abreu, Altemar Jr., Nalva Aguiar, Quarteto Jobim-Morelenbaum e Fátima Guedes, entre outros.

Visom

Ligado a um dos maiores estúdios do país, o Visom Digital, esse selo carioca era especializado em música instrumental. Ele possuía distribuição própria e respondia também pela distribuição de artistas independentes e dos selos Paulus (música instrumental e erudita)

---

60 "Velas solta as amarras fonográficas". *Jornal do Brasil*, 07/07/1996.

e Rock Simphony (rock progressivo). Através de seu estúdio nos EUA, o Visom-USA, o selo licenciava álbuns de seu catálogo para distribuição no exterior. Victor Biglione, Ulisses Rocha, Torcuato Mariano, Aquilo del Nisso, Turíbio Santos e Nó em Pingo D'Água estão entre os artistas que tiveram álbuns produzidos, lançados e/ou distribuídos pelo selo.

Zâmbia

Denominada originalmente de Zimbabwe, a gravadora tinha como um de seus sócios principais William Santiago, um dos DJs da equipe de baile Zimbabwe, muito popular nos anos 1970. Especializada em música negra – especialmente rap e pagode –, ela foi responsável pelo lançamento de alguns dos maiores nomes desses segmentos, como Negritude Júnior e Racionais MC's.[61]

---

61   "Racionais são fiéis à Zâmbia". *Folha de S. Paulo*, 05/07/1999.

Considerações finais

Quando elaborei o projeto de doutorado do qual resultou esse livro, ainda em 1997, ele se referia a uma indústria que ocupava, mundialmente, o 6º lugar em faturamento e que vinha apresentando, desde 1995, taxas de crescimento anual superiores a 30%. Quando passei a me dedicar mais intensamente à redação da tese, em 2001, já eram expressivas as quedas nas vendas e na produção, o que levou inclusive à realização de uma inédita entrevista coletiva dos executivos de quase todas as *majors* do país, onde era apontado até o risco da iminente "extinção do mercado" em função do crescimento descontrolado da pirataria.[1]

E é claro que, em relação às gravadoras independentes, o terreno era ainda mais movediço. A sobreposição de crises locais e gerais certamente agregou dificuldades adicionais às já complexas condições de sobrevivência destas empresas, tornando bastante provável que várias das *indies* aqui citadas tenham deixado de existir muito antes da publicação desse livro. Mas entendo que seja justamente essa alternância entre saltos e sobressaltos o grande mote da narrativa acerca da dinâmica e evolução da indústria que procurei apresentar nesse trabalho.

---

1 "Indústria fonográfica reclama da pirataria e prevê extinção do mercado". *Folha de S. Paulo*, 25/07/2001.

E que dinâmica seria essa? Acredito que a mera afirmação de que a indústria fonográfica nacional passou, ao longo de sua história, por um intenso processo de racionalização, que levou a uma crescente padronização da música aqui produzida não acrescenta muito ao debate sobre o tema. Tentei ir além dessa mera proposição buscando mostrar as diferentes etapas através das quais esse processo se desenvolveu. Nesse sentido, a discussão das diversas crises da indústria fonográfica nacional assumiu grande importância para mim.

A primeira crise importante, a do início da década de 1980, parece ter sido o grande divisor de águas da indústria, acelerando fortemente a concentração econômica do setor e levando a uma maior racionalização da atuação das empresas. Isso fez com que as *majors* passassem a ocupar espaços em que usualmente não atuavam, como os da música regional, infantil e popular-romântica. Também representou, em alguma medida, o primeiro passo na constituição de um sistema aberto, com as empresas nacionais de orientação única e a cena independente, surgida no final da década de 1970, respondendo, ainda que de forma limitada, pela formação de novos artistas e pela exploração de segmentos de menor relevância comercial. Já a crise de 1990 intensificou tanto a desnacionalização quanto a concentração econômica do setor. Representou, também, o início de um processo de atualização tecnológica da indústria que, junto com a excepcional performance econômica obtida durante boa parte do período, permitiu a consolidação do sistema aberto, o que resultou em um extraordinário crescimento da cena independente e numa intensificação do relacionamento entre as empresas, além de levar a uma ampla segmentação da produção desenvolvida. Assim, a indústria não apenas se adequou aos padrões tecnológicos e administrativos globais como passou a representar de forma mais consistente – embora dentro das limitações já discutidas aqui – a diversidade musical do país.

Entendo que esse processo de desenvolvimento da indústria possa ser compreendido também como sendo o de uma crescente autonomização do campo de produção da música popular no país. A década de 1960 seria decisiva nesse processo, já que representa um período tanto de constituição dos principais polos de legitimação do campo – associado a um processo de estratificação do consumo musical, onde se oporiam a MPB e a música popular romântica – como de alguns de seus principais *patterns* de produção. Esses polos e *patterns* seriam uma importante orientação para a atuação dos artistas durante as décadas seguintes, especialmente nos anos 1980, quando seriam inclusive incorporados pelos segmentos musicais que surgiam ou se fortaleciam como os do BRock, da música sertaneja e mesmo da música infantil. Já nos anos 1990, o surgimento ou consolidação daqueles que foram denominados aqui como *circuitos autônomos de produção e distribuição musical* expressa uma maior radicalização dessa tendência à segmentação, mas ainda assim com uma firme vinculação aos *patterns* de produção estabelecidos.

Por um lado, o vigor das vinculações identitárias locais tornou a ideia de uma música "brasileira" ou "nacional" bem menos relevante, de forma que não me parece possível definir sob esse rótulo ou atribuir o caráter de "denominador comum" da nossa sociedade a nenhum dos diversos segmentos musicais de consumo massivo que se estabeleceram desde então. E, é bom que se diga, muito menos afirmar que os artistas vinculados a qualquer um deles tenham tido essa pretensão ou assumido a questão do "nacional" como um problema a ser enfrentado em sua produção. Bem diferente, evidentemente, do que se verificava no cenário das décadas anteriores, especialmente em relação ao samba-exaltação dos anos 1950, à MPB dos anos 1960/1970 ou ao Rock dos anos 80. Nesse sentido, entendo que podemos afirmar que a transição, proposta por Ortiz (1988) e já debatida nesse trabalho, de uma "cultura nacional-popular" para uma "cultura mercado-consumo", de fato se efetiva.[2]

Por outro lado, a valorização do profissionalismo, da autogestão e do apuro técnico – uma presença constante nos discursos de legitimação de *indies* e autônomos dos anos 1990 – parece demonstrar que ocorreu uma ampla assimilação não apenas dos *patterns* estabelecido pela indústria, mas também de sua lógica produtiva, racionalidade técnica e patamar tecnológico.

Nesse sentido, talvez a compreensão da crise desse início de século, onde a própria sobrevivência das grandes gravadoras é colocada em questão, passe pela pergunta sobre se essas empresas ainda são mesmo necessárias enquanto instâncias organizadoras do campo e referenciais para a sua racionalização. Indubitavelmente, elas ainda mantém seu papel de grandes promotoras globais de artistas – e os exemplos recentes de Beyoncé, Justin Bieber, Adele e Lady Gaga, entre outros, parecem-me ilustrar esse fato com bastante veemência. Mas em relação à constituição de uma "indústria da música", é possível que elas já tenham cumprido o seu papel. Nesses termos, talvez não seja descabido afirmar que, atualmente, o funcionamento do campo de produção da música popular depende menos de indústrias que integram artistas à sua lógica produtiva do que de idealizadores individuais que incorporaram a lógica produtiva da indústria ao seu fazer artístico. E acumulando frequentemente os papéis de engenheiro de gravação, produtor, arranjador, divulgador, empresário etc.

E não me parece despropositado imaginar que esse deslocamento de conhecimentos e capacidade de produção para o "outro lado" do campo, implícito nessa nova configuração do "sistema aberto",

---

2   E acaba até mesmo superada em vários dos circuitos autônomos aqui apresentados, que operam a partir de uma lógica de produção e consumo já vinculada a um mercado globalizado e crescentemente segmentado.

possua um considerável potencial emancipatório. Porém, seu desenvolvimento exigirá um conhecimento abrangente e uma visão crítica desse campo de produção por parte das novas gerações de artistas, que as tornem aptas a estabelecer estratégias individuais e coletivas de atuação capazes de resultar tanto no desenvolvimento de carreiras mais autônomas e bem-sucedidas quanto na criação de obras musicais que representem, da melhor forma possível, a extraordinária diversidade de nosso país.

Espero que este livro possa ajudá-las nessas tarefas.

Referências bibliográficas

ADORNO, T. W. "A Indústria Cultural". In: CONH, Gabriel (org.). *Adorno* Col. Grandes Cientistas Sociais. São Paulo: Ática, 1986.

_____. "Sobre Música Popular". In: COHN, Gabriel. *Adorno* Col. Grandes Cientistas Sociais. São Paulo: Ática, 1986b.

BAHIANA, A. M. "Importação e assimilação: rock, soul, discotheque". In: *Anos 70: Música Popular*. Rio de Janeiro: Europa, 1980, p. 41-51.

_____. "A 'linha evolutiva' prossegue – a música dos universitários". In: *Anos 70: Música Popular*. Rio de Janeiro: Europa, 1980b, p. 25-40.

BANKS, J. "Video in the Machine: the incorporation of music video into the recording industry". In: *Popular Music 16/3*, Londres: Cambridge University Press, 1998, p. 293-307.

BARNET R. J. e CAVANAGH J. "If music be the food of love". In: *Global Dreams*. Nova York: Simon & Shuster, 1994.

BARROS, L. M. de. "Música religiosa: o profano e o sagrado". *Comunicação & Sociedade*, n. 12, outubro de 1984, p. 43-60.

BOURDIEU, P. *A economia das trocas simbólicas*. São Paulo: Perspectiva, 1982.

_____. *As regras da Arte*. São Paulo: Companhia das Letras, 1996.

BURNETT, R. *The global jukebox*. Londres & Nova York: Routledge, 1996.

CALDAS, W. *Acorde na Aurora: música sertaneja e indústria cultural*. São Paulo: Companhia Editora Nacional, 1977.

COSTA, I. C. "Quatro notas sobre a produção independente de música". *Arte em Revista*. São Paulo, CEAC, Ano 6, n°8, 1984, p. 6-21.

_____. "Como se tocaram as cordas da Lira". In: *Arte em Revista*. São Paulo, CEAC, ano 6, n°8, 1984, p. 34-36.

DANNEN, F. *Hitmen: power brokers and fast money inside the music business*, Londres: Vintage Editions, 1991.

DAPIEVE, A. *BRock: o rock brasileiro dos anos 80*. São Paulo: Editora 34, 1995.

DIAS, M. T. *Sobre mundialização da indústria fonográfica no Brasil: anos 70-90*. Dissertação (mestrado) – IFCH/Unicamp, Campinas, 1996.

_____. *Os donos da voz: indústria fonográfica brasileira e mundialização da cultura*. São Paulo: Boitempo/Fapesp, 2000.

DU GAY, P., NEGUS, K. "The changing sites of sound: music retailing and the composition of consumers". *Media, Culture & Society*, Londres, vol. 16, n. 3, 1994, p. 395-413.

FLICHY, P. *Las Multinacionales del Audiovisual*. Barcelona: Gustavo Gilli, 1982.

FRITH, S. "The industrialization of popular music". In: LULL, James (org.). *Popular music and communication*. Londres: Sage, 1992.

GAROFALO, R. "Whose world, what beat: the transnational music industry, identity and cultural imperialism". *Music of the world – Journal of the International Institute for the Traditional Music (IITM)*, Berlin, n° 35(2), 1993, p. 16-32.

GÓES, F. de. *O país do carnaval elétrico*. Salvador: Corrupio, 1982.

GUEIROS JR., N. *O direito autoral no show business: tudo o que você precisa saber.* Vol. I: *A Música*. Rio de Janeiro: Gryphus, 1999.

IDART – Departamento de Informação e Documentação Artísticas. *Disco em São Paulo* (org. Damiano Cozzela). São Paulo, Secretaria Municipal de Cultura/Centro de Pesquisa de Arte Brasileira, 1980.

IFPI. *The Recording Industry in Numbers 98: the definitive source of global music market information*. Londres: IFPI, 1998.

_____. *The Recording Industry in Numbers 99: the definitive source of global music market information*. Londres: IFPI, 1999.

_____. *Music Piracy Report 1999*. Londres: IFPI, Jun. 1999b.

_____. *Music Piracy Report 200*. Londres: IFPI, Jun. 2000.

JAMBEIRO, O. *Canção de massa: as condições de produção*. São Paulo: Pioneira, 1975.

LOPES, N. Pagode, "O samba guerrilheiro do Rio". In: *Notas musicais cariocas*. VARGENS, João Baptista M. (org.). Rio de Janeiro: Vozes, 1986, p. 91-110.

LOPES, P. D. "Innovation and diversity in the popular music industry, 1969 to 1990". *American Sociological Review*, fev. 1992. vol. 57.

MÁRIO, C. *Como fazer um disco independente*. Petrópolis: Vozes, 1986.

MARTIN, G.; WILLIAN, P. *Paz, amor e Sgt. Pepper: os bastidores de Sgt. Pepper*. Rio de Janeiro; Relume Dumará, 1995.

MORELLI, R. C. L. *Indústria fonográfica: um estudo antropológico.* Campinas: Editora da Unicamp, 1991 (Série Teses).

NEPOMUCENO, R. *Música caipira: da roça ao rodeio*. São Paulo: Editora 34, 1999.

ORTIZ, R. *A moderna tradição brasileira*. São Paulo: Brasiliense, 1988.

_____. *Mundialização e cultura*. São Paulo: Brasiliense, 1994.

PAIANO, E. *O berimbau e o som universal: lutas culturais e indústria fonográfica nos anos 60*. Dissertação (mestrado) – ECA/USP, São Paulo, 1994.

PAULAFREITAS, A. Trajetória da indústria fonográfica na Bahia. In: VICENTE, E.; GUERRINI Jr., I. (org.). *Na Trilha do Disco: relatos sobre a indústria fonográfica no Brasil*. Rio de Janeiro: E-Papers, 2010, p. 91-110.

PETERSON, R.; BERGER, "D. G. Cycles in simbol production: the case of popular music". *American Sociological Review*, vol. 40, abr. 1975.

PIMENTEL, S. K. *O Livro Vermelho do Hip Hop*. Monografia (conclusão do curso em Jornalismo) – ECA/USP, São Paulo, 1997.

RISÉRIO, A. *Carnaval Ijexá*. Salvador: Corrupio, 1981.

TELES, J. *Do frevo ao manguebeat*. São Paulo: Editora 34, 2000.

VICENTE, E. *A música popular e as novas tecnologias de produção Digital*. Dissertação (Mestrado) – IFCH/Unicamp, Campinas, 1996.

WISNIK, J. M. "O minuto e o milênio ou Por Favor, professor, uma década de cada vez". In: *Anos 70: Música Popular*. Rio de Janeiro: Europa, 1979, p. 7-23.

YÚDICE, G. *La industria de la musica en el marco de la integración América Latina – Estados Unidos*. Conferência apresentada no seminário "Integración Económica e Industrias Culturales en América Latina y el Caribe", Buenos Aires, jul. 1998. Texto fornecido pelo autor.

ZAN, J. R. "Da Roça a Nashville". *Revista do Núcleo de Desenvolvimento da Criatividade (Nudecri)*, Campinas, n° 1, mar. 1995, p. 113-136.

_____. "A Gravadora Elenco e a bossa nova". In: *Cadernos da Pós-Graduação*, Campinas, IA/Unicamp, vol. 2, n° 1, 1998, p. 64-70.

Jornais citados

A Tarde (BA)

Correio Braziliense (DF)

Folha da Tarde (SP)

Folha de S. Paulo (SP)

Gazeta Mercantil (SP)

Jornal da Tarde (SP)

Jornal do Brasil (RJ)

Jornal do Commercio (PE)

O Estado de S. Paulo (SP)

O Globo (RJ)

Shopping News (SP)

Última Hora (RJ)

Revistas citadas

Áudio, Música & Tecnologia

Backstage

Banas

Caros Amigos

CDteca Folha da Música Brasileira

Exame

Fatos

Hit

Revista do Nopem

Revista da Web

Shopping Music

Som Três

Veja

Visão

Principais sites consultados

http://www.abpd.org.br

http://www.apdif.org.br

http://www.atracao.com.br

http://www.bmg.com.br

http://www.fiberonline.com.br.

http://www.cancaonova.com.br

http://www.elnet.com.br

http://www.ifpi.org

http://www.iipa.org

http://www.imusica.com.br

http://www.mp3clube.com

http://www.panelamusic.com.br

http://www.revivendomusicas.com.br/

http://www.umusic.com

http://www.uol.com.br/bmgv

http://www.virgin.com.br/

Entrevistas realizadas

Ana Maria Mendes (06/08/2001): diretora artística da Atração Fonográfica.

Antonio Adolfo (31/05/2001): músico e produtor (depoimento via e-mail).

Beatriz Fonseca (02/02/2000): diretora de marketing da gravadora Trama (SP).

Biaggio Baccarin (11/10/1999): advogado autoralista e ex-diretor artístico da Chantecler.

Carlos Alberto Verginiano (15/10/1999): gerente da loja Planet Music, Av. Consolação.

Edson Natale (04/04/1999): músico, produtor e diretor do Instituto Itaú Cultural.

Isaías (Isabêh) (11/05/1999): produtor Musical e vocalista do Grupo Placa Luminosa.

João Carlos Mochizuki (15/02/2000): diretor substituto da APDIF.

João Lara Mesquita (19/06/2000): diretor executivo da Eldorado.

José Carlos Curado (11/03/2000): proprietário da Loja Credi Curadinho (Jundiaí, SP).

Juliana Marques (14/06/2000): diretora de marketing da Atração Fonográfica.

Luis Carlos Calanca (08/11/1998): proprietário do selo e da loja de discos Baratos Afins.

Marcelo Duran (06/08/2001): diretor da MD Music Services.

Marcello Lauer (11/12/1999): diretor de marketing da Line Records.

Paulo Cavalcanti (19/08/1999): jornalista da revista *Shopping Music*.

Pena Schmidt (15/09/1998): produtor musical e proprietário do selo Tinitus.

Regina Nicola (08/02/2000): diretora de marketing da Gospel Records.

Vilma Eid (06/08/2001): diretora administrativa da Atração Fonográfica.

Wilson Souto Jr. (31/08/1999): diretor presidente da Continental East West.

Esta obra foi impressa em Santa Catarina na primavera de 2014 pela Nova Letra Gráfica & Editora. No texto foi utilizada a fonte Minion Pro em corpo 10,5 e entrelinha de 15,5 pontos.